中国社会科学院创新工程学术出版资助项目

U0681300

金融衍生工具与资本市场译库
DERIVATIVES AND CAPITAL MARKETS SERIES

流动性风险
——企业资产管理和筹资风险

Liquidity Risk:
Managing Asset and Funding Risks

[美] 埃里克·班克斯（Erik Banks）◎著

褚 韵◎译

经济管理出版社
ECONOMY & MANAGEMENT PUBLISHING HOUSE

北京市版权局著作权合同登记：图字：01-2005-2893 号

Liquidity Risk ⓒ Erik Banks 2005.

First Published 2004 By PALGRAVE MACMILLAN.

Chinese Translation Copyright ⓒ 2005 by Economy & Management Publishing House.

This translation of Liquidity Risk，The Edition is published by arrangement with Palgrave Macmillan.

All rights reserved.

图书在版编目（CIP）数据

流动性风险：企业资产管理和筹资风险/（美）埃里克·班克斯著；褚韵译 .—北京：经济
管理出版社，2021. 7

ISBN 978-7-5096-8184-8

Ⅰ.①流… Ⅱ.①埃… ②褚… Ⅲ.①企业管理—资产管理—研究 ②企业融资—融资风险—研
究 Ⅳ.①F273.4 ②F275.1

中国版本图书馆 CIP 数据核字（2021）第 165877 号

组稿编辑：范美琴

责任编辑：范美琴 姜玉满

责任印制：黄章平

责任校对：王淑卿

出版发行：经济管理出版社
　　　　　（北京市海淀区北蜂窝 8 号中雅大厦 A 座 11 层　　100038）

网　　　址：www. E-mp. com. cn

电　　　话：(010) 51915602

印　　　刷：北京晨旭印刷厂

经　　　销：新华书店

开　　　本：787mm×1092mm/16

印　　　张：12.5

字　　　数：252 千字

版　　　次：2021 年 9 月第 1 版　　2021 年 9 月第 1 次印刷

书　　　号：ISBN 978-7-5096-8184-8

定　　　价：98.00 元

重印说明

　　《金融衍生工具与资本市场译库》系列丛书自 2005 年起陆续出版，得到学者和社会各界的认可。此套丛书对相关学者研究金融领域的问题具有较高的学术价值，对于我国开展金融监管、防控金融风险具有重要的理论意义和现实意义。为了能够重印，我社特申请了中国社会科学院创新工程学术出版资助。

　　这套著作的翻译、出版得到了中国社会科学院以及金融领域的许多专家、学者的支持和协助，对于所有参与翻译、编写，提供帮助的研究机构与研究人员，谨在此一并表示衷心的感谢。

　　限于时间和水平，书中难免存在一些不足与疏漏之处，恳请广大读者批评指正。

《金融衍生工具与资本市场译库》
编委会名单

致 谢

我谨在此向帕尔格雷夫·麦克米兰公司的安德里亚·哈提女士表示感激和谢意，感谢她对我的支持和在许多方面的指导，感谢她的诚挚和热情！同时，我也要感谢出版本书的编辑、制作人员和市场团队。我还要向在美林证券、花旗银行、摩根士丹利的同事们表示感谢，他们从多个方面为本书顺利出版提出了许多建设性的批评意见。

除此之外，我当然还要感谢米莱娜。

埃布

瑞定，康涅狄格

2004 年

目　录

第一部分　企业流动性的要素 ……………………………………… 001

第一章　流动性风险的定义 ……………………………………… 003

第一节　流动性风险的定义／003

第二节　流动性、风险和企业／006

第三节　市场风险、信用风险和流动性风险／010

第四节　本书概览／011

第二章　流动性和财务运营 ……………………………………… 012

第一节　流动性的运行需求／012

第二节　流动性管理的一般方式／014

第三节　财务职责／015

第四节　外部需求／016

第五节　流动性风险与回报的平衡／018

第六节　跨行业的流动性状态／020

一、金融行业／020

二、非金融服务公司／025

三、资本密集型公司／025

四、地方政府和主权部门／026

第七节　内生流动性与外生流动性／027

第三章　流动性的来源 ……………………………………… 031

第一节　资产流动性的来源／031

一、流动资产／032

二、固定资产和无形资产／035

第二节　筹资流动性的来源／037

一、短期筹资市场／037

二、中期和长期筹资市场 / 040

三、权益资本 / 043

第三节 资产负债表外流动性来源 ……………………………………… 043

一、证券化 / 044

二、或有筹资 / 045

三、租赁 / 046

四、衍生产品 / 046

第四节 流动性来源的合并 / 049

第二部分 流动性的问题 ……………………………………………… 051

第四章 筹资流动性风险 ………………………………………… 053

第一节 筹资流动性风险的来源 / 053

一、无法预测的现金流量 / 054

二、不利的法律或者管理部门的裁决 / 058

三、管理不善 / 058

四、负面印象和市场反应 / 059

第二节 外生问题 / 060

第三节 筹资问题的性质 / 061

一、转滚问题 / 062

二、缺乏市场渠道 / 062

三、提款承诺 / 063

四、过度集中 / 064

第四节 筹资流动性风险的影响 / 064

第五章 资产流动性风险 ………………………………………… 066

第一节 资产流动性风险的来源 / 068

第二节 外生问题 / 069

第三节 资产问题的性质 / 070

一、资产市场性的缺乏 / 071

二、无负担资产的缺乏 / 072

三、过度集中 / 073

四、资产价值的低估 / 074

五、不充分的抵押 / 075

第四节 资产流动性风险的影响 / 076

第六章　流动性旋涡运动和财务困境　　078

第一节　资产和筹资的联合风险 / 078

一、问题 / 078

二、原因 / 081

第二节　流动性旋涡运动 / 082

一、问题 / 082

二、原因 / 084

第三节　财务困境 / 087

第七章　流动性管理不善的案例研究　　089

第一节　德崇证券公司 / 090

第二节　阿斯肯资本公司 / 093

第三节　橙县 / 095

第四节　长期资本管理公司 / 097

第五节　通用美国人寿 / 100

第六节　瑞士航空公司 / 102

第七节　安然 / 105

第三部分　流动性风险的管理　　111

第八章　流动性风险的测量　　113

第一节　流动性比率 / 114

第二节　现金流量缺口 / 119

第三节　金融资产流动性测量 / 123

第四节　折扣 / 127

第五节　压力测试 / 129

第九章　流动性风险的控制　　136

第一节　管理架构 / 136

第二节　流动性风险的指令 / 138

一、风险计划 / 138

二、财务和人力资源 / 139

第三节　管理的义务和责任 / 140

第四节　流动性风险的控制 / 141

一、资产流动性的控制 / 142

二、筹资流动性的控制 / 146

三、联合流动性的控制 / 151

四、资产负债表外的控制 / 153

五、其他的安全措施 / 154

第五节 流动性风险的监控 / 157

一、资产和筹资投资组合 / 157

二、资产负债表外承诺和或有负债 / 158

三、远期资产负债表 / 159

四、压力场景 / 159

五、常规指标 / 159

六、监控目标 / 161

七、技术能力 / 162

第十章 流动性危机管理 ……………………………… 163

第一节 范围和重点 / 163

第二节 事先市场进入 / 165

第三节 防御性措施 / 166

一、再集中化 / 166

二、筹资管理 / 166

三、资产管理 / 169

四、风险对冲 / 169

第四节 沟通 / 169

第五节 调用和终止计划 / 170

第六节 灾难恢复 / 171

第七节 测试计划 / 171

第十一章 总结：积极的流动性风险管理 ……………… 173

第一节 微观层面职责：最佳实践经验 / 173

一、创建良好的管理架构 / 174

二、适当的测量和报告机制 / 174

三、使用战术控制 / 175

四、创建危机管理程序 / 175

五、实行实时检查 / 176

第二节 宏观层面职责 / 176

一、实行定期检查 / 177

二、促进竞争 / 178

三、避免分裂 / 178

四、成本最小化 / 178

五、协调会计处理／179

六、强化适当的资本分配／179

七、提供经过筛选的最后贷款人／179

参考文献 ·· 181

第一部分

企业流动性的要素

第一章　流动性风险的定义

流动性——我们可以将其泛泛定义为获取现金或现金等价物的能力——是每一个商业的和独立的实体的生命活力所在。当需要面对预期的和突如其来的债务时，流动性可以使日常的经营活动得以正常运转。缺少充足的现金资源则会危及企业的活力；更重要的是，增大了出现更加严重的财务困境的可能性。因此，流动性是财务管理的重要因素，我们必须认真地对此加以考虑和进行精心的管理。在本书的第一章中，我们将先从界定流动性风险的定义开始来研究流动性，同时要考虑到流动性风险同一般的企业运营和财务方面的关系。我们还要对将要加以探讨的关键问题进行提纲挈领的描述。

第一节　流动性风险的定义

众所周知，当代的企业在其经营活动中必须善于应对各个方面的风险。同样，对于地方的、准政府的和政府部门的机构来说也是如此，尽管受到的影响在程度上要小一些。我们把风险定义为来自各方面的、各种不同形式的、对企业运营造成影响的不确定因素。尽管对风险进行分类的标准都是主观的，不过我们在一开始还是要对风险进行分类，我们可以把风险分为财务风险和经营风险两类，前者所指的是来自财务方面的各种风险，受到资产负债表和资产负债表外业务的各种影响；后者所指的是来自对企业自身的特点和经营方面的各种影响而造成损失的风险。对于经营风险（包括非财务方面的投入产出，财产损失和意外损失，环境责任，信托责任，员工健康、安全和抚恤赔偿，等等）的认识和处理是至关重要的，我们对此将不再进行详细探讨，除非内容中涉及对现金流量的影响。我们所要着重关注的则是财务风险，首先我们可以将其分为三个大的类型：市场风险、信用风险和流动性风险。

市场风险是指在交易或经营中由于市场价格或其他因素带来的不利变化而招致损失的风险。信用风险是指由于签约方不能履行约定的义务而招致损失的风险。我们还可以从财务方面进一步细分这些因素，诸如波动率风险、曲线风险、方向风险和基差风险（这些都属于市场风险），还有违约风险、信用价差风险、潜在信用风险、主权风险和结算风险（这些都属于信用风险）。毋庸置疑，对于这两种风险，

流动性风险

企业必须给予严格的管理，但是这些都不是本书所要详细讨论的内容。我们对于市场风险和信用风险的讨论将限定在直接和我们讨论的重点内容相关的范围之内，这一重点就是：流动性风险，它也就是财务风险的第三大类型。虽然流动性风险有时也可以属于市场风险的范围，但是我们认为单独将其列为一类更为有益。这样可以达到更为精确的定量和管理。

如果流动性就是获取现金及现金等价物的能力，那么我们就可以将流动性风险定义为由于缺乏获取现金及现金等价物而招致损失的风险，更明确地讲，是由于不能在经济上比较合理地进行筹资，或者不能以账面价格变卖①或抵押资产，以便偿还意料之中或意料之外的债务，因此而招致损失的风险。从根本上讲，流动性风险是为了得到现金保障而可能带来经济损失的风险，而现金保障对于企业的持续经营则是生死攸关的。

我们可以对流动性风险给予更加详细的区分，这样可以有助于更加深入地认识筹资（或者负债）流动性、资产流动性和联合流动性的区别等。筹资流动性强调的是获得未担保债务的可能性，可以短期和长期债务形式来获取现金。那么筹资流动性风险就是，由于不能以经济上合理的成本取得未担保的筹资来源以应对债务，因此而招致损失的风险。资产流动性强调的是资产的变现能力，譬如可变现的有价证券、存货、应收票据和厂房设备等，这些都可以通过变卖或者抵押来获得现金。那么资产流动性风险就是，由于不能以经济上合理的成本将资产转换为现金，因而招致损失的风险。在具体的实际情况中，资产流动性和筹资流动性问题常常是同时并存，因而使得风险的程度得以递增，我们可以称其为资产与筹资联合流动性风险，说的是既不能获得筹资的途径，也不能将资产变现，因而无法应对债务而招致损失的风险。需要着重强调的是，资产负债表的现金承诺和或有负债也常常可以导致资产负债表的操作出现现金流量风险。因此，我们将在书中从各方面着重指出，资产负债表外业务的契约在流动性风险管理中扮演着至关重要的角色。

我们也要在内部环境和外部环境的影响中来考虑流动性风险。对于公共机构来说，资产流动性和筹资流动性的某些方面比较特殊，它的财务状况和操作范围在很大程度上，或者说是完全直接掌控在自己的手中。公司的流动性特点是不需要受到某个行业或者一个体系中相关的范围中发生的事件的影响，或者去施加影响；这一特征通常也被看作内生流动性。当然在某些时候，流动性具有更为广泛的影响，影响到许多公共机构某一部门，或者影响到某一市场的许多协议；这种外生流动性超出了任何单独机构的直接控制范围，尽管各个单独的企业的行为在某些时候可以施加一些外生压力。

为了进一步观察，我们在方框 1-1 中列举了若干管理机构和行业管理机关对流动性和流动性风险所做的定义。其中一些是专业的金融机构，另外一些机构对于整

---

① "清算风险"这一术语有些时候就是特指遭受损失变卖资产的风险。

个市场则具有更为普遍的意义。

方框1-1 流动性和流动性风险的各种定义举例

美国精算师学会（美国）

流动性是满足意料之中的和意料之外的现金需求的能力。是一个公司可以满足它的投保人和合约持有人的现金需求，而不必招致任何损失（哪怕是最小的损失）的能力。流动性可以反映出一家公司的资产和负债两方面的情况。流动性风险是金融服务行业与生俱来的风险，必须对这一风险有充分的了解，并对其实施衡量、监控和管理。

（AAA，2000）

国际结算银行（超国家）

在一个具有流动性的市场上，市场的参与者能够迅速地进行大量的交易，而对价格产生的影响却很小。

（BIS，2000）

加拿大精算师协会（加拿大）

流动性风险就是不能通过当前的现金流量或者不能以公平的市场价格变卖资产来履行财务方面的承诺。清算风险是在急于变卖资产时，导致变卖的结果低于公平的市场价格这样一种潜在的损失。损失的程度就是公平的市场价格和急于出手的价格之间的差异。

（CIA，1996）

联邦存款保险公司（美国）

流动性反映了一种能力，一种有效地和经济地补充存款的不足和应对其他的负债，同时支持资产增加的能力。一家银行具有流动性意味着能够以合理的成本及时地获得充足的资金。

（FDIC，1998）

英国金融服务管理局（英国）

流动性风险所指的是这样一种风险：一家企业尽管有偿付能力，但可能是要么没有充分的资金来源以应对到期的债务，要么为此需要付出额外的成本。大多数企业（也许是全部的企业）都在某种程度上需要直面这一基本的商业风险，尽管在重要程度上各自有所不同。

（FSA，2003）

英国财政部（英国）

流动性是一种便捷性，拥有了这种便捷性就能够以一项金融所有权交换得到另外一项金融所有权，这项资产交易应建立在第三方自愿的基础上。

（HM Treasury，1999）

国际保险监督联合会（超国家）

当财务债务到期，保险公司不能使投资（资产）以合适的方式流动的时候，这种风险就呈现出来了。

（IAIS，2000）

国际证券管理委员会组织（超国家）

（一个机构）及时而划算地满足付款义务并保持资产能力时所出现的风险。

当由于缺乏充足而又划算的资源，因而不能够抓住有利的经营机遇，维持持续的经营时所出现的风险。 (IOSCO，2002)

通货检察局（美国）

流动性风险是这样的风险：由于银行的收益和资本不能及时地应对到期的债务，因而发生令人无法接受的损失。 (OCC，2001)

财政部金融机构监理局（加拿大）

流动性是一种能力，是一个机构以及时而合理的价格产生或者获得足够的现金或现金等价物，来应对到期的承诺的能力。 (OSFI，1995)

图1-1概括反映了我们在前面所指出的风险的一般类型。

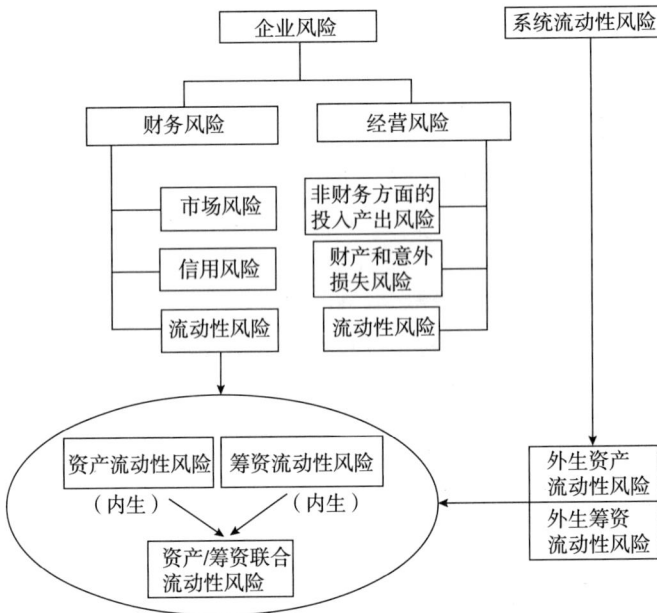

图1-1 风险的一般类型

第二节 流动性、风险和企业

公司为了获得经营的成功就需要有流动性。流动性可以被视为一种基本的资源，在需要的时候，公司可以完全合理的价格来置换债务，满足约定的债务，进而取得发展。流动性资源可以支付计划之中的本金和利息，按时支付款项给供货商、客户或者支付租金，履行投资的承诺分配股利以及其他所需的现金。同样重要的是，流动性可以用合理的和经济的成本灵活应对那些事先未曾料到的债务。这一点十分重要，因为企业的现金流量出现意外的事情在业界司空见惯：一家公司也许需要紧急支付供货商的货款；或者是产品出现了问题需要接受客户的退货；或者是出现机会时突然出现了竞争对手；或者是贷款方或者投资者提出偿还要求，要求马上偿还潜在的债务。所谓不能预料的债务本来就是无法预测的，因此，公司必须能够保持取得足够资源的渠道来满足大量存在的偶然事件。

无法及时支付预期的或者意外的债务可能引发严重的后果。具体而言，如果一家公司不能摆平自身的债务，也许会危害到从企业外部筹资的渠道，因而只能以不利的价格变卖资产；也许会破坏自己在市场上的信誉，引起投资者和债权人不安和管理机构的追究。所有这些事件都可能造成财务困境，严重的可能会导致破产。一家公司也许从资本结构的方面看相当完美（数量充足、结构合理），但是如果缺乏足够的现金来应对债务，就有可能出现不得不违约的事实。通过对流动资源的积极管理来防止这类事件的发生，因而也就成为企业领导工作的重要出发点。

为了保证资产的增值，流动性也是非常必要的。尽管资本的投资、扩张和研究发展等基本性质是长期性的，但是仍然需要有其他的流动资源来进行初始的和以后阶段的支付，从而使计划能够付诸行动。由于公司需要通过发展来建立自己的企业价值，所以必须具备适当的财务扩张能力。

有许多原因可以导致出现内生流动性风险，我们还要在以后的章节里加以论述。一般来说，流动性风险常常是由于其他原因造成的，譬如经营风险、信用风险和市场风险，还有管理和信誉的问题、法律法规和执行困难问题等。当若干上述原因同时出现时，就会招致极其严重的风险。经营风险，包括日常业务流程（譬如供货、收购、加工、运输等）的中断，可能会影响现金流量，造成流动性方面的损失。行事慎重的公司通常在事先采取一些预防措施——通过保险、潜在资本，或者其他降低风险形式——虽然这些措施并不一定及时，或者保险的范围也许并不合适。然而那些没有采取任何预防财务损失措施的公司将会碰到更加严重的问题。

信用风险可以引发流动性的问题，如果签约方不能履行已订合约的交易的话，譬如一项衍生产品或者贷款。如果对方（可能是一家银行或者是另外一家公司）需要该签约方补充现金流量，却又无法得到应该的补充，那么最终的结果很可能出现流动性方面的亏损。市场风险可能会对企业的贸易和投资组合方面造成损失，反过来又导致现金流量的短缺。虽然主要影响的是公司所遵循的"市场到市场"的会计政策，但是同时也可能对公司的资产价值造成持久的损害。管理问题、信誉问题、法规问题和执行问题也同样可以造成或者强化流动性风险。一个企业由于一些特殊的行为（举例来说，财务管理的缺失、欺诈，或者产品责任和产品召回）损害了自

流动性风险

身的信誉，也许会失去客户，造成经营收入的损失，促使投资者和债权人重新评估他们的投资意愿。法规的处罚、法律诉讼，或者其他形式的法律活动和处罚更会使形势雪上加霜，造成更大的补偿支付的压力。

外生力量，譬如系统性的市场混乱、循环信用危机，或者发生重大事件（如资本管制或者债务延期偿付），也会对企业某些部门和某些方面造成流动性方面的压力。金融和经济的稳定并不是现代企业社会的特征。即使是在非常先进成熟的时代，有了先进的产品、市场和渠道，有了前沿的计算机程序、管制和竞争，有了外部的监督和自律，市场的稳定性也不能得到保证——这就意味着对于外部的力量影响流动性的问题必须时刻予以关注。在经济疲软的时期，这些影响显得尤为重要：地区的或者全球性的经济衰退、信用状况恶化，以及不动产的资产贬值都会在微观的和宏观的层面上强化流动性方面的问题。

虽然已经有了一些法规可以帮助抑制大规模的非流动性问题出现的可能性，但是也并不完全可靠（的确，我们将会在本书后面所给出的例子中看到，有时候法规的指导居然可能强化流动性风险）。我们可以考虑一下若干外部流动性压力基本事例。举例来说，假如银行由于被大量的贷款坏账所困，因而减少对企业的放贷，作为具体的公司（包括那些具有良好信用的公司）也许就很难在满意的条件下得到或者通过重新商议来取得借款，从而导致筹资成本的增加，带来流动性方面的相关损失。如果全球的权益或者固定收益的市场很不稳定，致使出现恐慌性抛售和贸易量的稀少，资产价格也许会大幅"跳水"。公司为了保护流动性需要出售或者抵押资产，在如此不利的市场环境中，可能会因此招致加倍的损失。所以说，与流动性有关的损失极可能出自内部，也有可能来自外部。虽然企业之间、行业之间、国家之间，以及不同的市场之间受到影响的程度会有所不同，造成损失的这个"幽灵"却总是挥之不去。

流动性风险和风险管理的性质当然是因行业而异。虽然所有的行业都必须考虑流动性问题，有一些行业则需要更加认真地关注积极的流动性管理问题。特别是该行业所履行的功能和经营活动都是基于流动性的时候。举例来说，金融机构活动的本质就是作为流动性的管道；它们在流通中起着重要的作用，每天都需要进行大量的资产、负债和或有负债的重新估价工作，这就意味着他们必须付出极大的努力，尽可能精确地管理内部流动性的过程。金融部门——包括银行、证券行业、经纪人/证券商、保险公司，以及资产管理公司——它们的资产负债表反映出的共同特点就是有大量流动的和可转换的资产（固定资产方面则很少）、大量的不断变化的短期融资，以及突出的资产负债表外或有负债。

产业性的公司所拥有的资产中，很大部分是存货、财产、厂房和设备——这些半固定资产和固定资产用来制造电脑、汽车、飞机发动机、钢材，以及其他的耐用的和消耗性的商品。它们的资产负债表中只有很小部分是短期资产和短期负债，资产负债表外的交易也很不活跃。另外，它们大多遵循的会计惯例是以较低的成本或者市场价格来评估大量的运营活动，这就表明它们在使用"市场到市场"的会计程序时，不需要为可能出现的任何损失或者短缺来进行筹资。结果就是，这样的公司不会把重点放在日常的、积极的流动性风险管理上。

处在这两个极端行业——金融机构和产业部门——之间的是非金融性的服务公司，包括那些运输公司、零售业、餐饮业、娱乐业、饮料业和食品业等。它们的资产流动不像金融机构那样快，而是大多适度保留很大部分的存货、应收票据、应付账款和短期筹资，这些企业的资产负债表外交易可能也是比较活跃的。比起产业性的企业来说，它们对于流动性的管理更加积极。

地方政府和权力机构也必须谨慎地管理流动性，保持流入的税收和流出的各项拨款之间的平衡，包括有关的基础设施建设、基本建设工程、教育和运输等方面。

既然我们知道行业之间存在着许多差异，各个行业采取不同的方式来进行流动性风险分析和进行管理也就毫不为奇。从许多方面来看，积极的流动性风险管理对于金融机构来说是最重要的，因为金融机构为其他所有行业提供流动性，并且受到了更大的系统压力。流动性风险对于非金融行业的许多企业来说，也可以造成很大的破坏。因此，在这些公司的管理事务中，流动性风险的管理不应该属于"第二位重要"。的确，一些大型的非金融公司已经发现流动性是如何出现危机的，我们也正要在本书的下面章节中揭示这一发现。我们在本书中将专门用合理的篇幅来讨论金融机构的流动性风险，同样，我们也用适当的篇幅来讨论与非金融服务公司和产业性公司的会计和首席财务官（CFO）工作相关的内容，以及有关政府官员管理的权力机构和地方政府的现金流量的问题。这种充分的现金资源保障的需求也存在于各行各业之间。

既然承认具体的行业或者部门存在着明显的差异，公司通常会通过自身的资产和负债来管理流动性问题，还要对资产负债表外业务活动设立账目进行记录。我们将在以后的章节中对这一论题进行详细的探讨，在这里只是介绍一些关键的想法。

在考虑了来自运营中的纯现金流量问题之后，筹资流动性就成了流动性风险管理的传统领域——被看作是应对债务的"第一道防线"。有效的筹资流动性管理的基础是要确定如何使用企业的基本筹资来源来满足需求，这些来源中包括最有保障的、最可靠和最稳定的来源，也包括最不稳定的和最不可预测的来源。的确，筹资在许多企业的流动性风险管理工作中起着中流砥柱的作用，特别是对那些在金融部门之外的企业运营来说。无论如何，近些年来资产在流动性风险的管理中都变得更加重要。对资产流动性的管理首先要弄清通过核心经营和筹资取得的资产如何才能够补充到现金中去。需要分析基本资产账目的组成，确定其现金价值的多少，以及弄清楚有多少没有债务和没有抵押的资产可以用做抵押来获取现金，其价值如何。最近十年来，在流动性方面，资产负债表外业务也受到了更多的关注。资产负债表外业务有许多种形式，包括借贷承诺、抵押、或有负债、租赁，以及衍生产品交易的支出和收入。[①] 既然这些合约常常能够转化为真实的现金流入和流出，就必须使用流动性管理程序来进行管理。的确，为了对流动性风险进行全面的和精确的管理，必须从三维的方向对其进行全面的观察。

第三节　市场风险、信用风险和流动性风险

　　我们在前面已经指出了财务风险包括市场风险、信用风险和流动性风险，这几种风险常常可以连带考虑。特别对于市场风险而言，有时可以说它包括了流动性风险。[②] 在我们探讨流动性风险这一主题的时候，重要的是要考虑这些风险是怎样发生关联的，为什么会有关联，以及对一种风险的有效管理怎样会对其他风险产生影响。

　　市场风险，或者说是在交易和经营中由于市场价格或其他因素发生了不利的变化因而招致损失的风险，对企业的现金流入和流出有着直接的影响。市场风险决定了企业能否实现收益，得到现金，同时是否会带来损失，占用现金和需要筹资。此外，流动性反映出来的实际数额，包括资产、负债，或者资产负债表外的合约，都直接表明了其价值所在。流动性越好（也就是，能够按其拥有的价值越快出手），也就越值钱（所有其他事情也是如此），同时也就可以在不影响买卖差价的情况下越快地卖出。因此，就一项具体的资产而言，市场风险很小的资产较之具有比较大的市场风险的资产来说，变现能力更大。

　　信用风险是由于签约的对方不能履行其已经签约的债务因而使己方招致损失的风险。安全的信用风险就是合约能够按照预期的约定履行，与此相关的就是，保证了企业实现计划好的现金流量；信用风险很大的话，不仅使债务延期或者违约，也造成了现金流量的中断。虽然事实上所有企业都暴露出了一定程度的信用风险问题，金融机构则是特别容易出问题的地方，发放贷款、债券承销、证券交易和证券保管，这些都是延伸了信用风险的业务，尤其是在不能认真地应用适当的信用标准的时候。近几十年来，的确，有许多全球性的银行破产是由于信用风险和流动性风险的合并影响而造成的。

---

　　① 虽然衍生产品交易的价值现在必须在企业的资产负债表中予以反映，在一些会计制度中还要求在收入中反映，但是对于这些合约中未来的承诺和债务的性质仍然不能得到直截了当的表述。

　　② 金融运营的风险，譬如，证券和外汇交易的结算、证券的现金交割等，是由分散的各类操作风险共同构成的，这些风险都可以对流动性风险造成影响。举例来说，对于已经交割的证券不能从银行得到支付可能会造成现金的赤字，需要进行短期筹资。

企业若是显现出很高的市场风险或者信用风险，几乎可以肯定存在着很大的流动性风险。企业自身的流动性情况取决于其真实的价值以及市场风险和信用风险运行状况，表明了它是拥有预期的流动的资源（按照预期的价值）还是由于资源短缺不得不承受由于流动性而招致的损失。企业如果在市场风险资产组合中招致了巨大的损失，可能要付出较高的代价筹措资金，或者在很不利的条件下处置资产，以填补缺口——形成了实际的损失。企业招致了意外的信用损失后，也要通过类似的方法，将预期的现金流入用于填补损失，结果是要再一次经历短缺。从上述的这些关系中可以看出，对于流动性风险管理必须要在更广泛的金融风险范围中加以考虑。企业有了重大的市场风险和信用风险，就不可能摆脱大的流动性风险，而当企业几乎没有市场风险和信用风险时，可能确实不会有太大的流动性风险。

第四节 本书概览

本书将从理论和实践两方面来探讨流动性风险这一主题。

第一部分：在第一部分余下的章节里，我们将展开讨论企业流动性风险方面，首先是分析流动性风险的性质和现代公司的财务运营，然后考察一下传统的资产和负债的来源，以及资产负债表外的流动性问题。

第二部分：在第二部分，我们要分析流动性风险的性质。在第四章我们考察筹资流动性风险问题；随后在第五章，我们讨论资产流动性风险问题；第六章，我们要探讨的是资产和筹资以及流动性风险，在理论上探讨流动性的性质、旋涡运动、亏损和破产；在第七章中我们讨论流动性危机问题的许多"现实生活"中的案例资料。

第三部分：在第三部分，我们从流动性所引发的问题转而审视管理和控制的方式问题。在第八章中我们关注在实践中测定流动性风险的方法；在第九章里我们将描述管理和监控流动性风险的方法；在第十章中我们将讨论流动性危机计划的特性和好处；最后在第十一章里，我们将对本书的思想做个总结，对未来的挑战提出一些指导意见。

第二章　流动性和财务运营

有了一些流动性和与此相关的风险的背景知识，我们现在可以准备重温一下流动性在财务运营中所扮演的角色。根据对运营环境的相关概念的分析，我们已经从内部的和系统的方面明白了流动性的重要性，这对我们在本书的第二部分，思考流动性所引发的问题很有帮助。在这一章里，我们要探讨流动性的运行需求、流动性风险和回报的交换、行业间的流动性特征，以及内生流动性与外生流动性之间的对比。

第一节　流动性的运行需求

在 20 世纪五六十年代，各个公司基本上依靠运营来获得现金，需要以此来应对短期债务，补充现金主要是依靠传统的银行筹资方式。20 世纪 70 年代出现了许多重要的变化性的事物（放松管制、浮动利率和浮动汇率、通货膨胀和流动资本），20 世纪 80 年代和 90 年代更是出现了许多新的筹资和资产管理的产品和解决方法，企业在流动性管理实践中开始变得更加积极和富有创造性。进入 21 世纪后，各个公司更加努力，都在尽可能有效地利用自己的财力资源，以便实现企业的价值最大化。

充分的流动性对于公司来说是十分必要的，公司需要以此来满足财务职责和法规条款以及信用评级机构的要求。当然，流动性只是公司的职责或者是外部职责中的一种要求；偿付能力，我们将其定义为充足的资本资源，对于企业和团体运营的持续性来说更为紧要和迫切，每一个企业和管理机构都在付出极大的努力，确保在所有的时间里，资本都处于充足的状态。

尽管流动性和偿付能力是相互联系的，但却是由不同的因素所驱动，要实现各自不同的目标。流动性，正如我们所知，表述的是保持获取现金和现金等价物渠道，以应对到期的债务。相比之下，偿付能力所表述的是保留足够的资本资源，以保证企业的当前运营和承受意外的损失。为了使企业能够正常运作，两者都是必需的，但是又相互独立，各有特点：一家企业在名义上有偿付能力，却可能会因缺乏流动性而失败；相反，一家企业具有流动性，却可能在名义上已经破产。[1] 在严重缺乏流动性的时候，这两个概念被拉得更加接近，共同需要应对大的债务，迫使大规模低价处置资产，在最严重的时候，这些行为可以导致出现负的净值（也就是在名义上破产）。概括起来，我们也许可以指出，流动性主要是关注短期的资源和债务，因此，本质上是战术操作的需求；偿付能力关注的是"灾难准备"，通常是长期性的，因此在本质上是战略工作的需求。

流动性管理是一个动态的过程，因为企业的现金状况可以说是一天一个样。在任何一个时间点上，看来表现得是很充分的流动性可能会突然变得不充分，反之亦然——此时此刻特定的时间、特定的市场动向、现金的流入和流出，以及商业活动是扩张还是收缩，这一切决定了现在只能是这个样子，而不会是别的样子。毫不奇怪，动态的流动性管理，就是集中力量针对一个很短的时间段，最多不过 30 天或者 60 天。流动性的措施也可以影响中期的或者长期的财务状况，但是这时它的敏感程度也就大大降低了：如果今天采取的行动需要到 6 个月、12 个月或者 24 个月以后才能见到结果，很可能会在这段时间里需要改变计划——尽管最终可能影响到企业的流动性的状态和需求。

既然流动性是在持续的变化之中，那么就应该把现金流入、流出和需求看作是周而复始的运动。显然，企业对于流动性的要求，在不同的时间会有所不同，从时机上和结构上看都是这样——因此，适当的计划必须是能够发展的计划。举例来说，设想一下，甲公司在一个井然有序的企业环境里运营，现金流量的周期变化都在计划之中，保持了一定的流动性作为缓冲，以应付意外的支付；该公司对于增加流动性的要求在任何情况下都是容易被忽视的。乙公司的运营有周期性交易的特点，现金流入和流出都有规律的间隔，周而复始。当该公司是处于周期的"现金流量正向"区间时，它并不需要额外的流动性就可以有足够的积蓄来缓冲意外的支付，或者为现金流出周期来做准备。当它运行到"现金流量负向"区间时，它就需要流动性了。如果乙公司已经提前做好了计划，也许能够积蓄足够的缓冲来应对需求，否则它就不得不选择其他资金来源，增加了流动性的压力。最后，我们来看丙公司（在同样的周期里运营），它是周期性地受到意外的支付压力（并不是环境的周期），而且它没有建立缓冲以应付紧急情况。该公司一直需要外部的流动性，因此，招致了更加严重的流动性压力。所以首先要强调的是，无论是哪个行业的公司，都会随着时间的不同面临不同的流动性状态和需要，必须创建一套管理程序来处理一系列内部和外部的压力。图 2-1 表示出了这些情况。

---

[1] 有趣的是，1984~1989 年，在所有倒闭的美国银行中，根据 BIS（国际清算银行）1988 年的《资本协议》给出的定义，其中有一半按照常理来说可以被认为是"充分资本化的"。因此可以说明，仅靠资本并不足以防止企业倒闭。

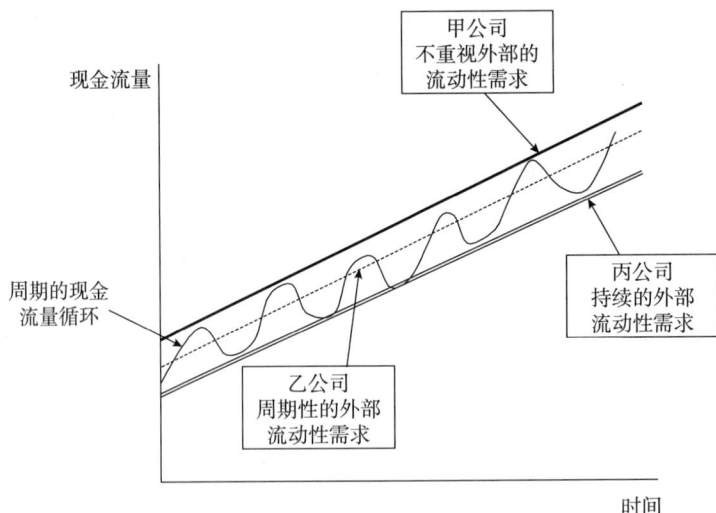

图 2-1　企业的流动性需求

　　虽然事实上流动性动态管理对于每一个流动运营的组织来说都是最基本的，但是对于非常小的机构来说可能就不是这样，比如，我们归类为"持有到期"的企业。这一理论是可以适应各种行业的，在实践上则和具体的投资管理运营相关。从理论上讲，一家企业如果很合理地进行了匹配融资（举例来说，资产和负债在持续期间基本是平衡的），就可以一直持有资产和负债直至到期，而不会面临流动性风险。出现这种情况是因为到期的资产提供了到期需要偿还的负债的资金。不管怎么说，这是一个"理想世界"，而这需要具备若干关键的因素：

■ 企业可以持有所有的资产和负债直至到期；

■ 资产和负债是适当匹配的，特别是负债，不能出现提前偿还的情况；

■ 没有出现意外的支付（即使出现了，也可以有额外的流动性做缓冲来应对）；

■ 账目不是逐日结算；

■ 资产不会出现违约的情况，到期时产生一个固定的价值。

　　如果出现了这种情况，可以明确地说企业就不会面对流动性风险。可是，既然只有很少的组织能够运营在这样的理论环境中，那么可以慎重地说流动性风险是摆在面前的，每一个企业都必须对其加以考虑和进行管理。

第二节　流动性管理的一般方式

　　流动性风险管理是一项非常重要的，有时也是很复杂的操作过程——无论是在哪个行业。在实践中，流动性管理的过程可以分为三个大的阶段：日常的现金流量管理、中期（6~24 个月）的商业运营管理（包括资产和负债的重新调整），以及出现重大和灾害性事件的危机管理。在大公司里，流动性的管理可以分成经营单位—法定实体—地区等层次来进行，也可以统一管理。如果一些特殊的单位受到某些规章或者限制的约束，影响其获得现金资源，这样操作就是很有益的。举例来说，某子公司也许受到限制，不能从姊妹公司甚至不能从其母公司过户现金，也许它还有更好的竞争性来源的筹资途径。知道这些成本和利益的情况对于有效的管理是非常有必要的。总的来说，统一的流动性管理是至关重要的。

在许多组织中，管理流动性的工作过去一直都是由该团体的财政部门专门负责或者主要负责的，很少有（有时甚至根本没有）其他人的参与。进入了 21 世纪，不管怎么说，企业通常都会有更多的群体直接或间接地参与到这个过程中来了：财政、财务控制、风险管理、操作和结算、经营单位以及产品开发部门，大家都参与其中，积极介入。这也就意味着管理过程更加需要加强沟通和协调。为了避免混乱和出现问题，一些公司以正规的形式来进行流动性的管理，通过一个系统的组织来对各个不同的群体分派具体的责任。虽然我们将在本书的第二部分详细讨论流动性管理方式问题，在这里我们还是要先说明一下，一般的流动性计划也许需要以下几个主要的步骤：

■ 匹配现金流量：将现金流入和流出与资产和负债尽可能紧密地搭在一起，以免出现筹资的缺口。可能会包括延长负债，以避免出现同时偿还的情况。

■ 多元化资产和负债：确保组合的资产和负债是多元化的，不同的期限、不同的市场、不同的地区以及不同的提供方，减少对任何单独来源的过度信赖。

■ 创建一个流动性仓库：开发一套证券的投资组合，可以很容易地作为抵押品来抵押，或者为了新的筹资而卖出。

■ 开发可靠的筹资来源：获取银行的真正承诺，在任何情况下都不能撤回的资金。

■ 购买流动性选择权：使用财务资源获得各种合约，以便在需要的时候能取得现金的注入。

建立了采用这样一些技术的计划，企业就可以更好地控制自己的流动性状态，能够更积极地管理现金的流入和流出，维持日常的运营。

第三节　财务职责

企业实施经营的时候会面对一些财务职责，包括企业价值的最大化和财务困境可能性的最小化。[①] 从流动性的观点来看，企业的经理们必须对现金的状况保持敏感的认识，既要准备正常市场条件下的经营管理，也要有应对严峻的情势的准备。日常的运营占据了企业的流动性需求的主导部分，也是所有流动性计划的基础；按部就班的现金流入流出构成了流动性的底线，代表了产生资源的正常的经营过程。一家企业如果具有健康的和正向运营现金流量、适当的筹资渠道、正确的资产结构和资产负债表外的投资组合，就能够在正常的市场条件下比较轻松地管理其流动性方面的事情。

但是，与流动性相关的财务职责还不能仅限于正常的经营情况。必须加以补充以应对出现意外的债务或者支付——当现金的流出大于预期的时候，就表示出现了背离底线的偏差。这些情况可以出现在任何时间，影响公司的任何部门，因此，慎重的企业必须要有所准备，安排好备用的资源和市场途径。所以，一家银行必须准备应对意外的存款提款波动所造成的现金压力，或者准备应对在需要卖出特殊的资产时却无法找到买主的问题。一家钢铁公司必须准备好对这些工厂和设备进行紧急抢修，而这些厂房或设备又可能不适合购买保险，或者投资者对其商业票据的流动缺乏兴趣。正如我们所指出的那样，这就意味着企业必须深入了解自身的现金流入和流出的性质，了解自身的资产、负债、资产负债表外合同，以及发生并且消耗现金资源的可能性等。如果能够做到这些，该企业就能够以稳健的方式有条不紊地管理流动性问题，并且在各种条件下都能符合自己的财务职责。

第四节　外部需求

并不是所有的企业的流动性管理程序都是由其内部的目标所决定的。有一些是在管理部门或等级评定机构的要求和指导下产生出来的，是由更加宏观的目标所决定的。

管理部门所需要的是保持市场稳定，以此来增强投资者和债权人信心；通过建立流动性方面的最低标准（当然也有资本总额、资产质量等方面的标准）来实现这些目标。因此，管理部门通常在处理这些事务时所关注的是：

■ 保持系统的稳定性（特别是对于为其他行业提供流动性的行业，参与发起和分配投资基金的中介机构，或者设立有支付义务的负债性中介机构）。

■ 建立投资者、存款人和贷款方之间的信用关系（这样可以有助于加强资本流

---

① 我们注意到，一些权力组织虽然并不关心价值最大化的事情，但是同样需要关注金融问题的最小化的事情。

动和参与政府债券市场的积极性，包括强化对于其他投资工具和衍生产品合同的定价基准）。

■ 保证有益于货币政策活动的条件（包括开放的市场运营，这在很大程度上依赖于政府债券和回购协议的活跃交易）。

事实上，法规的介入有事先和事后之分。事先的有，管理部门制定的有关维持流动性的合适的规定和规则，事后的可能是为流动性注入活力，进行结构改革或者进行营救。事后的介入必须要限定在系统的稳定性真正遇到风险的情况下。如果事后的介入过于滥用，道德风险就会变得非常普遍。

管理部门自然而然会把注意力放在金融机构方面。为了使整个系统保持稳定，金融机构必须对流动性的流动进行适当的管理，在需要的时候或者按合同的要求向借款人、存款人、债权人、投保人和投资者提供资金。管理部门如果不能解决金融部门某些地方的流动性方面的问题，混乱就会很快蔓延到宏观经济的其他部门。举例来说，银行方面的问题可能会破坏企业方面的筹资可行性，导致更广泛的经济灾难。为了帮助保护系统的流动性不出问题，管理部门可能会采取处罚手段，对不流动的或者制造非流动性的机构施加影响。因此，银行或者保险公司如果选择持有不流动的证券，管理部门可能会要求他们划拨更多的资本来支持这种状况，或者对其价值予以更低的评估。如果金融公司流动的资金主要依赖其他公司或者附属部门（例如，通过公司内部的借贷或者坐收下属的股利），这种行为也许会受到更加严格的限制，以免更大范围的结构面临风险。

信用等级评估机构也是这一过程中的代理。主要的信用评级机构是负责对各个公司和独立实体进行等级评定。债务的等级可以反映出具体的单独实体履行偿还合同债务的能力——财务实力越强，偿还债务越及时，信用等级就越高。等级评定通常有许多因素（收益、资本、资产质量、管理、杠杆作用、竞争力等），流动性则是其中一个基本的组成部分。和所有其他因素一样，一家企业的流动状况不好，其等级就比较低。因此，企业必须知道评级机构对于财务实力、对于流动性的观点和要求。要想达到对于流动性的最低要求，必须将其纳入全面的管理计划之中。如果对于这些外部的方面考虑不足，就会直接影响企业筹资的成本，影响其具体的融资能力。

因此，在考虑流动性问题时可以把内部的财务职责和外部的建议或者要求结合起来。最好的实践标准或者最低标准就是在创建管理框架时首先要有一个好的出发点，这样有助于公司在这个最低标准的基础上考虑以后的步骤，我们将在第三部分进一步探讨。

第五节　流动性风险与回报的平衡

　　如果说为了消除财务方面的危险，或者是使危险降低到最低程度，因而确保适当程度和类型的流动性，是关键的财务职责的话，那么公司的董事和经理希望公司的流动越快越好，也应该是合乎逻辑的。显而易见，企业在其资产组合上获得最大的流动性，安排大范围的和大量的筹资途径，确保在进行偶然的交易时能够提供进一步的融资选择的能力，对于企业来说是大有益处的。

　　看起来这些都是明智的选择，不过我们还要重申所有的公司都是风险实体，而风险投资者要求的是得到和他们的付出相应的投资回报。创建一个真正流动的企业要以投资回报的转移为代价：在资产负债表中借方资产收益做出牺牲，或者是贷方全部负债筹资成本的增加，或者通过资产负债表外或有负债的增加。举例来说，为了保持一套流动资产组合（譬如，短期政府债券或者非常高质量公司债券或者机构证券），以便能够很快地变现，并且不会使账面价值打折扣，公司必须接受较低的投资收益率。流动性资产回报率比较低的原因是与不太好销的资产相比，对其要求的流动性溢价更低。易于流动资产的产生因此降低了公司的整体的投资回报，因而也降低了风险投资者的回报。

　　这种情况同样出现在筹资的时候。例如，一家公司想要确保可靠的融资渠道，就需要向银行支付承诺费和手续费以取得循环信用工具——这就是确保流动性能够受到保护所付出的成本，这样就降低了投资者的回报，减少了企业的价值。银行机构也同样如此。一家银行主要是依靠短期的银行同业拆借和活期存款来支持其借贷业务。这样是非常不稳定的，特别是在困难的或者竞争激烈的市场状况下。采用负债使到期资产与其负债相配比和消除所有资产与负债间的缺口看来是一个合理的解决方案。再说一遍，不管怎么讲，这就是代价，这一次代价的形式就是增加成本，而为了获得中期筹资这增加的成本是必要的代价（在正常的正的收益曲线环境中）。这一成本压缩了银行的净利息差，减少了收益，导致收益评价的降低。因此，公司必须把确保流动性的边际成本这一因素纳入分析的范围之内。另外，为了应对可能出现的流动性方面的要求，公司保持完全的流动性也是比较简单的——但是这样就不能使股本的价值最大化。自然，这一流动性的风险和回报的平衡的概念是与其他方面的财务理论相一致的：企业和投资者想要得到更多的回报必须承受更大的风险——在这里所指的就是流动性风险。

　　如果企业价值的最大化是董事和经理的目标，确定最佳流动性可能会是很复杂的：有可能造就一个从来不会陷入财务困境，具有完美流动性的企业，但是不能给股东提供充分的回报；或者一个虽然流动性较差，因而在某些情况下有可能真的会陷入财务困境，但是却能够提供较好的投资回报的企业。事实上，最佳的答案也许是应该处于这两个极端之间：大多数企业会在流动性风险和回报之间寻找一种平衡的决策，建立一个流动性风险轮廓以便能够进行稳健的风险管理——特别是发生了极端的事件，造成了毁灭性的损失的时候——仍然能够给投资者以充分的回报。

流动性平衡可以在一个标准的成本效益框架内进行评估，正如企业可以权衡其他财务和经营风险一样。它的成本包括了降低从资产中获得的收益，以及为确保得到备用贷款而支付的承诺费用。它的利益包括减少（或者免除）了为了解决流动性危机的问题，借高利贷或者以跳楼价变卖资产而被迫进行筹资的可能性。在决定这些成本和利益问题时，对于企业来讲重要的是要考虑持有的流动资产等同于购买流动性保险；如果企业从第三方购买这样的流动性保险，就增加了额外支出的费用。因此，为了对成本和利益进行精确的估价，不应该简单地将流动资产的持有视为成本，还必须在分析时对其中潜在的利益加以评估。

表2-1概括反映了公司在不同程度的流动性情况下的成本和利益，图2-2总结了流动风险和回报平衡情况，企业是要消除所有的流动性风险或是消除部分的流动性风险，还是不去消除流动性风险，还是希望没有任何财务风险或者经营风险（例如，流动性引发的损失是唯一的潜在风险来源）。高于风险费用比率的就是余额回报。

表2-1　在不同的流动性状况下，企业的成本和利益

	完全流动的企业	部分流动的企业	完全不流动的企业
成本	较低的投资回报	潜在的财务困境	有可能存在财务困境
利益	没有财务困境	合理的投资回报	较高的投资回报

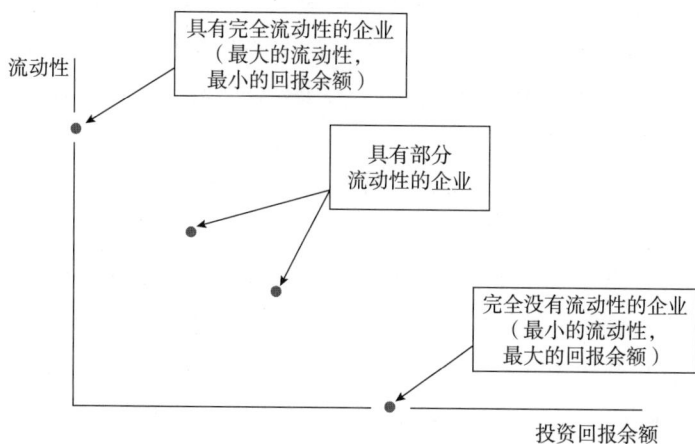

图2-2　流动性和回报的平衡

第六节　跨行业的流动性状态

我们在前面已经提及，流动性风险对于不同的行业有着不同程度的影响。在这一节里，我们将研究跨行业的流动性和流动性风险的一般特征，通常有四个主要行业部门：金融机构、非金融服务行业、投资行业，以及地方部门和独立实体。就其对流动性的重要性的程度而言，我们在本节里要着重分析的将是金融部门。

一、金融行业

金融行业，在我们的定义中包括银行、证券机构、投资基金（非杠杆作用的共同基金和杠杆作用的对冲基金），以及保险公司，是从事提供投资、金融和风险管理方面服务的行业——所有的这些机构都存在流动性风险的因素。的确，事实上每一次金融交易都是通过金融机构的处理或者流经金融机构，使用一些流动性因素作为载体来实现的。通过这些媒介作用，金融机构把存款人和需要贷款的借款人，把投资者和资本市场上的借款人匹配到一起；提供资本和投资回报来作为交换，提供事先的贴水和事后损失的融资作为交换。

大多数的金融机构扮演着主角而不是代理人的角色，这一点直接影响着其自身的流动性状态。举例来说，一家银行接受存款，把眼前不需要的资金投资到证券上，把贷款借给借款人。如果存款人想取回存款，银行可能面临突如其来的被迫支付。既然贷给借款人的资金和这些支付很难做到同时到期（的确这是不可能的，按照要求或者短期存款的特点就是在时间上不能确定），银行必须通过另类基金来偿还存款人——也就是说必须通过其他流动性的来源。资本市场的交易也同样如此。银行和证券公司用资产作为本金来正规地运作市场，在二级市场上从客户那里购买证券，持有一段时间，然后再转卖给其他人。这样的业务为卖出方的客户提供了流动性，同时必须能够得到流动性的渠道来筹到资金（举例来说，在回购协议市场上抵押证券来获取现金）。

同样的情况也出现在保险行业。保险公司也许需要为投保人预期的或者意外的索赔支付保费，为他们提供损失后的流动性，这只能通过其内部的和外部的流动性渠道来进行。在投资基金里，投资者可以在任何时间赎回基金股份，这也就意味着基金的基本投资组合中必须拥有足够的流动资产，以便能够把资本交付给投资者——具有流动性是对投资基金的最基本的要求。对于流动性提出要求的还有资产负债表外业务，包括那些出自潜在的负债、承诺以及衍生产品合同的业务。这些都是金融机构的重要业务，也是风险的来源。通过仓储风险、到期转换、提供投资性或者风险性的现金流量等方式，金融机构可以为回避风险的存款人、借款人、投资人和被保险人提供流动性保险；为了能够适当地履行这些功能，典型的资产负债表的特性就是90%以上的资产都应该具有真正流动性。

为了减少对降低收益以储存流动性的依赖，金融企业要特别仔细地管理他们的负债。银行的负债状况一般是依靠非常短期的借贷，譬如，存款、银行间拆借和回购协议等。对增量资产增长的管理也是通过资产转换管理和负债的流动性管理来实现的。按照资产转换计划，银行可以增加储蓄和定期存款、浮动债券，或者通过非存款的筹资来源，在流动性仓库中贮存资金，等待利率较高时再将其贷放出去。通过负债流动性的管理措施，银行发放出了较高收益的贷款，然后再通过主动建立新的负债合同来满足贷款资金的需要。资产转换方式更为保守是因为银行如果不能以合适的利率取得负债时并不需要扩展其资产负债表；银行如果已经提供了贷款但是却不能保证存款这一资金来源，要么必须以更高的代价从另外的来源筹集资金，要么只能将贷款转给其他的银行，这些都意味着成本。在实践中，可以明确指出的是，许多银行所遵循的负债流动性管理策略都是为了降低机会成本——但是这样就会产生更大的流动性压力。

金融机构通过积极的资产管理来弥补他们的负债管理。例如，一家银行可能需要保持一级准备金（即那些能够立即得到而不会受到账面价值损失，但是也不能产生收益的资产，譬如，现金、在其他代理的银行存款、在中央银行或者货币管理机构存款）和二级准备金（可以以接近账面价值很快兑换和产生收益的短期资产，譬如，国库券和购买银行同业资金），用以应对储备的需求和负债账户的波动。其核心的放贷业务和其他的投资业务——可以产生更大的收益，但是约束了流动性——可以用来补充这些准备金。

金融机构也同样非常重视缺口管理，或者说是管理资产和负债之间的不匹配。事实上，管理缺口是产生收益的关键机制，并且需要花费大量的精力来弄清在一个特定的利率周期中如何对投资组合进行优化。一般来说，机构在长期利率上升（短期利率下降）的正收益曲线情况下，进行的是扩大缺口的操作：这样就可以通过短期债券来筹资而以长期贷款来放贷，使两者之间的差距最大化。反之，那些在长期利率下降（短期利率上升）的正收益曲线情况下，进行的是缩小缺口的操作，目的是在这新的利率环境中获益。在负收益曲线情况下，一切则恰恰相反。

同其他经济部门相比较，金融机构必须更加积极地处理我们前面提到的流动性风险和回报的平衡问题。尽管许多金融企业已经意识到为了对流动性的压力做出反应需要持有充分的现金或者现金等价物，但他们仍然试图保持最小的流动平衡来得到最大化回报。

为了弄清金融机构在流动性过程中所起到的独特和关键的作用，很有必要对银行、证券公司、保险公司责任索赔问题进行分析，根据现金流量的数量和时间——

流动性风险

从这两个方面来说明流动性管理的复杂性。一开始我们就可能注意到在一份合同中价值和时间可能是确定的，也可能是不确定的。如果是确定的，现金流量在信用保证中是可以预知的，因而可以很容易地将其纳入筹资计划；如果是不能确定的，信用程度就会大打折扣，做出正确的计划也会更加困难。

设想一下，如果一家银行的存款，在期限和利率上都是固定的。两个方面都是确定的，这就意味着这里现金的流出不会在数量上和时间上出现意外：银行偿还存款的数额是确定的，时间也是确定的。同样，在保险公司签署一份投资担保合同（GIC）时也是如此：它要将在某一天交付给投资担保合同的投资者一笔数额确定的现金。我们现在来把不确定因素引入时间方面，设想一家保险公司已经签署了一份一定数额的人寿保险的保单（保单合同的价值并非是赔偿的数额）。一旦投保人死亡，受益人就会向保险公司提出索赔：虽然未来赔偿的数额是固定的，但是时间是不知道的。这种额外的不确定性使得保险公司很难做出现金流出的计划（通过保险精算程序可以进行估算，但是不可能非常精确）。保险公司和再保险公司在他们的其他方面的业务上也面临着同样的时间和数量的不确定问题，包括退保申请、抵押条款、流动性最后担保等。下面我们再来看看时间确定但数额不确定的情况：一家银行接受了一笔有明确日期期限的浮动利率存款，未来的支付时间是已知的，但是需要支付的数额是不能确定的，利率的变动决定了债务的不同。同样，银行的现金流量也会有这样的一些不确定性。我们要说的最后一种情况是时间和数额都不能确定，这时候的不确定性就是最大的。举例来说，一个保险公司可能签署了一份财产赔偿和意外伤害合同，保险单没有封顶，在今后的许多年也没有到期的限制，因此，就有可能要负责在将来某一个不确定的时间出现意外时支付一笔不能确定的数额的金钱。两方面的不确定结合起来，对负债管理的实际工作带来了更大的挑战。表2-2集中反映了这些情况。

我们还可以把时间和数额的确定和不确定问题与金融机构的资产和资产负债表外合同联系起来看：其中的过程也是同样的，在这里有一些合同是完全确定和准确预测的，其他一些则根本做不到。表2-3和表2-4提供了进一步的实例。这里所讨论和说明的是流动性的提供者，主要是那些金融部门，在经营过程中进行现金流入和流出的管理时所需要面对的大量的不确定问题。如果不能适当地管理这一过程，他们不仅可能损害自身的企业运营，也可能会影响到需要他们流动性的其他非金融企业能力。

表 2-2　负债数额和时间的变化

负债数额	负债时间	举例
确定	确定	固定利率，固定期限的存款
确定	不确定	确定价格的人寿保险合同

续表

负债数额	负债时间	举例
不确定	确定	浮动利率，固定期限的存款
不确定	不确定	赔偿财产意外保险的合同

表 2-3　资产数额和时间的变化

资产数额	资产时间	举例
确定	确定	固定利率，固定期限的贷款
确定	不确定	固定利率，可随时赎回的债券（投资）
不确定	确定	浮动利率，固定期限的贷款
不确定	不确定	浮动利率，可随时赎回的债券（投资）

表 2-4　资产负债表外数额和时间的变化

表外数额	表外时间	举例
确定	确定	支付租金
确定	不确定	保证担保，经济担保
不确定	确定	欧洲期权
不确定	不确定	循环信用工具

即便这些现金流量的情况是不确定的，典型的银行、基金、证券经纪人或者保险公司，他们的资产负债表是流动的——当然是和产业性的公司相比较而言。金融机构所持有的大部分资产是现金和可变现的证券，长期的不流动的投资或者固定资产是比较小的部分。即使银行具有核心的有规律的长期信贷投资组合，他们也希望通过贷款辛迪加、贷款参与、证券化，以及其他的"流动化"技术，对各种承诺形式进行整合，这些我们将会在本书的以后章节里进行讨论。负债一般是短期和经常变化的。虽然许多金融机构可能希望将业务限定在稳定的存款人和资金提供人范围之内，但是现实却是当代的金融已经完全不同——特别是对那些寻找正收益曲线环境来达到价值最大化目的的资金来说。财务负债凭证常常可能被赎回、转让或者非常突然地被偿还。的确，在过去的几十年里，许多机构的筹资方式已经从稳定的小额和无附带选择权的负债过渡到了无法预测的和附带选择权的巨额基金。这样就在很大程度上增加了现金流量的不确定性和金融机构的市场风险和信用风险。资产负债表外活动的承诺——包括金融衍生产品合约、贷款承诺、信用证等——都在这些不确定之中。

这些因素加在一起，更进一步要求对流动性状态进行认真的管理。如果做不到将必然导致融资成本的增加、财务弹性的减少，甚至导致财务困境的发生。通过不

流动性风险

同的方法、筹资来源、杠杆工具作用、资产协议和管理计划，金融部门可能具备一整套灵活的流动性方式。证券公司，举例来说，一般是最容易受到流动性风险影响的，主要是因为他们的高杠杆化和相对不稳定的筹资形式。与银行和保险公司不同，证券公司缺乏核心的负债基础：他们的筹资方式主要是通过回购协议和短期债券。[①]另外，他们没有中央银行的贴现窗口，也没有官方贷款做最后的保障。他们依靠的是不稳定筹资来源，他们的资产组合也是流动的（其中80%~90%是短期的、流动的，或者是畅销的和可变现的资产），他们的资产负债表外业务也是相当广泛和深入的（特别是衍生产品合约），这些意味着他们在市场和信用风险方面比起其他金融机构要大得多——这些，正如我们前面所说，扩大了流动性的风险。对冲基金也具有同样的特征：他们缺乏稳定筹资，在高杠杆化的情况下进行投机，使他们的资产负债表膨胀（就是说，他们拿资产做抵押来支付债务杠杆）。这些因素强化了流动性的危险，经常会给失误以可乘之机。

银行在筹资稳定性方面通常要远远胜于证券公司和对冲基金，并且享有中央银行的工具和贷款的最后保障。但是，过量的可以很快取回的非常短期和不稳定的负债，对于一些银行来说仍然是很危险的。如果他们使用短期机构存款来支持中期和长期贷款，增加了曲线或不匹配风险，最终导致损失。另外，银行是非常重要的资产负债表外融资工具的提供者（譬如，循环信用、抵押和衍生产品），因此就会由于偶然事件而发生大量的不确定的现金流量。

共同基金，通常是不被允许直接将资产负债表杠杆化的，他们的流动性风险主要反映在赎回方面。基金管理公司必须确保手头总是有充分的现金资源以应对定期的赎回，在投资组合中必须有足够的流动资产，有临时的资金来应对更重要的流出（有些基金是受到限制的，投资委托方禁止他们的投资大于一定的数额，大于他们认为资产的投资组合中不流动部分的数额；当然，其他一些基金没有这些限制）。

一般来说，保险公司在流动性的不确定方面要比银行或者证券公司小得多：大多数的负债来源相当稳定，资产的管理也比较保守。但是有时候保险公司也将面对投资组合的意外损失（通过市场或者信用风险）或者在投资运营中受到损失（通过额外的普通保险索赔，指的是那些比保险精算所能预计的更加严重和更加频繁出现的索赔）。这些都可以造成现金的不足和流动性压力。另外，有些保险负债可以允许投资者提出要求，在比较短的时间内返还资本；一些投资担保合同（GIC）包含降级条款，允许投资者在信用降级时将负债转给保险公司。其他筹资方式包括短期看跌期权，以及一些具有现金组成价值，允许投保人一起为抵押借款（如果这些借

---

① 的确，为了更好地管理筹资的流动性风险，一些证券公司从银行部门安排了一些信用额度工具的承诺，这样就可以得到一定程度的安全保障，应对短期市场充满挑战的事件。

款同时出现，保险公司可能自身也面临着短期借款的需要）。同证券公司和银行一样，保险公司也需要应对由于他们参与了提供财务担保和流动性最后保障而出现的临时的现金流出问题。

二、非金融服务公司

许多非金融服务公司的流动性风险程度都是相当的高——比起大多数金融服务企业要低一些，但是高于产业性公司的平均水平。非金融服务公司，包括零售业、食品行业、饮料行业、旅馆业、电脑服务行业、咨询行业、医药行业等，经常需要从短期和中期债券、应付账款和循环信用工具中大量地筹集资金。其中有一些并不稳定，特别是在面临市场压力或者信用质量恶化情况下。资产也是着重于短期到中期——占总额的 60%~70%——通过应收票据和存货（这些，正如我们在前面所指出的那样，可以看作是流动的，尽管不能像可变现的证券那样流动）。因此，匹配资产和负债的现金流量就是一个挑战。非金融机构在资产负债表外业务方面不如金融机构那样积极主动，他们通常对于使用衍生产品合约或者提供抵押品都比较谨慎，因此，并不特别需要关心这些方面的现金流入或者流出。

资产贸易公司是一种独特的"混血儿"，它们既不是金融机构也不是资本密集型企业，虽然其兼有两者的特征。例如，从事商业和贸易的能源贸易企业也积极参与短期贸易运营，但是通常还是着重于工厂和设备方面，以及相关的回采、开采、精炼、销售、储存以及运输等方面。他们对于流动性的需求程度，以及承受流动性风险的程度，最终依赖于他们的营业收入和经营重点的共同因素。如果能源贸易企业营业收入和经营收益的 75% 是来自原油、天然气和电力的贸易，在经营管理中就必须非常重视流动性问题，它要着重保持较高的信用等级、良好的信誉，以及有力的现金和筹资渠道来应对抵押品的收回和市场引起的损益波动。如果能源贸易企业的经营收入的 25% 来自贸易，75% 来自勘探、开采和精炼，同样也需要良好的流动性，但是它更需要着重强调的是对这些过程的日常管理。

三、资本密集型公司

资本密集型行业的公司使用他们大部分资源来生产或者精炼资源，生产硬资产，或者制造耐用品。所以说毫不奇怪，他们主要的投资是在房地产、工厂和设备方面，包括折旧期在 5 年、10 年、30 年甚至更长期的资产。既然这些资产都是长期性的，他们也就经常筹集长期的资本；短期负债主要是用来平衡短期的活动，譬如，应收票据和存货。典型的资本密集型公司的流动资产在资产负债表中的百分比为 5%~20%（相比较而言，证券公司平均有 90%，零售商大约是 60%）。资本密集型公司同样也不显示资产价值的波动，大多数资产都标注比较低的成本或者历史的价值（而不是当前的市场价值），这就回避了由于资产处于不稳定的价值状态而导致的资金短缺的需求（当然，资本资产的折旧是要稳定地通过非现金费用逐渐积累到折旧账目）。

　　企业部门一般在资产负债表外业务上并不非常积极。因此，偶然的未来现金流量（譬如，可能来自衍生产品合约或者相互担保）只是一种例外而非正常，并不是企业部门风险管理工作的重要方面。因此，一般产业性公司对于集中管理流动性的需求要低于其他部门的企业。但是，严格的管理流动性对于产业性公司来说仍然是非常重要的；正如我们在第七章中所提及的那样，近些年来，产业性公司成了重要的流动性危机的中心，这说明有的部门由于流动性导致损失，或者更糟糕的事情，都是非常真实的。

　　值得一提的是，数量不多的全球性产业公司有着非常重要的金融运营活动，涉及了金融交易的广泛领域，包括资产贸易、资产租赁、衍生产品交易、集团筹资、保险以及代理经营。保持充分的短期流动性和实现积极的流动性风险管理对于这样的金融子公司来说是极其重要的，弄清上述我们对能源和商业贸易公司论述是非常有用处的。

四、地方政府和主权部门

　　虽然我们在讨论流动性风险管理问题时大多是针对企业部门的，但是我们也不应该疏忽另外一方面——地方政府和主权部门中的一些问题，这些部门也需要平衡他们的流动性状态。在正常的情况下，地方政府和主权国家拥有税收的权力，他们的筹资来源大多来自企业、个人、房地产和消费的税收，以及公开或秘密发行的债券。对应着这些资金的流入，他们面对一系列资金的流出，提供相关的公共商品和服务，包括教育、卫生、运输、福利、医疗保健、退休制度、基础设施、法律执行和消防安全。从这一点来看他们也是服务的提供者，因此，他们的现金流入和流出也必须符合其本质特征和时间安排。不能达到合适的匹配就会同样导致流动性引发的损失，影响企业部门的各个公司，也可能需要紧急发行债券或者清算地方资产和主权资产。的确，一些公共部门实体过去就曾经成为主要的流动性危机的中心，我们将在本书的后面部分加以阐述。

　　图2-3描述的是按流动性排出的行业序列——从那些流动性风险和现金流量不确定性都是最小的行业（因此对集中的日常风险管理的需求也最小）到那些流动性风险和现金流量不确定性都是最大的行业（进一步说，就是最为需要完全动态地管理他们的流动性状态）。图中的表示是概括性的，在现实中确实有某家非金融服务公司或者资本密集型企业具有的流动性风险较之某家共同基金或者保险公司更大。尽管如此，这种一般的类型划分是可以适应大多数实际情况的。

流动性风险最低，现金流量的不确定性　　　流动性风险最高，现金流量的不确定性
最小，积极的日常风险管理需求最少　　　　最大，积极的日常风险管理需求最多

地方政府权力部分	资本密集型公司	非金融服务公司	金融行业

金融行业

最低　　　　　　　　　　最高

保险公司共同基金	商业银行	证券公司对冲基金

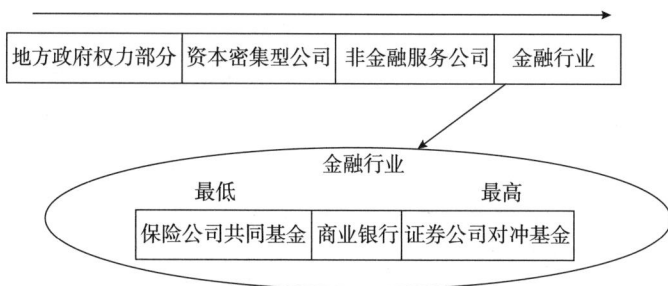

图 2-3　按行业排列的流动性序列

第七节　内生流动性与外生流动性

在前面一章里我们介绍了内生流动性和外生流动性的概念。这是流动性风险管理中的核心问题，因此需要进一步加以探讨。的确，哪些因素可以由公司直接控制，哪些只能间接控制，哪些因素不受外界影响，哪些容易受到外部压力的影响，认识清楚这些问题是非常重要的。虽然两者都可以导致流动性压力，但是在分析和管理的方式上却常常是截然不同的。

一家公司要想控制内生的流动性，需要了解流动性状态，采取一切必要的内部对策来确保流动性状态能够得到可靠的管理。这就意味着需要采取比较现实的，甚至是保守的方法来构建资产组合和安全的负债——有时也意味着为了大量的现金缓冲或者额外的承诺资金的安全，以不断增加的回报作为交换。也有可能意味着需要牺牲某些商业机会（举例来说，不要将市场风险或者信用风险积蓄到很高的程度，不要太快地扩张到一个新的领域）或者拒绝可能会加剧风险的行动方案（譬如不要急于出售资产）。最基本的一点就是企业要对这些因素进行合理的控制，让一切运行正常。因此，内生流动性风险可以视为是企业专有的。

单独的一家公司一般来讲缺乏直接控制由于系统压力造成的流动性风险的能力，包括市场情况、法律法规、竞争对手企业的活动，以及微观的和宏观的经济情况和财务指标。一家企业一般无法操纵外生的压力，但是必须要对其做出反应（无论如何，值得一提的是当特别大型的企业面临重大的风险，或者一个类型的全部小的机构面临同样的风险的时候，市场的预期就可能影响这些压力）。

外生流动性风险在面临重大压力时表现得特别明显，像市场和管理部门的活动所引起的行为带来的价格剧烈波动和不能流动。更严重的时候，外部的因素可能引

流动性风险

发大规模的撤资，迫使企业以可怕的价格卖出资产，以补充现金的数量。某些压力事件可以导致出现"逃往质量"的行为，我们用来表示卖掉有风险的资产买入那些被认为是"安全"资产（譬如，相比较之下违约风险较低或者价格不易贬值的资产）的行为。有时候也可能导致"逃往流动性"，或者买入那些被认为即使在极端的压力下也是可以双向流动资产（这也许是"逃往质量"资产的另一种渠道）。这些运动表明如果资产认为受到了"低待遇"就会流动，有的时候是大规模的，导致价格"跳水"，突发波动，以及非流动状态的开端。

外生的压力可以迅速地横扫所有的行业、所有的地区，甚至所有的国家，影响许多的企业——常常是没有什么例外。当贷款方和投资者对所有的行业都不加区别时，所有的具体部门无论其信用是良好的，还是中等的，还是很差的，都会遇到流动性的难题（就像发生在1997~1998年亚洲的银行和公司的危机、21世纪美国能源企业的危机等）。面对这样的压力，我们很容易认识到为何一个单独的企业很难控制自身的风险。

我们通过一个简单例子来看一下压力事件是如何造成流动性困难的。在投机活动的早期阶段，经济的增长导致银行部门的授信贷款，房地产和金融资产的价格上涨。当到达了周期的顶峰时，紧张的利率导致投机资产泡沫的"突然破裂"，导致信贷撤销和资产价格的"跳水"。有些东西还可能对这一崩溃局面火上浇油，像公司急于偿还不能再转滚的未担保债务而出卖资产，银行为了冲抵授信贷款而出卖持有的抵押品。出卖非流动资产，或者把资产出卖到非流动的市场，都可能促使价格进一步下跌，导致出现更大的损失。另外，金融机构所持有的杠杆市场的风险头寸，可能需要进行流动；每一个企业内生的卖出或者对冲这些头寸的决定（或者可能是管理部门的要求）迫使所有金融机构采取同样的操作行动：所有单独的行动合在一起，形成了"兵败如山倒"的巨大外生压力。

这些事件可能因为机构投资者的撤资而更加严重，也许会对不稳定情况增加紧张的情绪，金融机构和非金融机构都必须在缺乏健全筹资的环境中竞争。在这种市场混乱的局势下，外生压力占据了统治地位。虽然可以认为一家单独的机构的资产状况和筹资计划是稳健的，但是在外部的压力下可就难说了。当然，这可不是理论上的假定——近些年来已经出现过若干次了，例如，1987年全球的股票市场崩溃，20世纪80年代和90年代日本的资产紧缩和信贷危机，20世纪90年代早期北欧的银行危机，1994年的墨西哥比索危机，1997年的亚洲金融危机，1998年俄罗斯对冲基金的破产，2000年的土耳其、阿根廷的银行危机，以及2001年的数字新媒体（技术—媒体—沟通）（TMT）资产的破裂。知道这些外生风险对于单独的企业运营的影响也是内部的风险管理的重要方面。

在有些情况下，管理机构希望能够创建安全的防护装置来管理、减少或者防止外生流动性风险的发生，增强市场的结构，促进流动性和稳定性，这对于金融部门来说更是特别重要。法规的安全防护可能采取不同的形式，我们只能提供有限的例子来说明这一点。举例来说，为了加强政府债券的交易（这也常常用来作为其他企业工具的基准），一些系统支持一级证券商的观念，批准一些机构可以在新的政府债券发行时在一级市场投标，并且在完全透明的二级市场公开报价积极交易。那些被批准的一级代理商具有其他机构所没有的垄断租金资格：这一租金可以看作是实际上的支付，因为他们进行了市场开拓和提供了流动性服务。作为这一方式的一部分内容，政府希望有规律地在收益曲线的不同点位发行政府债券，这是为了建立一条健全的曲线，便于企业定价和套利，从而更加促进在企业部门的发行和交易。

有些系统允许卖空，就是说企业（或者个人）可以自由地卖出借得的证券。一个允许卖空的市场可以促进交易的活跃，因为双方可以互相影响，交易可以在任何市场情况下出现。同样的情况也经常出现在"发行前交易"的交易中：如果管理机构允许证券商在"灰色市场"上交易新公告发行的，但是没有交易结算的证券，那么就是许可了其流动性，在最后交易前就具有了流动性。

管理部门也可能会帮助建立和加强深化相关的市场，譬如，上市期货、期权和柜台交易衍生产品。

虽然实际上衍生产品工具是充当了其标的物现金资产的"竞争对手"（因此，降低了资产的流动性），这两者还是经常携手共事的，共同帮助促进贸易、保值和投资，进而促进了市场流动性。一些系统还允许使用回购和反向回购协议的方式，因此，机构可以更加有效和安全地管理短期资金和投资需求。虽然许多这样的尝试在一些国家的大多数市场环境中效果很好，但是并不能保证达到预期的目的；特别是，尽管也有例外，在欠成熟的市场中，缺乏足够的广度和深度，缺乏历史的管理经验。事实上，近些年来已经以各种形式影响了一些国家脆弱的流动性，部分原因是由于他们宏观体制的失败或者缺陷所造成的。

不幸的是，已经发生了许多次，管理法规和最好的实际措施却造成了流动性问题恶化。例如，使用风险策略和风险限额的方式，使用标准化模型和定价程序，以及管理资本的规则，这一切都有可能使银行和证券公司在他们的风险管理中产生"从众心理"。在面对重大压力的时候，他们的行动也许会放大问题的严重程度。如果所有的机构都持有几乎相同的头寸，拥有几乎一致的看法，采取几乎一样的管理风险和保护流动性的方式，那么简单的同时反应就会夸大趋势运动，造成混乱。双向市场变成了单向市场，资产的关系断裂了，波动扩大了，流动性消失了。当缺乏"反向力量"，没人认为这种混乱情况是买入的机会时，资产和筹资市场就一直会处于混乱状态，流动性也只会十分脆弱。如果反向力量真的存在，那么大多也是来自不是面对同样规章的部门（举例来说，在这些时候保险公司和对冲基金可以提供一些数额的稳定性，所遵循的是其他不同的规章——如果真有这些规章的话）。

在进行流动性风险分析时，必须认真考虑内生压力和外生压力的问题。我们将

流动性风险

在本书的第二部分中看到，某些市场相关压力机制可以组合到风险管理程序中来，反映微观的和宏观的压力对企业特有的流动性的影响结果。在记住了这些一般的思想之后，我们要把注意力转移到特殊的流动性来源方面，具体的公司可以利用这些来管理自身的风险状况。

第三章　流动性的来源

在我们考虑来自资产和筹资方面的流动性风险和挑战时，从分析流动性的来源入手对我们是很有帮助的，很大范围行业的许多企业正是从这里获得对他们企业运营的支持的。我们可以从中弄清楚为何必须建立流动性的管理体系，以确保在需要时可以获得现金的资源。在这一章里，我们将回顾一下建立在资产负债表的资产和负债账户中的流动性的来源，同时也包括那些资产负债表外存在的来源。我们也要从理论和实践两个方面来讨论流动性综合画面。

在分析流动性的来源时，一定要记住这个话题代表着一枚"硬币"不同的两面：那些必须或者需要取得流动性的机构要由别的机构来提供流动性。因此，虽然一家公司可以使用未担保的银行贷款作为其流动性的来源，然而银行拨出这笔贷款则必须准备对其自身的流动性进行管理，需要安排一些筹资机制，譬如，银行同业拆借或者零售业的存款。拆借的银行和零售业存款人，接下来也必须准备安排好他们今后的现金来源，支持这种流动性。同样，一家公司要卖出资产来取得现金，就必须寻找到愿意购买那些资产的投资者；这些人，接下来也需要为了购买这些资产而获取筹资的来源。其他类型的资产、负债以及资产负债表外或有负债，也都是同样道理。流动性的提供者和使用者因此密切地联系在一起，这样有助于说明内生和外生压力是如何相互作用以及影响企业的运营。

在我们分析资产、负债和资产负债表外的流动性的时候，需要重新强调的是，经营现金流的第一来源是核心业务收入；没有一个正现金流运营的稳固基础，其他的流动性来源都可能是不可靠的或者是不充分的。我们的基本假定是企业有一个或者多个现金流量——正现金流运营，建立了内部融资的基础；资产、筹资和表外的流动性作为这一融资基础的补充。的确，一家企业如果连续几个季度都是负经营现金流，最终会威胁到它的流动性状况，到头来可能会遇到某些类型的财务困境。

第一节　资产流动性的来源

资产负债表是一张实时的快照，反映着企业经营中的融资结构。在前一章里曾经提到，一家产业性的企业通常拥有大量的固定资产和少数的流动资产，这是和金

流动性风险

融企业和非金融服务企业相比较而言的。虽然固定资产流动性不如短期证券存货，但是这并不意味着产业性的企业具有更大的流动性风险；正如我们在前一章里所指出的那样，典型的产业性公司愿意将长期固定资产和长期负债相匹配，因此，只需要平衡短期资产和负债，以确保适当的流动性状况就行了。同样，虽然一家银行或者服务公司的资产也许有很大比例是处在流动的形式，由于它愿意持有大量的短期负债或者不确定的负债以及或有负债，所以，必须对自身的流动性状况保持更加清醒的认识。的确，比较不同行业的流动资产和固定资产在数量上的不同意义并不大；必须将负债和（或）有负债联系起来进行比较。忽略不同行业的具体特征不谈，无论如何，企业应该具有不能太差的信用质量，保持一定数额的流动资产以应对债务；他们也应该保持一定合理比例的无抵押关系的固定资产，可以用作抵押以便能可靠地取得现金。我们将分别对这些问题加以讨论。

一、流动资产

1. 现金和可变现的证券

现金和准现金工具是企业投资组合最容易流动的资产。持有现金是为了应对预期和意外的支付；而且不需要转换，因此，很简单地就可以从现金账户支付。无论如何，既然现金是一种非营利型资产，我们在前一章中提到过的对流动性风险和回报的平衡非常敏感的公司就会尽量减少纯现金的持有，而是选择持有一定数额的"准现金"类型的资产——很容易流动的盈利型的工具，可以马上以账面价格卖出。这种投资一般是那些几乎没有信用风险和市场风险的工具，譬如，政府债券、公司和金融机构在货币市场发行的具有很高利率的工具（譬如，A—1和P—1工业商业票据、一流的银行定期存款，以及银行承兑汇票）。需要注意的是，虽然这些证券是很容易卖出的，但是并不是说立刻就能变成现金。许多市场的交易结算惯例是现金和证券的交换需要经过两个、三个或者五个营业日。

接下来我们就发现，可以带来较高收益的投资可能并不容易在短时间内按照其账面价值卖出。虽然这些投资缺乏同样程度的市场性（由于其信用风险和市场风险较大），但是仍然是重要的流动性的来源。因此，行事谨慎的企业必须估计一下降低变现的情况，采用"折扣"——或者叫做贴现——计算变卖资产可能获得的价值。如果市值1亿美元的短期国库券能够收回1亿美元的现金，从其他证券——包括中期和长期企业债券、政府债券，以及机构证券——也许只能收回0.95亿美元或者0.98亿美元。

质量差一点的证券，譬如，新兴市场债券、高收益债券，或者优先股股票，其收益甚至低于那些"迅速变卖"的收益，因为这些工具风险更大，并且购买者寥寥无几。这就说明了重要的一点：投资的风险越大，为了得到现金而变卖投资的需求越强烈，折扣就越大。在正常的市场条件下，以从容的心态用两个星期时间来安排一笔新兴市场债券投资组合的流动，也许能有机会碰到接近账面价值的价格：急于出手的人可能就没有机会。

当然，并非所有的投资组合都是准备好可以出售的；在许多情况下是用做借贷的抵押品，这样既可以达到需要流动性的目的又不需要企业出售它想保留的资产。但是在这种情况下是要产生若干关联成本的。第一是发放贷款企业会对抵押贷款要求一定的折扣；第二是借款需要付出利息；第三是资产负债表反映出抵押，降低了财务弹性。举例来说，一家银行可能希望贷出 0.98 亿美元的隔夜贷款，要求以 1 亿美元的中期国库债券做抵押（就是 2% 的折扣），这样它既不会担心国库券在价格上发生变化，也不必担心这 24 小时里该公司的偿还能力。如果期限是一个星期，又不能向银行提供另外的抵押品，折扣也许就会是 5%；如果期限是 24 小时，但是债券换成了长期企业债券，折扣也许就是 5% 或者是 7%；如果期限是一个星期，那也许就会是 10%。因此，可以作为抵押品的证券投资组合的流动的价值是由银行要求的折扣所决定的，正是这折扣本身能够体现出资产的质量和价格，贷款的进程和增加抵押品要求的能力都可以此来得到证明。

值得一提的是，金融机构积极地使用反向回购协议，或者第三方抵押贷款来安排他们的现金余额。这些合同的流动性排在可变现的证券之后，尽管如果需要的话，有时也可以在二级市场上卖出——我们因此将其放在这一节中讨论，银行和证券公司经常会给客户提供反向回购协议，经常是隔夜的或者是很短期的。如果一个机构要延长反向回购协议，需要恢复使用现金，可以简单地终止隔夜反向回购协议的运行，更新为他们自己的所需期限的短期反向回购协议；这就为企业提供了额外的现金资源，可以用来应对其债务。更长期限的反向回购协议，可以达到几个星期或者几个月，可以在二级市场上卖出（只要是抵押标的物仍然是高质量和可以替代的）。因此，反向回购协议书应该被视为一个资产流动性的好的来源。①

2. 应收票据

应收票据，代表着公司对其客户信用的延伸，按照流动性的程度，排列在现金和可变现的证券之后。应收票据的产生是当一家企业为客户提供了商品和服务之后，同意他们的付款可以晚一些日子（譬如，从商品或者服务交付之后的 7 天、30 天、60 天或者 90 天以上）。这种延期的支付给企业带来暗含的利息收益，表明应收票据也是一种提供给客户的短期而未担保贷款。既然应收票据代表企业未来的现金流入，就应该是有价值的资产，可以在适当的贴现率下流动。因此，企业在需要现金的时

---

① 当然了，银行在回购协议和逆回购协议市场的活动中经常要使用"对应账簿"，这样就不会面对多余的利率风险或者价格曲线风险。因此，如果一家银行为了获取增量的现金而终止了逆回购协议，就必须要么建立适当的利率风险对冲来重新平衡自己的回购协议的头寸，要么也要终止回购协议；如果选择的是后者，当然就要面对自身的流动性的约束，失去一个筹资的来源。不管怎么说，从回购协议的清算中逆回购来的证券可以在市场上卖出，产生增量的现金。在银行要收缩其对应账簿时，通常需要这一过程，常常会出现在季末的财务报告之前。

候，可以直接将应收票据的投资组合卖给第三方（这个过程被称为应收账款承购），或者使用这一投资组合作为贷款的抵押品（被称为应收账款融资）。

这两者之间有着一些微妙的差异：第一，应收账款承购表示现金直接流入，而应收票据融资表示通过信用导致的非直接流入。第二，应收账款承购通常是无追索权的：就是说，如果公司出售应收票据给代理商，任何客户的违约都由代理商承担责任，企业则不需要承担。正相反，应收票据融资通常是有追索权的：如果违约出现了，而且没有足够的现金来偿还贷款的话，银行可以转向借款的企业要求归还。另外，对于应收账款承购或者抵押贷款来说，应收票据也可以通过证券化途径来进行流动，我们将在本章的下文中加以讨论。

3. 存货

普通的物质类型的存货在流动性和转换现金的可能性方面是排列在应收票据之后（我们把金融工具存货排除在存货的类别之外，根据这一假定，它们是属于前面我们所提到的可变现的投资组合的一部分）。存货一般可以分为原材料、半成品和制成品几种类型，每一类都有其自身的价值和价值增值的成分。为满足客户要求所保存的存货类型是由公司的经营性质所决定的。在有些情况下，存货容易腐烂变质，必须尽快消耗（譬如，食品和某些药品就是很容易腐烂变质的），而在其他情况下，存货可能是经久耐用的，设计的使用时效是几个星期、几个月或者是几年（像纺织品、电脑、汽车和钢材）。耐用的存货具有特殊性，常常可以作为流动性的来源，特别是对有着强烈需求的存货，相对一般和可以替代的存货来说。当然，很快卖出存货得到现金可能会对账面价值有一定的贴现折扣。但是如果有现金收入的要求，卖出存货还是可行的解决方案。

重要的是考虑如何用存货来筹资。如果筹资来源于一般的企业（譬如，商业票据、定期贷款或者循环贷款），并且几乎可以肯定是无负担的——意味着可以用存货来做抵押而不是变卖，那么可以说是一项明智的举动。这种抵押可能会对特殊的存货采取一种特殊的留置权，或者一种适合于当前存货和未来存货的浮动留置权。原材料或者制成品存货，如果已经运到保税仓库或者其他仓储设施，并且通过仓单作为文件和担保，意味着只有仓单的持有人才有资格从仓库提出该商品：一旦该仓单已经发出，就可以作为抵押品转移给第三方债权人。在其他场合，存货筹资可以通过自我清偿贷款，在这种情况下存货可以按照正常的经营程序进行，产生的收益用来将原来的筹资偿还给银行。自我清偿贷款可能包括发放贷款的银行对存货所做的索赔。在这种时候企业已经不能把存货作为现金产出资产，因为这一资产已经为在此之前的发放贷款银行所提供的现金流入做了担保。

我们在前面描述的流动资产包括了（全部或部分）常常提到的所谓流动性仓库：这是资产账目的一个分离部分，可以出售或者抵押作为筹资计划的补充，以应对意外的支付。流动性仓库愿意采用容易卖出的证券（应该是逐日结算和无限制的）而不是那些需要持有直至到期的证券（这些需要标出其历史价值，销售可能会受到限制）。流动性仓库可能也包括应收票据、应收账款承购的或者能很快变现的票据，有的时候，也可以包括普通的存货（虽然这些只是占了有用的流动性仓库中的一个很小的比例）。我们还将在文中从不同的角度再次讨论流动性仓库概念，因为这是慎重的流动性风险管理的重要内容。的确，一些国家的金融管理部门确信，建立和保持一个流动性仓库是非常重要的，因此他们要求使用该方式。①

二、固定资产和无形资产

虽然主要的资产流动性内容是在流动资产方面，但是一家企业也许可以使用固定资产来获取现金。这也并不奇怪，固定资产在这方面的重要性是第二位，一般不会用来应对紧急的现金债务；从固定资产中取得流动性是件耗费时日的事情，当然是和流动资产账目中的备用变卖方式或者抵押解决方案相比较而言的。

1. 固定资产

固定资产对于产业性的公司而言，是生产产品的最重要、最基本的手段。正如我们前面所述，和银行与证券公司的金融资产一样，对于产生营业收入十分重要。硬资产，包括工厂和设备，用来将原材料转变为制成品，因此必须加以精心对待，抵押或者卖出这些资产，就会减少企业的机动性，影响企业管理日常经营事务的能力，影响企业价值最大化的能力。

在实践中，长期的固定资产的资金来源一般是长期的资本，包括权益和长期负债。这些负债支持着工厂和设备，可能有担保也可能没有，这要取决于公司的信用程度和资产的性质、寿命。信用最高的借贷一般不需要固定资产的抵押支持，而那些中等程度的和较低程度的一般则需要担保。资产作保的负债显然不能卖出或者用做其他抵押，这就意味着企业只能通过没有留置权限制的固定资产来生成现金。不过，讨价还价得到一个能够支持抵押固定资产的筹资工具可能需要很多时间，对于紧急的支付可能不太合适。既然这项涉及安排信用工具的工作涉及了固定资产评估，往往需要若干个星期甚至若干个月才能完成，那么只有无负担的固定资产可以成为流动性的来源，有着足够的时间来完成这项需要付出努力的工作。

卖出固定资产来获取现金通常被认为是不可行的或者是不可取的方案（虽然售

---

① 举例来说，1996 年，英格兰银行提出了英币股票流动性制度（SSLR），放宽了商业银行对大量的小额业务的流动性需求。根据 SSLR，银行必须对传统的现金流入和流出、缺口和梯形表方式（我们将在第八章中加以讨论）补充和增加流动的英币资产的投资组合，以便可以用来摆平任何大批筹资的潜在损失（注意还有一个单独的方法，1999 年提出的不匹配流动性制度，针对的是非 SSLR 的银行，在每一个梯形表到期日，允许承诺的筹资和更大范围的资产可以用来计算净流动性头寸）。

流动性风险

后回租的交易，我们在后面还要论述，以及非核心资产的卖出可以例外）。[1] 既然固定资产是产生营业收入和创造企业价值的重要基础，随便的卖出就会导致营业收入和经营现金流量的下降，破坏企业的价值。另外，固定资产的处置应该是作为一种中期的交易，尤其是对于独特的资产和缺少现成买家的市场而言。举例来说，卖出重型设备、卖出一家微型芯片工厂，或者一家汽车厂，都是一场量身定做的交易，可能只有非常有限的买主会感兴趣，需要若干个月才能达成一致和最后敲定；除非是企业愿意接受账面价值的重大贴现折扣，一般来说固定资产是不会很快出手的。

2. 无形资产

无形资产，可以定义为能够产生价值但是没有物质的或者实际品质的资产，不能视为潜在的流动性的来源。在企业界，最重要的无形资产就是信誉——企业的声誉、品牌和智能资产，或者在收购的情况下，公司或者资产在收购价格和账面价值间的差额。在任何时候，信誉对于公司和市场来说都是有价值的，是一种非现金的可折旧的资产——但是并不是能够立即转换为现金的资产。当然，也有企业向第三方出售商标产品或者服务以及相关联的资产的时候，包括信誉的转让，是可以现金交换的。无论如何，这类销售是相对少见的，更多的是基于战略的考虑而不是流动性管理的机制（举例来说，出于特殊的战略目的或者竞争性目的而从一个市场上退出）。

图 3-1 描述了一家标准的公司的资产流动性来源。

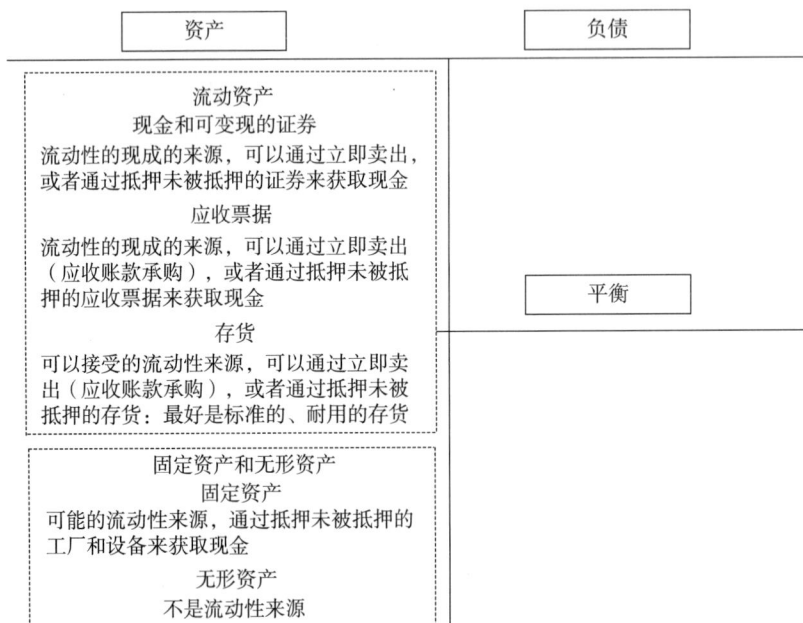

资产	负债
流动资产	
现金和可变现的证券	
流动性的现成的来源，可以通过立即卖出，或者通过抵押未被抵押的证券来获取现金	
应收票据	
流动性的现成的来源，可以通过立即卖出（应收账款承购），或者通过抵押未被抵押的应收票据来获取现金	**平衡**
存货	
可以接受的流动性来源，可以通过立即卖出（应收账款承购），或者通过抵押未被抵押的存货：最好是标准的、耐用的存货	
固定资产和无形资产	
固定资产	
可能的流动性来源，通过抵押未被抵押的工厂和设备来获取现金	
无形资产	
不是流动性来源	

图 3-1　资产流动性的通常来源

---

[1]　事实上，完全经验性的研究（斯林曼、斯道兹维可茵，2001）指出，企业非常愿意卖出部分流动的经营业务，或者卖出那些对于核心运营无关紧要运行不良的业务，很少会愿意卖掉不流动的部分。

第二节 筹资流动性的来源

在考虑营业现金流量之后，筹资就成了得到现金以应对支付的"第一道防线"；只有当筹资已经无望或者代价实在太大的时候，公司才会考虑抵押或者出售资产来补充现金状况。在实践中，公司可以选择多种负债类型，包括短期的筹资工具（譬如，商业票据和欧洲商业票据，短期银行工具，可支付的银行同业/零售存款，回购协议，以及可退回筹资安排）和中长期工具（譬如中期票据、欧洲票据工具、不可退回筹资安排、长期国债和贷款）。有一些企业，特别是综合性大公司的分支机构，可能也可以通过公司内部现金的途径超越其他群体成员获得更多的流动性，假定没有针对关于公司内部的资金流的法规和法律限制，这也可以被看作是另外的一种融资来源。

和我们前面的评论相一致，短期和中长期混合关系本身并不能反映企业流动性的相关水平。虽然一家企业可能大部分筹资是来自三年或者五年负债，可能不会有眼前的筹资压力（就是说，不需要不断地转滚，没有短期资金将被很快赎回的风险），但是如果缺乏应对紧急支付的现金来源，还是有可能面临流动性风险的。一家企业如果有大量的短期负债，也许看起来具有较大的流动性风险，但是如果这些合同能和短期资产很好地匹配，流动性状况也许可以受到完善的管理，和更长期限的负债相比并没有更大的风险。因此，考量企业的全面的流动性状况应该是包括资产、负债，以及资产负债表外业务的联合评价。

在实践中，不同行业的企业看来是喜欢不同类型的筹资流动性。前面提到过，金融机构经常从短期市场获得大量的融资，用以平衡其快速流动的特性，包括他们的资产、或有负债，以及资产负债表外的债务，试图在正收益曲线环境中获得最大化的收益。资本密集型的机构得到的大多数筹资都是来自中期和长期的来源，用以匹配长期的工厂和设备需求（当然，他们仍然需要保持短期市场的渠道，用以应对到期的债务）。

一、短期筹资市场

1. 商业票据，欧洲商业票据

商业票据（CP）和欧洲商业票据（ECP）市场是一个短期的未担保筹资的大众

流动性风险

化来源，事实上所有主要行业类型中的信用良好的公司都可以参与。① 公司按照商业票据计划发行债务（由投资和商业银行安排和代理），在美国市场的范围从 1 天到 270 天，在欧洲市场的范围从 1 天到 360 天。在实践中，只有一流信用（那些额定为 A-1+/P-1 和 A-1/P-1 的，以及周期性的，A-2/P-2 和 A-3/P-3② 的）才能进入商业票据和欧洲商业票据市场；非一流的公司需要经过中间人或作为投资人才能进入。传统的商业票据工具是未担保的，③ 但是在美国市场一般是由临时的银行信用额度（短期额度）支持的，如果现有的票据转滚起来很困难，可以提取资金。评级机构一般需要得到这一银行信用额度的承诺，达到至少能够覆盖发行计划的一半以上的程度（有时需要是 100%）。尽管是大众化的，但是需要强调的是，商业票据和欧洲商业票据市场是信用敏感和市场敏感性的，在市场有压力的时候非常不稳定，在任何时候都不能作为可靠的筹资来源，即便有好的信用。

2. 短期银行工具

公司通常使用银行所提供的短期信用工具来补充周期性的或者紧急的需要。这类工具，可以使用的有循环贷款或者定期贷款，期限从 6 个月到 24 个月，在其保持有效的期间里可以看作是比较稳定的筹资来源，无论如何，必须做到严格的管理直至到期日——出现了"不可续的"的可能性的时候，特别是如果借款公司的信用出现恶化或者金融系统吃紧的时候。

3. 应付账款

账目上的应付账款是另外一种重要的短期筹资形式，特别是对于非金融服务行业和产业性公司而言。正如公司可以给予它的客户以信用，允许客户按照发票延期付款一样，它也可以从供货商那里得到信用，使用延期支付的条款。事实上，公司经常是想方设法将应付账款尽可能地拖到最后一刻，以便达到满意的筹资效果。这也就是企业所得到的信用的价格：应付账款和应收票据一样，都隐含着利率——对于企业来说在应收票据中就是成本，而不是利润。

和其他的短期工具一样，应付账款也可能是一项不稳定的筹资来源：虽然通常在市场处于平静状态，企业的良好信用程度比较稳定的时候，这一来源可能也比较稳定，但是这种情况往往转瞬即逝。因此，如果商业信用的提供方对该公司的财务

---

① 注意类似的地方的和其他国家的商业本票市场：举例来说，加拿大，主要是一个针对加元名义的未担保商业本票的积极的市场。

② 投资者要求发行 A-2/P-2 和 A-3/P-3 的情况是非常少的（在正常的市场条件下少于未付总数的 5%），而且往往转瞬即逝，特别是在有市场压力或者出现信用恶化的时候，由于投资者对短期信用价差的运行的投机热情减少。出现这种情况的时候，市场上未付票据比例较低的发行者可能会被与他们合作的银行"请出"商业本票（CP）市场（不会对他们的营业造成破坏或者带来任何负面影响），转而提供其他工具，譬如银行借贷。

③ 少量的商业本票计划是受到银行的信用证支持，或者有资产支持计划的架构，因此，可以认为是"安全的"。

状况不再满意，或者需要应付更大的系统的混乱，他们可能在以后的交易中收紧支付的条件（举例来说，要求在 7 天内支付而不是 30 天或者 60 天）或者完全拒绝延续应付账款的信用（就是说，规规矩矩地一手钱、一手货）。

4. 存款和回购协议

存款和回购协议是大多数金融机构的两种主要的短期筹资的来源，这些负债非常容易流动，到期的期限从隔夜到若干个星期。银行间的同业存款是本国或者海外的银行机构接受其他银行资金；大多数期限是 1 天到 30 天，可能以某种储备货币为计量单位，银行间存款中有一部分是被称为"热钱"或者是信用和利率敏感性资金，可以在非常短的时间内提取和再划拨。[①] 所以，存款的借方必须随时准备填补资金可能出现的缺口，或者应对过高的报价。

零散的存款不会出现这种不稳定的问题，因为一般都采用比较长久的期限，尽管不能完全履约。以大量的零星存款为主的银行能够在很大程度上得到筹资稳定性，因为个人存款人一般是不愿意把他们的资金转来转去以图获得额外的收益的。零散存款，形式有支票和储蓄存款、货币市场资金，以及定期存单，被称为"黏性的"——即使是在电子银行时代，各种潜在的筹资活动大大地增加了，但是负债仍然保持相当稳定。

金融机构，特别是证券公司，另外一个主要的筹资来源是回购协议（Repo）市场——和前文所提到的反向回购协议市场是相反的方面。金融机构以进入反向回购协议来提供信用，安排回购协议则是接受信用，期限从隔夜直到几个星期（定期交易也可能是几个月，虽然这并不常见）。与商业票据、银行拆借以及其他的金融机构筹资机制不同，回购协议是安全的交易。这就意味着，如果企业获得了可以按照市场提出的标准折扣要求进行抵押的无负担证券，它们只能被用作筹资选择。折扣的范围为 2.5%～50%，前者用于高质量的政府债券（举例来说，1 亿美元的美国国库券可以得到 0.9975 美元贷款），后者像新兴市场和高收益债券（举例来说，1 亿美元债券用来得到 0.5 亿美元贷款）。抵押品每天重新估价是很普通的市场实践，如果最小的抵押品价值的维持水平确实被打破，就会提出进一步抵押的要求。

值得指出的是，在一些系统中，银行还有其他一些短期筹资的来源。举例来说，在美国市场上，授权银行可以从联邦储备贴现窗口得到先期（贷款），可以将联邦基金卖给系统中的其他银行，他们也可以通过联邦住房贷款银行系统借款和接受经纪代理存款。其他国家的系统中也有类似的各种工具。这些机制对于调整盈余/赤字平衡是很重要的，但是并不是在所有的时间对所有的银行都有作用。

现在看来毫无疑问，短期筹资市场，虽然是极其重要的企业筹资的来源，和正

---

① 即使是长期的存款也可能间接影响银行的筹资。例如，机构投资者为了拿回资本，在二级市场上贴现卖出中期银行存款，可能会给其他低风险机构投资者发出一个空头信号，使得其他资金的滚转展期操作更加困难。

流动性风险

常的正收益曲线环境中的中期筹资相比，成本也比较低，但是因为具有相当大的波动性，所以需要严格的监控。短期债务的特点要求公司必须积极地管理偿还/赎回的过程，在不能续借或者费用太高的时候，确保可以得到充分的可供选择的筹资来源。大型公司的交易数额可能是以百万计，甚至达到数亿，每天或者每个星期都会有到期的负债，因此必须随时准备在出现失调状况时采取行动。在实践中，短期筹资工具经常是企业专有的或者系统的资金问题的最初目标。如果任何失调的事件不能得到强有力的管理，问题就会很快变得严重起来。贷款方和投资者缺乏了对短期市场的信任，很快就会转向其他筹资方式，可能就会导致其他工具终止或者撤资。

二、中期和长期筹资市场

1. 中期票据和欧洲票据工具

公司的筹资通常可以通过中期票据（MTNs）、欧洲中期票据（Euro MTN）和欧洲票据［也就是，票据发行融资工具（NIFs）、循环承销融资工具（RUFs），以及相关的结构①］来将负债的期限延长到 2 年甚至 10 年。票据发行采用固定利率或浮动利率形式，在不同的市场上以不同的货币形式发行。近几年来这种类型的筹资方式已经非常流行，它可以通过"事先"计划来进行，可以迅速提款以便得到更好的筹资机会或者应对意外的债务。所谓事先注册方式指的是这一计划只需要到管理部门去确立和登记一下，几年之内都有效；然后在需要的时候就可以得到多种贷款，只需要在后续的每批发行时进行适当的新的信息披露即可。票据经常是在未担保的情况下发行，只有信用很差时才要求他们在发行时提供安全性的支持。

延长期限可以帮助公司缓解一些短期筹资市场对积极的流动性管理所提出的要求。另外，公开的中期市场的信用敏感性也不如短期市场（除了票据是由次级的投资等级信用所发行）。一旦票据发行了，在到期前就一直保持未偿付的状态（除非是发行的公司违背了合约的条款，或者该证券是可退回给投资者的）。这就是说，多年期债务对筹资有要求，而对现金流量没有要求，除了问题时期的利息维护之外（也可能通过偿债基金来分期偿付本金）。这种权衡在普通的正收益曲线环境中就是成本：中期筹资比短期筹资的成本高得多，因此必须在成本/效益的框架内进行分析。

2. 筹资协议和投资担保合同

保险公司的保险和投资管理活动的部分筹资在很大程度上要依靠筹资协议和投资担保合同。这些协议一般的期限范围从 1 年到 10 年以上不等，通常由机构投资者

---

① 欧洲票据工具一般允许发行 1 年到 10 年期间（作为更短期间的欧洲商业本票的补充），常常会得到银行投标委员会的支持，包括承担未售出的票据和提供临时的资金。投标委员会工具根据所有成员通过的协议，一般都可以得到承诺或者可转换给其他银行。

发行，利率一般是固定的。筹资协议和投资担保合同有规定的到期日期，没有卖出选择权或者放弃条款，因此可以看作是中期到长期的资金。无论如何，有一些合同在相对短期内是允许自愿放弃或者投资者可以赎回；如果具有这些特点，就必须将其视为短期的筹资。举例来说，一些筹资协议包含了7天、30天或者90天的赎回期间；虽然投资者可能会持有这一协议许多年，但是他们却保留着赎回合同的权利，只要有一个星期的通知时间即可，因此，必须将此视为短期筹资。投资担保合同和其他类型的合同负债如果可以在短期通知后放弃，也必须将其视为这样的方式。在实践中，保险公司为了得到真正的中期筹资，总是会限制筹资协议中的可赎回和放弃的条件。

3. 长期债券

长期债券的发行进一步延伸了筹资收益曲线，为企业和团体提供10~30年的资金。与此相同，未担保债券也增加了另外灵活的和稳定的筹资方式，并且可以用来作为时间上和长期投资相匹配的资金，这正是产业性公司所要求的。长期债券可以在美国和欧洲市场上发行，同样也可以在其他发达国家系统的国内市场上发行。债券可能是固定利率的或者是浮动利率的，可以是单挡的或者是多挡的，登记的或者持票人的；它们可能是公开发行流通的或者是私募的证券，形式可以是几种货币中的任何一种。债券可能也可以设计为有优先权的或者附属的证券形式；那些具有很强附属型的债券可以被视为一种准权益的形式，特别是永久性债券的发行。可转换债券是一种混合的债券筹资形式（尽管强制可转换债券可以更准确地归类为权益）。担保债券，是需要通过发行人的资产的特殊或者一般留置权的支持，对一些企业来说也是一种重要的筹资来源。虽然这种留置权限制了发行人自由处置该标的物的资产，但是某些产业部门仍然常常将担保债券视为一种"半永久的"形式的资本融资。

需要着重指出的是，债券也许无法保证及时地按照企业要求提供流动性。涉及发行债券的过程可能很漫长。虽然，事先注册方式可以使债券的发行速度加快，但是如果发行人缺乏这种计划就必须以特别报告的方式来发行债券，这至少需要若干个星期来准备和开始。在有些情况下，债券可能需要若干个月的时间才能拿到市场上，特别是发行债券的公司不容易被市场所认识的时候。一家企业若是急于寻找现金来源以弥补其现金的短缺，也许会发现债券并不适合自己的要求。

4. 贷款

中期和长期贷款是许多公司广泛采用的另外一种筹资方式，事实上，也是唯一的最为稳定的债务资本形式。即使是在公共债务市场出现了混乱、发行能力受到限制的情况下，公司一般还是可以利用银行贷款的市场。当然，这需要以书面的信用工具让借款人做出承诺和支付费用——这是最起码的要求，而非书面的形式被认为是不合适的。

银行通常为公司提供未担保或者担保的资金，期限的范围是从2年到20年以上。贷款可能是固定利率或者是浮动利率，设置了分期偿还、期末集中偿还（气球）和一次性偿还（子弹）等偿还方式；也有可能采用不同的货币形式，在国内或者海外发放。担保贷款最常见的是用固定资产来担保，虽然这样就会出现我们前面提到过的缺乏弹性的问题。常年信用工具，是一种"无限期的"工具，它可以一直使用下去，除非是发放贷款的银行提出了转换通知，将其改变为有最后到期日期的定期贷款，因此，可以被视为一种中期贷款形式（在没有通知确定的到期日期之前，一般最短的偿还期限至少也有 1 年）。

正如我们前面所提到的那样，中期和长期筹资市场对于公司来讲，比短期市场更加具有确实性，因为企业的现金流量是一个不断延伸的长期过程，需要不断地归还借款、转滚延期，否则其他不间断的间接筹资负债就会不存在了。虽然定期地支付利息以及分期偿还本金反映着现金的流出，但是比起若干年后需要偿还的本金的数额来讲，这还是一个很小的数目。自然，可以认为中期或者长期的基金、票据、债券以及贷款等类型的工具是不能赎回和取消的，贷款方或者投资者也没有随时要求还款的选择权；因此，负债的到期无论在合同上还是实际执行中都必须十分明确（至少是非常接近）。一个 10 年期的固定利率债券如果在契约中没有可赎回特性或者触发协定，在负债管理上可以和 10 年的货币本身一样来对待。如果 10 年期的债券可以由投资者在 30 天前通知赎回，它就是 30 天的货币，必须视其为短期计划的一部分；不这样做的话，即便不说是会造成筹资缺口，至少可以说是有流动性风险。我们再一次强调这一点，筹资只有到期后才有可能更加稳定，那不需要来弥补或者消除资产/负债的缺口或者不匹配问题，可是流动性风险也许依然存在。

图 3-2 概括表示了普通的筹资流动性的来源。

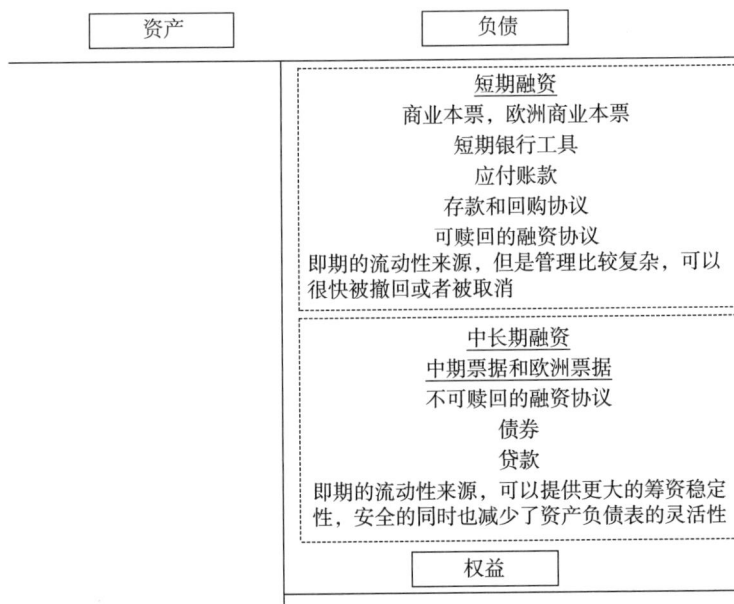

资产	负债
	短期融资 商业本票，欧洲商业本票 短期银行工具 应付账款 存款和回购协议 可赎回的融资协议 即期的流动性来源，但是管理比较复杂，可以很快被撤回或者被取消
	中长期融资 中期票据和欧洲票据 不可赎回的融资协议 债券 贷款 即期的流动性来源，可以提供更大的筹资稳定性，安全的同时也减少了资产负债表的灵活性
	权益

图 3-2　普通的筹资流动性的来源

三、权益资本

　　企业的资产负债表是一个两列的账目系统，我们知道出现在表中的权益资本对于公司的资产和负债构成支持。权益资本——留存收益、实收资本和资本盈余，连同某些类型的优先证券——对于保证公司的偿付能力和保护公司免受意外损失是非常重要的，通常不能将其视为短期的流动性来源。从实践的观点来看，企业如果有短期的现金需求，以应对 1 个星期或者 1 个月的到期支付，是不会去增发新的普通股或者优先股股票的；这是个消磨时间的过程（大多数情况下需要若干个月），不能与短期的时间要求达到同步，不能达到流动性的时间要求。有国债股票对应账目的企业可以转售一些以前回购的股票，但是这是一种不正常的交易，不是正常的流动性管理方式。权益资本也是要比一般债务的筹资成本更加昂贵的，因此不是企业价值最大化的合理方式。我们关于流动性来源的讨论因此就不再涉及从权益资本账目筹资的问题。

第三节　资产负债表外流动性来源

　　资产负债表外交易在近 30 年发展很快，在深度和广度上都是如此，现在已经成为财务风险管理和企业风险管理的基本内容之一。正如其名称所表示的那样，资产负债表外的交易活动是置于企业的平衡表外，不像资产和负债那样可以在平衡表上看得见，具有不确定价值的特点。它们也许是作为或有负债出现，是不确定的信用或者市场风险，也许其经济价值是随着市场条件的变化而波动。虽然由这些合同产生的风险部分可以通过资产负债表或者收益表反映出其价值是"确定的"（例如，衍生产品、应收票据和应付账款，基于市场到市场的评价，反映到资产负债表，以及基于循环信用工具的提款，反映为贷款方的资产和借款方的负债），但是这些未来或有风险的剩余部分一般是反映在法定的公司财务报表的附注中的。

　　不过这些工具对于需要通过这种途径取得现金或资产的人来说，仍然代表着重要的流动性来源。也许更加重要的是，它们代表着潜在的流动性负债的提供者，这些人也许需要从这些实际活动中筹资、出售或者提款。毫不奇怪，各个公司都已经着重强调要更加清楚他们的资产负债表外业务，清楚其影响，清楚如何用它来管理企业的流动性状态。在本节里，我们将研究几大类可以作为流动性来源的工具：证券化、或有筹资、租赁、衍生产品。

一、证券化

证券化是金融工程的一项普通技术，可以用来转移风险和产生流动性。虽然一般来说信用风险和市场风险的转移是证券化的主要动机，但是我们将着重关注其过程中的流动性特征方面。

在一个标准的证券化过程中，企业将一个资产的投资组合出售给一个管道〔一般是信托或者特殊目的实体（SPE）〕，产生一个现金流入。然后该管道分批发行票据给投资者，每一部分可能代表着不同的追索权、不同的优先权和不同的到期日，这样给了投资者选择权，购买他们选中的投资形态。通过各部分设定的机制，标的资产产生的现金流按照建立好的次序和时间表定期支付给投资者作为利息。到了期限，标的资产用于偿还本金，一旦完成了这一步，这次证券化交易就结束了。另外，有些特殊的部分是由外界的支持来提供担保的，譬如保险公司，这是为了造就非常高等级的信用证券。

通过这一基本的说明，我们可以看出证券化是如何让发起机构的资产负债表流动起来的：资产的出售，譬如抵押、抵押证券、贷款、企业债券、自动或者信用卡应收票据或者存货，将一个流动的投资组合或者半流动资产转换成现金。① 这一过程，无论如何，需要花费时间来安排。建立一个信托或者特殊目的实体来购买这些资产，创建投资组合生成适当的形态来应对投资者的需求，识别投资者购买特定部分的兴趣所在，这需要花费几个月的时间来构建、磋商和做决定。即使是后续的证券化也需要若干个星期的工作。因此，证券化必须被看作是产生现金的中期解决方案。

证券化并不能解决发起机构所有的流动性风险问题，但是这并不重要。当一家银行涉足把资产卖给特殊目的实体的业务时，它经常就是提供了或有的流动性工具，以此来帮助支持及时地支付票据的本金和利息；虽然流动性风险变成了或有的，而不是第一指令性的，但是风险依然存在，还是必须把它当作风险来认识（公司的证券化对于发起人来说没有那么大的风险，因为公司与银行有合同，银行适当提供了支持）。

图3-3说明了一般的采用抵押方式的证券化流程。如前所述，我们也许很容易地将其替换成应收票据或者其他的资产、负债或者或有负债的方式。

---

① 有些证券化是负债，而不是资产，基本目的是从资产负债表的贷方移除特殊的类型风险。概念是相同的，尽管我们以后将不再对其进行详细的讨论。

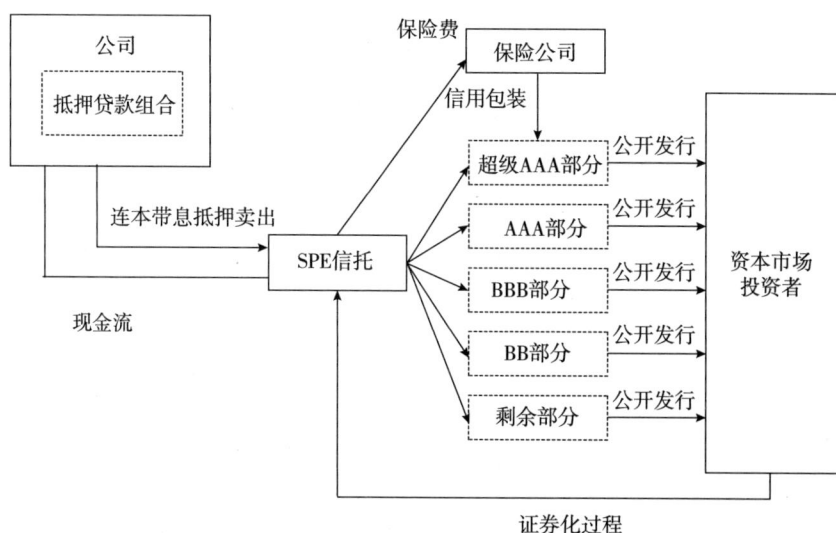

图 3-3　一般的证券化过程

二、或有筹资

或有筹资是机构非常普遍采用的流动性方式，就是允许在事先建立筹资，以备未来某些时候可能的需要。举例来说，企业不必为了将来可能的需要，先借来 1 亿美元的贷款，而是可以简单地签订一个选择权合同，在需要时提取 1 亿美元就可以了（一旦提了款，负债就成了筹资贷款，这在前面已经提到过）。在大多数情况下，企业需要为这一工具支付一定的费用（就是一笔承诺费），但是不需要在没有要求使用这一工具时就从资产负债表反映出来或者支付所有的筹资费用。

或有筹资有相当多的形式，包括循环信贷额度（也可称为信用额度、循环贷款，或者贷款承诺），直接支付信用证，最后担保，备用信贷额度和短线额度。筹资的途径可能是直接的，像信用额度的调拨；也可能是间接的，在现有的负债不能转滚，或者发行的票据还没有被投资者所吸纳时，由银行或投标委员会来垫付［举例来说，一种短线额度支持的商业票据计划，或者一个投标委员会工具支持的循环承销融资工具（RUF）或者票据发行融资工具（NIF）］。如果调拨已经实现了，借款人得到了现金用于营业，同时生成了负债，债务和支付的期限范围从若干个星期到若干年。在大多数情况下，借贷的等级要高于未担保债务，虽然也需要保证安全（特别是在已签合同将要调拨资金期间，如果借款人的信用质量变得恶化了的话）。承诺的特点也是多种多样，从可靠的到意见性的。如果只是意见性的，公司在把它作为筹资来源的实际操作中必须谨慎对待，因为这一"承诺"可能会被金融机构收回。在大多数场合，企业可以加强承诺的程度，采取签署一个正式的循环信用协议的形式，详细说明具体条款和责任义务，支付承诺费用。

银行和保险公司也提供或有筹资给企业客户指定的第三方受益人。这种提供给第三方的流动性来源是因为签订合同的企业在商业或者金融交易中没有实现预期的目标。保证担保、财务经济担保和备用信用证都是这类第三方或有负债的实例，如果企业没有对受益人履行好自己的义务，受益人就不能得到现金流入的来源。作为补偿，它可以转向银行或者保险公司来得到预期的现金流量。

三、租赁

租赁合同是资产负债表外的另外一种流动性来源，此时公司选择租赁，而不是购买某些类型的资产。举例来说，营业租赁实际上也和借贷安排差不多，允许承租人使用资产而且不需要为购置费用的本金而筹资。虽然租金的支付很像标准的债券和贷款的利息支付，但是标准的租赁中是不涉及本金交换的。实际上承租人不能拥有标的物，不能用该资产生成的现金流量进行筹资以用于其他目的，包括建立流动性缓冲或者用于支付债务。

有一种常见的租赁交易形式——售后回租，企业把资产卖给出租人，然后可以订立租赁协议，允许他继续使用该资产。通过这一过程，销售得到的现金流入了企业的资产负债表。常见的标准租赁协议中可以包括各种类型的固定资产。虽然不像售后回租那样产生了直接的现金流入的结果，其作用也几乎是同样的：指定用作资产收购的现金可以重新安排用来应对其他债务。注意在具体的会计制度中租赁显示在资产负债表不同类别中，有的则根本没有；在这时，租赁只是简单地放在其他的长期负债类型中。

四、衍生产品

上市交易和柜台交易（OTC）的衍生产品——从资产和市场的相关价值中衍生出来的金融合同——已经成为流行的保值、投机和套利交易方式，在 20 世纪 80 年代和 90 年代得到了极大的普及。虽然衍生产品主要是用于企业的投资和风险管理方面，但是周期性提供或者吸纳现金流量仍然可以对流动性造成影响。举例来说，一家企业如果进入零息掉期交易，在一个数年的期间里，每季度可以得到定期的支付，但是在交易到期之前自己却不需要做任何支付；在最后到期之前它一直得到定期的现金流入而没有现金的流出（作为其交易对方的银行，当然面对的是完全相反的情况）。

总回报掉期是一种合同，在短时间内组合复制标的物资产的现金流量，提供给买方正常的现金流入，不需要提供购买标的物资产的资金；因此，现金可以正常地用来购买资产、可以用来应对其他债务。采取更加投机的方式，企业可以卖出期权来生成额外的现金流入〔期权也是一种衍生产品合同，具有一种转让的权利，可以特定的价格和在特定的时间来买入（看涨期权）或者卖出（看跌期权）某一资产〕；在交易日里得到的升水显示出现金流入，在未来的一段时间内也不会发生负债，果真如此的话。虽然这是一项高风险的交易，特别是如果标的物的资产没有持有在资产负债表上，或者没有足够的现金来应对日常变化的时候（这被称为沽出"未抵押"期权），不过企业在实际上是可以生成现金的。

图 3-4 总结了普通的资产负债表外流动性的来源。

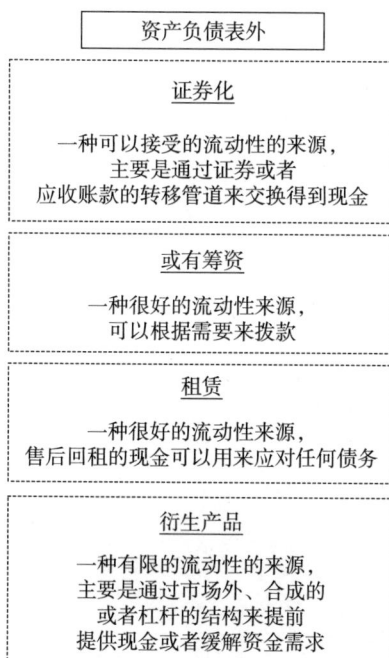

```
┌─────────────────────────────┐
│        资产负债表外          │
└─────────────────────────────┘

┌─────────────────────────────┐
│           证券化             │
│   一种可以接受的流动性的来源，│
│      主要是通过证券或者       │
│   应收账款的转移管道来交换得到现金│
└─────────────────────────────┘

┌─────────────────────────────┐
│           或有筹资           │
│     一种很好的流动性来源，    │
│      可以根据需要来拨款       │
└─────────────────────────────┘

┌─────────────────────────────┐
│            租赁              │
│     一种很好的流动性来源，    │
│  售后回租的现金可以用来应对任何债务│
└─────────────────────────────┘

┌─────────────────────────────┐
│          衍生产品            │
│     一种有限的流动性的来源，  │
│     主要是通过市场外、合成的  │
│      或者杠杆的结构来提前     │
│    提供现金或者缓解资金需求    │
└─────────────────────────────┘
```

图 3-4 普通的资产负债表外流动性的来源

还有一些其他的资产负债表内和表外的筹资来源，但是大多数是我们前面已经提及的结构的变化形式，譬如关联方交易，公司的借款来自子公司、联营公司或者合资企业，公司建立特殊目的实体来增加筹资，将其用于企业运营的特殊方面，等等。我们可以忽略这些特殊机制的细节，重要的是需要再次强调，流动性的来源只是等式的一边。公司所能利用的每一个来源都必须有提供流动性的另一边——应收票据的购买方、投资组合或者固定资产的贷款方、短线额度或者定期贷款的提供方、商业票据或者中期票据的投资者、设施的出租人、零息掉期的期权卖方等。因此，流动性的提供商必须非常严格地管理他们自己的头寸；不然的话可能就不能为其他企业提供现金了，会造成一个"连锁反应"，结果导致更严重的问题。正如我们所指出的那样，这往往就是金融压力的开端，那些习惯于为企业系统提供大量数额的流动性的机构开始紧缩银根，削减投资或者贷款，或者改变投资方向，着手"逃往

流动性风险

质量"。

图 3-5 总结了资产负债表内外的关键的流动性来源。

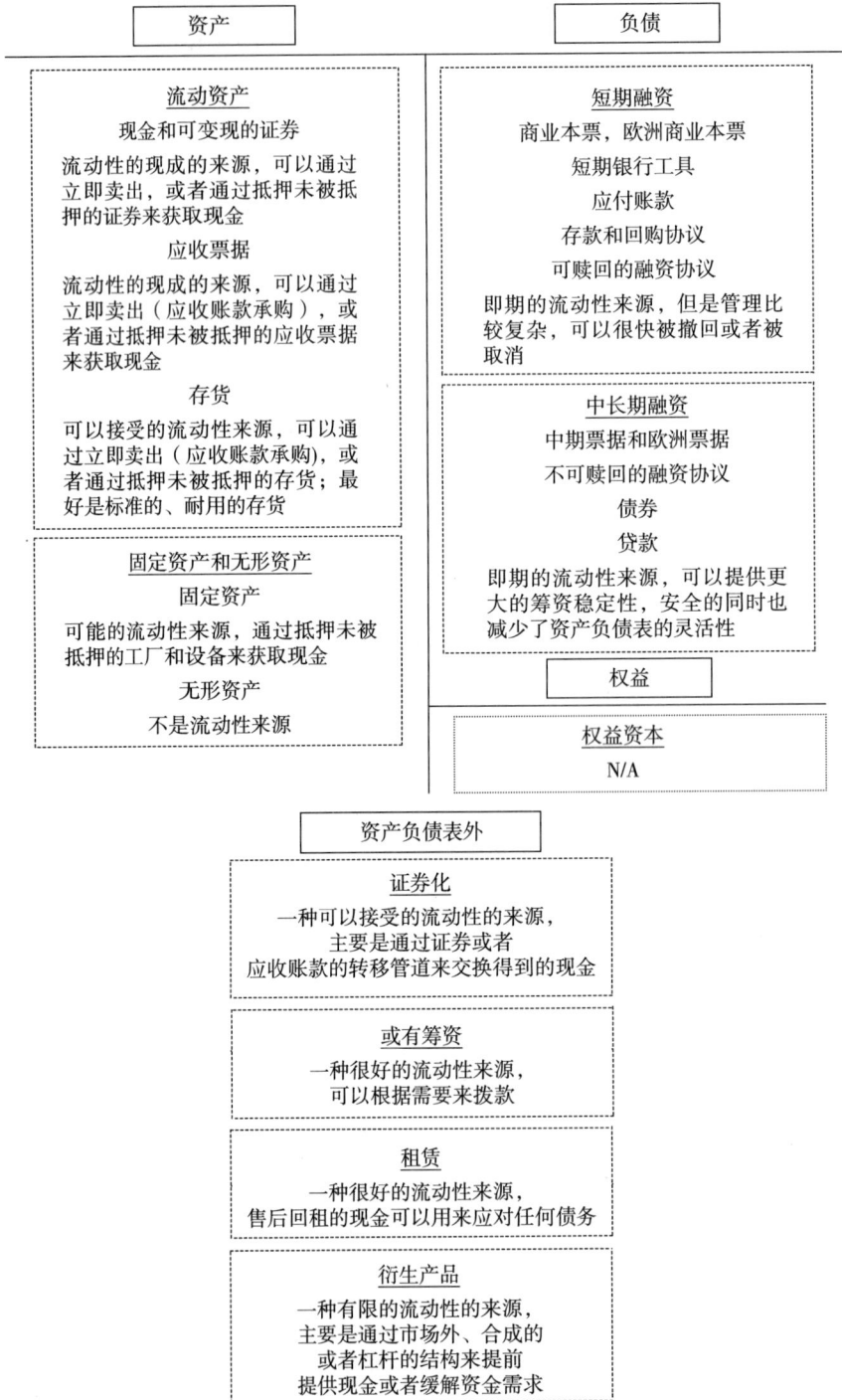

资产	负债
流动资产 **现金和可变现的证券** 流动性的现成的来源，可以通过立即卖出，或者通过抵押未被抵押的证券来获取现金 **应收票据** 流动性的现成的来源，可以通过立即卖出（应收账款承购），或者通过抵押未被抵押的应收票据来获取现金 **存货** 可以接受的流动性来源，可以通过立即卖出（应收账款承购），或者通过抵押未被抵押的存货；最好是标准的、耐用的存货	**短期融资** 商业本票，欧洲商业本票 短期银行工具 应付账款 存款和回购协议 可赎回的融资协议 即期的流动性来源，但是管理比较复杂，可以很快被撤回或者被取消
固定资产和无形资产 **固定资产** 可能的流动性来源，通过抵押未被抵押的工厂和设备来获取现金 **无形资产** 不是流动性来源	**中长期融资** 中期票据和欧洲票据 不可赎回的融资协议 债券 贷款 即期的流动性来源，可以提供更大的筹资稳定性，安全的同时也减少了资产负债表的灵活性
	权益
	权益资本 N/A

资产负债表外

证券化
一种可以接受的流动性的来源，
主要是通过证券或者
应收账款的转移管道来交换得到的现金

或有筹资
一种很好的流动性来源，
可以根据需要来拨款

租赁
一种很好的流动性来源，
售后回租的现金可以用来应对任何债务

衍生产品
一种有限的流动性的来源，
主要是通过市场外、合成的
或者杠杆的结构来提前
提供现金或者缓解资金需求

图 3-5　资产负债表内外的关键的流动性来源

第四节　流动性来源的合并

公司常常不断计划如何来合并它们的流动性来源，以便能够尽可能地降低成本，避免遭受破坏的可能性。当企业具有良好的财务状况，完全控制自己的现金流入和流出，市场的环境也是良好状态的时候，也许更应该制定这样的计划。不管怎么说，也许在内部发生了困难或者外部的压力造成市场的破坏的时候，它的作用就会相当有限；也许这种时候需要的是进行调整，我们将在第十章中对此加以讨论。撇开正常的市场条件不谈，无论如何，企业一般是要运用大多数，也许是全部的流动性机制，这也是更加及时和更加经济合理的方式。因此，可以做出典型的"顺序排列"如下：

- 现有的转滚工具；
- 银行信用额度调拨或者或有的筹资来源；
- 无负担的资产抵押贷款；
- 按照售出的可能性的顺序，从流动性仓库中卖出流动资产；
- 资产证券化；
- 卖出附属的非流动的资产，包括固定资产和整体的单位。

一般来讲，长期的非流动资产的卖出意味着保留公司的核心经营部分，进入流动性管理计划的下一个阶段，这样说至少有两个理由。首先，既然这些资产不是容易变现的——确实不是现金、证券、应收票据，或者确定的存货——卖出的时候可能就要有很大的贴现折扣，意味着更大的价值损失。其次，既然这些资产是组成经营活动的基本部件，就有可能导致企业价值永久性地减少。卖出核心的长期资产常常可以看作是最后的一招，用来加强损失严重的流动性状况。

除了这些非流动的固定资产以外，公司还可以建立一系列的流动性来源，用来满足自己的需要。显然，没有一家公司能够得到所有的流动性来源：有一些是行业特点造成的，另外一些是由于信用等级敏感程度造成，还有一些是法律法规或者市场条件的限制造成的。因此，流动性的"调色板"对于每一家公司来说都是这些选择的唯一的组合，我们在本章中已经讨论过这些选择。此外，必须加以区分的还有理论的流动性来源和实际的流动性来源的不同，理论的流动性来源是在正常的市场条件下，而实际的流动性来源是在有市场压力的时候，两者常常是不同的。证券公司在理论和实际两方面能够获得的流动性来源如图3-6所示。

实际的来源部分反映着该证券公司在所有的市场条件下，从它的合并来源中生成现金或者得到现金的真正能力，也可以认为是其现金力量的更加准确的表现。在有市场压力的情况下，对于流动性的要求是特别重要的，一些理论上的来源，譬如

流动性风险

理论的来源：
运营中的净现金+
手头的现金+
无负担的资产（可能折扣）的借入价值或者清算价值+
商业票据+
经纪人通知贷款+
中期票据+
未提的未担保部分，未承诺的银行工具+
未提的未担保部分，已承诺的银行工具+
确定的和有合同的现金流入

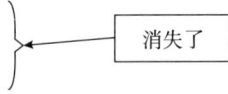

实际的来源：
运营中的净现金+
手头的现金+
无负担的资产（可能折扣）的借入价值或者清算价值+
商业票据+
经纪人通知贷款+
中期票据+ ——————————————→ 消失了
未提的未担保部分，未承诺的银行工具+
未提的未担保部分，已承诺的银行工具+
确定的和有合同的现金流入

图3-6　证券公司理论和实际的流动性来源

商业票据、中期票据、应付账款以及无负担的工具，也许就消失不见了，与理论上的来源相比，在来源的系列中出现了空缺。对于合并了的流动性在理论和实际的来源上的不同，有助于创建流动性风险管理的计划，我们还将在第三部分详细讨论。

金融机构和非金融机构有许多流动性来源的渠道。虽然并不是所有类型的资产、筹资和资产负债表外的流动性，在所有时间、所有公司都可以利用，但是其中许多是可以的。公司在寻求管理其流动性状态时，可以因此明智地事先进行安排，渠道越多越好。虽然这意味着增加成本，但是可以帮助企业将流动性引发损失的可能性减到最小，特别是在那些可能出现困难的市场条件下。无论如何，这一过程有时并不简单。在本书的以下部分，我们将关注筹资、资产以及联合流动性风险出现问题时所造成的困难。

第二部分

流动性的问题

第四章　筹资流动性风险

我们从分析筹资流动性风险入手，来讨论理论和实践的流动性风险问题，在前面我们已经将其定义为，不能根据需要在经济合理的程度上获得未担保的筹资，所以招致损失的风险。如果短期债务和长期债务工具和资产负债表外或有负债不能达到要求，企业也许就要面临筹资损失了；而当资产流动性风险问题同时存在时，更严重的财务困境情况就会逐步显现，我们还将在下一章讨论这一问题。

筹资的渠道也许会受到内生因素或者外生因素的影响。如果纯粹是内生因素，在信用等级太差，或者要求资本的数量太大的时候，企业也许无法得到未担保的筹资。如果都是外生因素，市场的条件也许就严格限定了企业到底能够得到多少筹资。

我们现在来看一下流动的市场和非流动的市场的筹资的不同。流动的市场允许参与者在需要的时候通过现有的筹资安排的转滚，或者新的工具和预订工具的调拨来应对需求。流动的市场可以按照企业预期的筹资成本，或者十分接近的这一成本，来满足企业的筹资需求，在条件上没有变化（譬如到期的期限不会变，限定的合约和抵押的内容不变）。非流动的市场——那里缺乏深度，或者受到不稳定的困扰——如果想从中满足大量的融资可能需要付出很大的成本，需要改变架构，不然就会有耽搁；如果贷款方或者投资者在相对短期的通知中表示不愿意接受公司预期的筹资成本水平，结果就可能造成损失。当然也会有例外，企业如果把它的债务分解成许多小的现金流量，或者利用多种产品或者管道，也有可能在其他的非流动的融资市场得到比较大的筹资份额；整个市场也许能够满足需求，筹资的水平也许很难再提高了。无论如何，筹资流动性管理常常是需要速度的。能够快速得到现金的渠道通常是很重要的，因此时间和成本往往同样重要，筹资要求过于紧迫可能就会导致损失。

第一节　筹资流动性风险的来源

意外的现金需求是造成筹资流动性风险的核心因素。预期的债务通常是可以未雨绸缪的，因为这是在企业的计划和预测的范围之内。未曾预料的债务很难在企业的风险管理计划之内，尽管可以建立一定数额的或有筹资来管理"意外"（在合理的流动性风险和回报平衡范围之内，如第二章中所述）。不管这一数额最终如何充分考虑，都不可能在事先完全决定好。流动性的意外需求可能有许多来源。我们在本节中将讨论最为重要的若干问题，包括：

- 无法预测的现金流量；
- 不利的法律或者管理部门的裁决；
- 管理不善；
- 负面印象和市场反应。

自然，上述这些因素中的任何一个都可能造成资产流动性风险。意外的流动性需求超出了未担保筹资计划（以及所有事先的或有缓冲准备）能够抵补资产负债表借方的债务要求的份额，这就回到了我们前面刚刚提到的那种情况：如果企业必须以不合理的贴现折扣比例将其资产作为抵押品，或者只能以危险的价格卖出其资产组合，为的是补充和改善现金状况，那么正是这个影响筹资风险的来源会直接带来资产流动性的问题。

一、无法预测的现金流量

无法预测的现金流量是流动性风险的核心。在现实的企业环境中，事实上所有的企业都会面对一定数量的无法预测的现金流量，无法预测的程度越大，筹资流动性风险的危险性也就越高（更有甚者，出现资产流动性风险）。虽然其中的一些不确定因素可以通过缓冲、准备金或者额外的或有融资来源进行管理，但是即便是悟性再好的公司也很难知道到底需要多少才能算是足够的。

由于全球性的大企业和金融机构都是大型的联合实体，意外的现金流量可以来源于许多方面。可以回顾一下公认会计准则（GAAP）对于典型的现金流量的论述，其中提出的不确定性也许会出现在包括营业收入、商品销售成本、应收票据、应付账款、财产处置、收购、筹资和投资等各个方面。我们以下分别来讨论公司和金融机构的情况。

1. 公司

图4-1说明了根据美国公认会计准则，一般的非金融企业的现金流量表中最重要的无法预测的现金流量的潜在来源内容，包括那些公司可能控制、部分控制或者完全无法控制的收讫或者付讫的价值。如图4-1所示，现金流量的不确定性可以影响战术和战略运营的许多方面。战术方面，公司也许会对日常经营中的现金需求的大小、时间和类型做出判断失误，或者可能出现供货商提出的意外的支付要求。战略方面，对于市场扩张、企业收购、产品发展或者竞争对手，公司也许会在这些方面出现误算。两方面的问题都可以造成企业低估了自己的承诺和筹资的需求。

设想一个具体的例子，出售一项投资的盈余或者损失。如果一家公司估计可以

经营活动中的现金流量
  净收益
  调整：
    折旧和摊销
    投资卖出的盈余或损失
    非统一的联营公司的盈余或损失
    少数股权的盈余或损失
    递延收益税的增加或减少
  调整：
    账目应收款项
    存货
    其他的流动资产
    账目应付账款
    已发生费用
    外币转换
  经营活动中的净现金流量

潜在的经营现金流量
不确定性的来源

投资活动中的现金流量
  工厂、财产和设备的增加
  少数合伙人投资
  投资销售的收益
  投资的购买
  收购，得到的现金除外
  其他的投资
  投资活动的净现金流量

潜在的投资现金流量
不确定性的来源

融资活动中的现金流量
  账目和票据应付账款的增加或减少
  账目和票据应收款项的增加或减少
  发行长期借贷的收益
  长期借贷偿还
  库存股票的购买
  普通股发行
  股利付讫
  融资活动的净现金流量
净现金流量的调整

潜在的融资现金流量
不确定性的来源

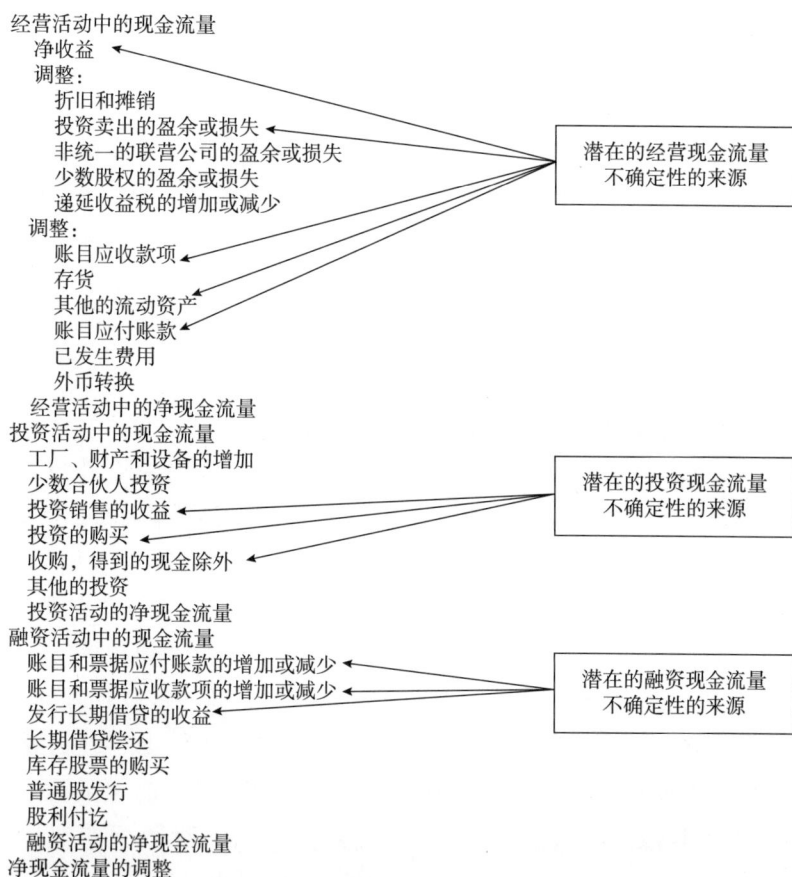

图4-1　一般的现金流量表和不确定性现金流量可能的来源

从卖出一个工厂中获得1亿美元的收入，但是最终只得到了0.75亿美元，实际上就出现了0.25亿美元的意外现金流量短缺。或者如果这家企业预期10亿美元的营业收入，但是必须向供货商额外支付1亿美元（反映在销售账目的商品成本上），也同样出现了现金流量短缺。

我们再来看一下这种情况，战略收购时的购买价格高于最初的预算，非委托的硬资产的资本开支超出了目标，出现了灾难性事件而保险额不足，等等。所有这些事件都可以造成意外的现金需求，增加筹资风险的压力。

无法预测的现金流量也可能出自资产负债表外合约的不确定的价值和不确定的时间。我们来看一个例子，一家公司卖出了一份2.5亿美元资产的美国看涨期权，并且没有对头寸进行对冲。假定在未来的一定时间里没有对该交易进行平仓，合约到期之前有两种情况必然会出现其一。

一种情况，期权在价内运行，导致买入方执行权利；这样就要迫使公司支付2.5亿美元从期权的买入方购买这一资产，这就需要2.5亿美元的筹资。如果2.5亿美元的唯一来源就是通过该资产的出售，公司必然希望平仓时的价格至少要达到

2.5亿美元以上。如果企业还有其他的筹资来源，也就必须采用它们来应对这一现金要求。

另外一种情况，期权也许保持在价外，意味着公司不必承担2.5亿美元债务。同时，需要强调的是，简单的期权交易造成或有的现金流量，在数额和时间上都不确定。非金融公司可能拥有数以百计（甚至数以千计）的这类衍生产品（金融公司通常有几十种，而不是几百种几千种的话），对于未来的现金流量带来了非常复杂的影响。通过这些简单的例子不难看出，如何在合理的程度上精确地估计现金流量完全是一个挑战。这一过程很难达到完全精确，意味着不确定的现金流量是一个现实。

2. 金融机构

无法预测的现金流量同样也出现在金融机构。虽然两者经营、筹资和投资的现金流量在性质上都略有不同，但是面对的是同样的挑战：完成在合理的程度上精确预测未来的现金流量的棘手任务。举例来说，银行同意了最后担保或者循环信用额度，就要准备按照借款人的选择，来履行未来提供资金的承诺；从合同产生之日起，调拨的数额和时间就是不确定的了。这样的或有负债对于公司来说是司空见惯的，因为这样建立了一种流动性保险的形式，只有在需要的时候才要求提供资金（对于贷款方来说也是有吸引力的，因为总是可以挣得费用，即便是没有信用调拨）。但是从现金流量的观点来看这却是充满了不确定性，因为它们可以在任何时间，以小于这一工具的最大限额的数额出现。备用信用证也同样如此，如果最初的拨款部分地停止了支付，银行就要根据受益人的要求提供资金；不履行的事件当然就是无法预测的。

虽然，对于这些或有资金外流出现的可能性，可以采用各种技术来估计（例如过去的经验，根据利率或者特定时期的违约预测做出的概率分析，以及在不同情况的模拟分析），但是结果都是不精确的——也就是说，精确的估算事实上是不可能的。银行的这些不确定还会成倍地增加，因为成千上万的客户可能都在使用同样的工具，来自可以选择的衍生产品合约的其他不确定的现金流量也可以增加这一影响，即期的或有认购的负债几乎可以即刻赎回，等等。

我们再来探讨一个银行例子，一家银行自身的筹资在很大比例上是活期（即期）的存款，存款人可以立即得到兑付。这样的存款基础上的现金流量完全是不确定的；在大多数情况下，存款是保持不变的未偿付状态。但是，如果银行受到了负面的压力，或者市场出现了谣言，人们在金融市场有了更多的选择，或者金融系统总体上进入了不稳定的时期，存款人也许会取回他们的资金。银行必须立即偿还这些活期存款——如果不能做到将会导致银行受到信誉损失和其他潜在损失。因此，活期存款的现金流量行为是不确定的。

因此在这一过程中，银行必须将负债的合同到期和行为的到期区别开来——这有助于说明为何估计负债的现金流量是非常复杂的。合同的到期是负债的实际到期日期，或者说是债务需要偿还或者赎回的最早时间；它的时间界限是清楚和明确的。行为的到期是实践上的负债到期日期，或者说是债务偿还的"现实的"时间；它的时间界限是不可知的，依赖于许多内部和外部的因素。事实上，有一些迹象表明行为的到期的负债情况是可以更加精确一点儿的。举例来说，零售或者机构的存款人所持有的活期债务在名义上是可以在任何时间被赎回的；可以将它们视为隔夜筹资的合同到期。在实践中，无论如何，存款人一般是不断地进行转滚，没有赎回的意图，除非这儿受到了破坏或者有了更好的投资机会。因此这样的行为到期表示负债可能会有非常长的时期，使得对未来的现金流量和筹资需求的估计变得更加复杂。

同样的情况也经常出现在商业票据市场，7天、14天或者30天票据的投资者也是在不断地重复他们的投资；合同的和行为的时间范围因此大不相同。相反的情况可能出现在抵押市场，最初的合同抵押贷款期限是10年、20年或者30年，也许其行为到期会退回到3年或者5年，结果是卖掉财产或者重新筹资。

保险公司也必须处理多种多样的不确定的现金流量来源。首先保险公司必须对给定的时间里不得不进行的索赔支付予以估计。定义这些支付的性质、数量和时间都是不确定的。保险公司通过运用保险精算技术和对预期损失分布和发展的观察，可以得出一些对潜在的现金流量的考虑，但是不确定的因素却依然存在。如果意外的灾祸出现了，索赔也许远远大于预期的损失计算，这样就会导致事后的现金赤字。可退回筹资安排，允许特定的负债持有者可以在非常短的时间内通知保险公司，能够增加现金流量不确定性；虽然保险公司也许能够预算到一定数额的赎回，但是不可能完全肯定怎么面对大量的和同时的筹资需求。

值得注意的是，一些或有的和实际的现金流量是不确定的，但还是具有"延期"之类的性质，可以让企业用来应付一下以后的筹资需求。举例来说，保险公司卖出投资担保合同给投资者，允许在30天的延期之后的任何时间赎回，这样面对的是不确定的现金流量（也就是说，不确定的期间是在投资者提出投资担保合同的赎回要求之前）——但是这个不确定的现金流量还有个"缓冲"时间，保险公司可以利用这段时间来安排其他的筹资。

另外，不难看出，意外的现金流量能够渗透所有的金融部门。金融机构本质上就不太愿意非常保守，不愿意设想最坏的现金流量局面（譬如负债的紧急撤出，或者所有的或有负债都完全需要筹资），这样做会造成资源利用的非常低下。同样，金融机构也不太愿意过于冒进，设想最好的局面（譬如没有任何负债的撤出，不需要或有负债的筹资），在这种情况下如果出现了实际的或有事件就有可能造成大量的现金短缺。

二、不利的法律或者管理部门的裁决

有的时候，客户或者其他的利益相关人由于受到了金融方面的损害，也许会对企业提出未曾预料的支付要求。举例来说，法院也许会裁决公司对产品缺陷、环境破坏、玩忽职守、欺诈或者违背受托人义务等行为负有责任。这些诉讼可能导致有利于原告的很大资金数额的判决。如果出现这类事情，企业必须调动流动性的来源尽量履行支付的义务。虽然也许这种不利的法律判决可能会"令人惊讶"——毕竟，公司可能需要经历许多个月，甚至几年才会遇到一次，但是为了这种负面的法律结果的可能而做的准备——这种巨大的开支也许会令人惊讶。举例来说，有可能法院判决的罚款会是数倍于原告最初诉求的数额；这样马上会对公司造成很大的筹资压力，虽然公司常常也有上诉的权利，但结果是不确定的，也许最后的结果仍然是需要部分地支付。

除了纯粹的法律诉讼外，企业也许会受到法规和管理机构的压力，意外地要求召回产品、遏制或者清除环境的破坏，或者要求"停止或终止"一些类型的有害活动。这些都是特殊的事件，也许会带来紧急的支付、赔偿和停业的成本，并且有可能对营业活动和相关的现金流量造成暂时的或者永久性的破坏；同时也存在着潜在的筹资压力。

当然，在实际上公司一般是有准备的，采取或有准备金筹资①或者建立特定类型保险抵补措施，来应对法律或者管制方面的不测事件。这其中包括了一般类型的预先融资，在需要的时候提供现金的流入。无论如何，不是所有的公司都会参与这种准备，即使是做了准备也仍然有可能会面对短缺的情况——意味着仍然会有潜在的现金赤字存在。

三、管理不善

企业如果不能很好地管理财务问题，不能胜任或者出现舞弊结果都会最终带来流动性的问题。在董事会的指导和监督下，认真履行财务职责是经理们经营工作中的关键职能；不能认真履行这一职能必然导致工作的失误，决策的错误，或者对现金状况带来危害，造成流动性压力。

财务管理是一个很复杂的科目，其特征就是具有相当程度的无法预测性；动态的企业运营、不稳定市场、风险和人的行为，决定了这一切。也就是说，严格的管

---

① 值得指出的是，这样的准备金可能不得不持有一些低产出或没有产出的资产，也可用来发行以求风险和回报的平衡和企业价值的最大化。

理可以使资产和负债得到谨慎的处理，松懈的管理则一定会截然相反。如果公司的经理偶然或者有意地没有对流动性过程给予充分的考虑，或者不能造成适当的控制环境来处理流动性风险，他们可能会使公司的现金流量在很大程度上无法预测，面对很大的压力。[1]

四、负面印象和市场反应

市场信誉——在投资者、债权人、管理部门和评级机构之中的信誉——对于所有的企业来说都是至关重要的，尤其是金融机构和非金融服务公司，因为它们是非常依赖相互关系、信誉和知识资产来产生营业收入的。维护信誉是重要的经理管理职能：成功了可以带来利益相关人的信任，与经营结果的联系更加稳固，可以转换成更高的股票价格，改进信用等级，降低资本的成本。反过来也是同样。对于公司的信誉抱有怀疑的态度一定会使公司付出代价——不仅是失去交易的机会，而且在实际上增加了筹资的压力，提高了筹资的成本，特别是，增加了财务的危险。[2]

如果一家公司受到了负面印象的影响，经营也许就开始受到了损害。这其中的理由是从企业运营和现金流量的影响来说，负面印象的重要性常常仅次于不确定性。负面印象，通过外部的利益相关人——譬如资本的撤回或者撤销——可以导致特殊的市场行为，因此被看作是筹资负债风险的直接来源；原因可能是内生的，反应则是外生的。

当存款人、债权人、贷款方或者供货商对企业在某些方面不再感到满意，比如它的经营、管理或者战略等方面，它们就会感到不安，就会撤回资本的供应，如果继续提供资本则要求得到更多的回报，或者重新商谈条件，这就增加了企业现金流量的紧张程度。所有这些都可以导致未曾预料的筹资要求。举例来说，很多时候公司在使用银行信用工具时受到特别的合约或者降级条款限制，如果信用等级降级或者股票的价格跌落到了事先预订的价格水平之下，就要求偿还资金。如果负面印象在市场上已经足以造成任何一类事情的出现，公司可能就要被迫偿还部分工具；可能出现很紧迫也很意外的筹资要求。降级和部分还款也许会加剧负面印象，推动股

---

① 最近几十年来，财务管理不善已经成为重要的企业问题的核心，包括安然公司、泰科公司、世通公司、瑞士航空公司以及其他许多公司都和这一问题有关。许多问题最后都证明它们有着非常严重的流动性压力的情况。

② 银行的信托服务可以作为企业受到信誉问题困扰的很好例子。甚至包括德意志银行这样的机构最后也无法克服信任危机。虽然不完全是流动性的问题，20世纪90年代初期该银行备受关注的衍生产品客户诉讼和结算（譬如宝洁公司、吉普森公司和山度士公司）事件，1998年在俄罗斯遭受接近5亿美元的损失事件，使得存款人和投资者对银行及其管理都丧失了信心。企业的信用在许多方面都降了级，不能得到有竞争力成本的筹资来解决自身的问题。德意志银行走到最后，想再得到进一步的发展事实上已无可能。

票的价格进一步下跌，导致更多工具的取消，造成进一步的信用降级，等等。这是一种连续的旋涡式下降。

第二节　外生问题

不是所有的筹资困难都是内生的原因。实际上企业也许并没有遇到严重的现金流量无法预测的问题，或者受困于法律诉讼，或者受到管理不善以及市场负面印象的影响，但是仍然觉得受到筹资流动性风险和相关问题的影响。宏观的经营环境对于工作的压力也许使得企业（或者是所有的部门和行业）无法满足自己的筹资需求。

行业部门或者宏观的经济困难，特别是发生在流动性的提供商方面，是一种关键的催化剂。举例来说，如果整个的银行系统在信用风险活动中遭受到了巨大的损失，它就有可能减少对中间等级公司的授信贷款，或者要求它们对借款进行抵押；这样的方案势必增加这一类型的所有借款人的筹资成本，包括那些信用等级保持不变的在内。或者，如果银行已经对一些特殊的部门予以关注（可能会认为信用在比较短的时间里扩张得太快），他们可能就会广泛地减少或者取消一些工具；在这个行业部门中的每一个公司，不管信用程度如何，都会感到筹资提款受到了影响。同样，如果商业票据或者中期票据的机构投资者发现了其他投资机会，得到了其他资产可以提供更有吸引力的风险和回报的提议，他们就有可能会一起重新投资，离开那些不能提供稳定融资，仍然依靠这类转滚工具的公司。

有一些机构在市场压力很大的时期仍然能够得到筹资流动性，但是这说明不了什么。当整个金融系统处于恐慌的抛售期间，都在"逃往质量"，在这种情况下，就使得系统中最大的一些银行实际上得到了那些希望将资金投放到"安全港"工具的储蓄和机构的存款。这并不意味着所有的银行都能得到"逃往质量"的好事，但是主要的银行——那些在地方的金融系统被看成是"大到不会倒闭"的银行——也许真的会得到这些额外的流入。在市场危机期间，这些银行也许根本不需要劝说存款人增加他们的存款，人们自然而然就会这么做。受到利息的影响使得银行增加持有其他的投资（可能是流动投资，虽然也许会有一些这方面的需求，如果他们自身的筹资流动性状况已经通过"逃往质量"进行了调整的话）

和扩大增加经过挑选的信用。的确，某些经验性的研究①已经表明，在存款人和借款人对于流动性要求的联系不是非常紧密的情况下，在有市场压力的时候，银行可能更加愿意以具有竞争性包干筹资费率的方式，向具有较高信用等级的企业借款人提供备用信贷额度。需要强调指出的是，外生的混乱不能完全破坏所有机构的融资渠道。但是，在有较大压力的时候，保守的做法往往是忽视有益的机构群体的选择。

第三节　筹资问题的性质

由于上述原因中的一个而造成的流动性困难的增加，使得企业改变了筹资计划来专门解决这个问题。按照正常的事务处理过程，同时企业的筹资计划非常成熟和稳定，债务的处理不会遇到困难。流动性的增加或者得以转滚的渠道，是通过一个或者更多的负债来源得到的，我们将在下一章讨论这些来源，必须有一定的付出，企业才能继续正常运营。无论如何，实际上很多筹资计划都不能发挥其应有的功能。这就使得企业面对招致损失的风险——直接的，被迫支付增加的筹资费用来保证筹资的其他来源，或者是间接的，被迫卖出或者抵押资产（我们在下一章将讨论这一问题）。虽然有为数众多的原因造成了筹资渠道到底是临时的还是长久的，我们将在本节讨论其中一些最为普遍的原因，包括：

- 转滚问题；
- 缺乏市场渠道；
- 提款承诺；
- 过度集中。

虽然所有的这些困难一般都是内生的，但是有的时候会由于出现了外生压力，而使问题更加严重起来。

---

① 举例来说，盖塔和斯詹姆（2001）发现当短期信用价差（即商业本票减去国库券）扩大的时候，银行资产（证券和银行信用额度）增加得很快，在危机时期来自存款的资产数量得到增加。研究中也发现在危机时期，银行比起其他金融机构来说在扩大贷款方面更有优势，因为由于信用价差的扩大，他们支付的"逃往质量"存款的收益减少了。授信贷款，无论如何，一律停止了；也就是说，不再允许特殊的借款人根据他们自身的信用情况来提款，而是给系统借款人，提款主要是依据市场流动性的可行性。因此，在有市场压力的时候，银行贷款给高信用等级的系统借款人，表明在外生压力难以承受时，仍然存在着一些"胜者"。反之也是如此。当市场恢复了平衡，存款人撤出资金再投入较高收益的地方，银行的现金就不那么充裕了，因此比例倒了过来，高等级的系统发放贷款给他们热情依旧。

一、转滚问题

难点在于转滚，或者说在于更新，信用则是筹资流动性压力的早期信号。当信用的提供者——无论是公司短期证券的投资者、提供常年信用循环贷款的贷款方，还是通过应付账款提供商业信用的供货商——不愿意把企业将要到期时负债继续转滚下去，或者是大大提高了转滚的成本，企业就真的要遇到筹资的问题了。事实上，当负面的消息快速传播，转滚又必须马上处理的时候，管理这些问题是非常困难的。

问题的原因一般是出自公司的实际问题或者感觉到的问题。如果债权人认为企业的信用价值已经大大削弱，它们在更新这一筹资债务时就很难不提出额外的要求。更有甚者，它们可能不管回报多高都不愿意再提供资本。银行有安排短期备用融资的责任，也许可以按照道义上或者合同上的要求，通过备用信贷额度或者短线额度来取代到期的负债。这可能是一种很复杂的情况，因为市场上的债权人也许从负面的眼光来观察，把被迫退回银行工具的公司视为一个次品。如果对这些印象在一开始没有进行很好的管理，更大的信誉损失可能会随之而来。

由于大多数的转滚问题是与公司的特点相关的，所以能够直接反映出特定企业的信用和流动性风险，转滚问题也会受到外部压力的影响，包括那些造成负面的市场条件因素，影响一个国家、一个等级类型或者一个行业的所有公司。如前所述，虽然企业的信用质量也许还没有恶化，如果市场是处于混乱状态，它还是有可能遇到转滚的麻烦问题。金融危机造成了"逃往质量"的情况，导致短期企业筹资市场的资本坚决地撤出。两种选择，如果投资者是在选择能够提供更高的投资回报的其他投资方式，公司则是寻求转滚能够带来更高收益的筹资——即使信用质量是稳定的。

二、缺乏市场渠道

另外比较普遍的筹资问题就是缺乏市场渠道的问题——就是不能使用特定的融资市场。我们曾经描述过一系列债务相关的工具，公司可以用来改变其特征和信用质量。虽然并不是所有的融资来源对于所有公司在所有的时间都是可以利用的，管理完善的企业都在积极努力，最大程度地安排或者使用筹资管道。举例来说，一家公司可能建立了事先注册计划，因而可以通过相对短时间的通知来发行债券，安排一家承诺的银行工具来进行季节性的（或者是根据危机需要的）拨款，建立一个商业票据计划，以便获得短期筹资，在需要的时候进行转滚。无论如何，不是所有的公司都有能力对所有的市场进行自己的选择——不论是开办还是在持续的情况——这样就限制了企业的运营。

我们首先来考虑一下开办资金的渠道。全球的债务市场允许以每个单独的企业身份来参与其中。一般来说，比较大的公司比小公司有着更好的参与机会，公开上市的公司比私人公司要好，资信可靠的公司比资信差的公司要好。正如第三章中所述，商业票据、欧洲商业票据和短期未担保债务市场一般是保留给最大的和最强的上市公司，这就意味着小一些的、信用等级低一些的或者私人公司是不能进入的。在未担保借贷市场，情况也是一样：不管赚到的回报是不是太低，银行常常愿意发放贷款给那些有着可靠信用等级的公司，这就意味着不牢靠的企业不能从这里得到其他重要的筹资来源（除非他们愿意并且能够提供抵押品作为担保，这样就减少了财务的弹性）。

私人企业，虽然可能非常有信誉，由于不愿意给市场提供足够多的财务信息披露，所以就不能以优惠的条件得到融资。小企业，即使有极好的信誉，也常常不能取得未担保融资的资格，这主要是由于其规模问题。即使是很好的公司，如果很难为它们的商业票据计划得到特别的银行贷款协议，或者提供充分的短线额度，也许就不能安排出适当的渠道。

我们在考虑筹资渠道时必须注意到时间的问题，如果公司的财运开始变差，渠道也会变得恶化：当市场关心未来的履行能力问题时，筹资的通道一般就要关闭了。企业也许会发现原来享用的金钱、资本和贷款市场的一些来源渠道被切断了，其他的一些也变得不那么经济了，结果由于信用质量的恶化，必须付出非常高的利息成本。毫不奇怪，不同的市场、不同的工具和不同的贷款方等各种渠道的流动性都降低了，这可以导致或者替代筹资流动性风险，特别是当整个市场都开始意识到了困难的时候——我们将在下一节中加以讨论。

三、提款承诺

毫不奇怪，资本提供者的提款可以直接导致出现筹资流动性风险的问题。如果企业事先没有对提款做过准备，不得不选择更高的代价安排，也许马上就会承受增加成本的压力。如果企业已经由于其他工具的提款而被削弱，新增加的撤资会导致更严重的问题，包括引发实际的财务困境。筹资提款的原因可能是合同违约、触发事件或者根据惯例，造成资金提供者中止了承诺（或者拒绝在到期后更新承诺，这和前面所提及的转滚问题相同）。还有可能由于感觉到信用质量的恶化而引发的：如果贷款方或者投资者担心企业维持当前债务的能力——包括我们已经在前面指出的，甚至更多的各种原因——他们很可能就简单地到期撤回承诺就是了。

例如，如果公司通过一项未担保循环信用工具来借款，但只是保持在最小净值、最大杠杆和最小信用等级的状态，一旦违反其中任何一项也许就会导致银行取消这一工具，可能还会要求偿还所有已经提取的款项。当公司试图寻找新的筹资的来源来做替代的时候，寻找其他资本提供者的事情会遇到很大困难——由于被取消工具的消息不胫而走。由此可以引起一连串的负面事件，我们还要在下面详述。同样的情况也许会出现在其他类型的筹资工具上。举例来说，投资银行如果对公司的生存能力有所担心的话，可能就会拒绝经销或者作为公司的中期票据计划的代理人。虽然该计划可能在名义上没有被取消，实际的结果却没什么两样：银行可以简单地拒绝参与其负责安排筹资的中介或者代理程序，这就意味着筹资的来源已经失去了。

四、过度集中

我们在前面已经提到过的所有筹资问题都可能会由于出现产品、市场或者贷款方资金过度集中的情况而变得更加恶化。企业过分依赖于单一的产品、市场或者贷款方或投资者，就增加了筹资流动性风险，因为集中的来源停业或者要求提款，就会让企业失去重要的融资方式。要想寻找替代的方式也许要付出极大的努力。举例来说，如果一家企业的筹资50%来自商业票据，或者海外的定期贷款市场，或者一家银行，也许就不可能以合理的费用和在短期内找到替代，这样能够得到的融资就会失去50%。不管损失出现的原因是内生还是外生，这一点关系不大，反正筹资是得不到了。在有些情况下，集中问题的出现是由于历史的关系和相互联系变化而来的。虽然企业可能认为自己的筹资计划具有多样性，将自己的需求分散到各个市场、各种产品和各类机构上，但是系统环境的变化可能会导致这些相互关系的改变：产品、市场和贷款方也许全都会受到同样的负面消息的影响，做出同样类型的反应，借款的企业就产生了集中的问题。过度集中不是一个理论的概念，而是一个现实的问题，周期性地影响企业；我们将在以后的章节里讨论集中筹资可能对财务造成的损害。

第四节 筹资流动性风险的影响

一般来说，对于筹资流动性风险的影响最为敏感的应该是金融企业，它们的经营属于"高流动性风险"部分，我们已经在第二章中介绍过了。尤其是对于证券公司以及其他的高杠杆化的金融机构来说，它们缺乏核心的基础存款人，主要是依赖资金市场来进行融资。这些影响也许由于价格和消息快速扩散以及机构反应而作用加倍；尽管金融企业在正常的市场条件基础上也许看起来具有充分的流动性，但是这一流动性几乎是可以瞬间蒸发，消失殆尽的。

为了总结我们在本章中讨论过的方方面面，我们考虑在正常的经营过程中，一家公司是能够应对预期的和意外的债务而不会有什么困难的。尽管如此，仍然会出现筹资的不确定性。这也许是由于出现了意外的资产负债表或表外业务的现金流量，信用评级的下降，一些不利的法律诉讼，一般性的财务管理不善，或者市场上负面印象的传播。所有这些都可以导致筹资的压力。

筹资压力的强度在很大程度上取决于公司对这些困难如何反应，外部的压力如何认识和感觉这些问题。在最初的阶段，企业可以采取适当的方式来应对：利用替代的筹资来源，改变业务活动的方向，暂时地减少或扩大承诺，以及让市场相信问题是可以管理的。在问题更加严重的时候，企业也许不得不屈从于巨大的筹资压力，忍受转滚的问题，以及市场和产品渠道的部分损失或者全部损失。到了这个时候，企业已经遭到筹资流动性风险带来的经济影响了。至少需要以较高成本来寻找新的资金，产生了损失。到了问题最严重的情况下，也许就要付出巨大的经济代价：为了筹到资金，被迫抵押或者干脆卖掉资产。在最极端的时候，筹资流动性风险问题和资产流动性风险困难的负担交织在一起，可以使流动性的问题旋涡式交替上升，出现财务困境的情况，我们将在第六章中加以讨论。

图4-2总结了我们在本章中讨论的各个方面。

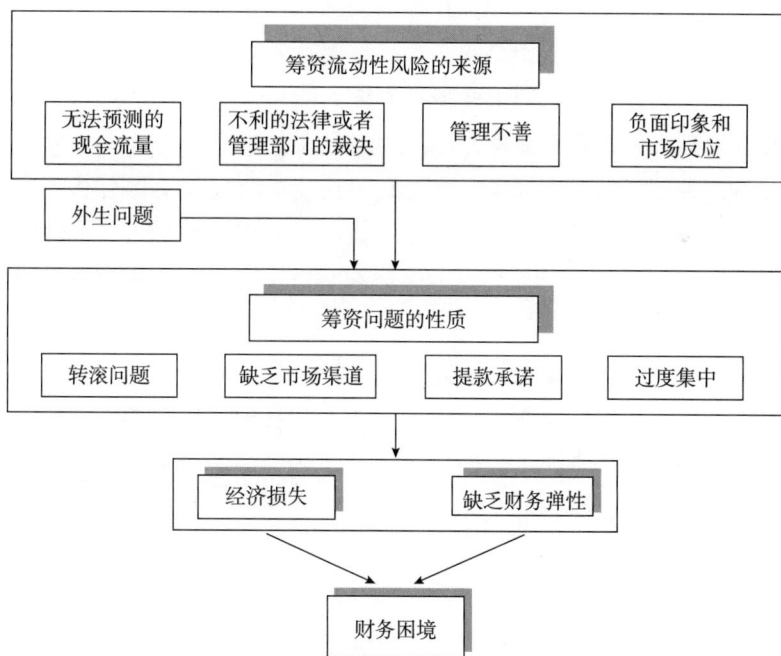

图 4-2 筹资流动性风险

第五章　资产流动性风险

在继续讨论理论和实践的流动性风险问题时，我们把注意力转移到资产流动性风险方面，对此我们曾将其定义为由于在需要时不能按照账面价值将资产兑换成现金而招致损失的风险。资产流动性风险有时也被看作是市场流动性风险，因为这一过程和市场价格有关，是由资产的投资组合所决定的或者是从中得到的。事实上，资产的市场价值有两个主要的风险来源：不确定的资产回报（也就是纯粹的市场风险）和不确定的流动性风险（也就是纯粹的流动性风险），而这两者也可以紧密地结合在一起。

既然企业必须定期地清算资产或者用于抵押以间接地取得融资，资产的价格看来就是流动性风险管理的核心因素。自然，企业如果具有健全的营业现金流量和充分的筹资来源，就可以将所有资产一直持续到期，不会面临资产流动性风险。当经营现金流不太充分，筹资来源不充分，无法预测或者成本太高的时候，风险就有可能出现，资产价格和持有的时间都变得不确定。既然这些方面都反映着企业界的实际情况，那就有理由认为资产流动性风险影响着大多数的企业。

为了抵补意外的支付或者债务，企业必须在资产负债表上保存一定数额的真正的流动资产。由于大多数企业的营业在大多数的市场情况下，资产在现金流量的管理上是一种"支持"或者安全的度量。正如前一章中所指出，未担保的筹资安排是在经营现金流之后的第一道防线，之所以如此是因为卖出或者抵押生产性的资产减少了财务弹性，降低了未来企业生成营业收益的能力。

如果借款减少了企业的净收益，因为增加了利息的费用，卖出资产，特别是那些非可变现的或者是关乎企业生存的重要资产，就会损害企业的价值。如果由于非流动性的原因而必须以相当大的贴现折扣来出售资产，那么这些资产所能产生的营业现金流量也就做出了牺牲，随之而来的是对企业价值的持久损害。对于非金融机构来说这一点尤为重要，因为它很难将其唯一的和生产性的资产以合理的成本重新置回。资产抵押也是同样：虽然利用资产担保贷款比起卖出资产在程度上是差一点，但是这样做也减少了企业的财务弹性。因此，卖出资产或者抵押生产性的资产只能视为安全网，只能用于营业现金流量不充分，未担保筹资从战略上看过于昂贵，或者其他方式无法得到的时候。这并不是建议企业不要利用资产作为流动性风险管理的工具，只是说在其他的方式都过于昂贵，或者难有结果时，才可以将其作为选择。

知道了这一点，自然就可以指出精心的资产管理是件极为重要的事情。不幸的是，企业可能很容易受到许多潜在问题的困扰，包括资产市场性的缺乏、无负担的资产缺乏、过度集中、资产低估以及不适当的抵押。我们将在下面逐一进行分析。

在此之前，我们首先讨论一下对于资产而言的流动的市场和非流动的市场，将一般的重点放在金融资产上。流动的资产市场允许参与者根据需要进行大的出售或者抵押交易，而不会影响交易的价格。事实上，在流动的市场上可变现的价值和账面价值之间没有什么太大的区别，通过卖出或者抵押来减少（甚至消除）意外的现金短缺的可能性。在非流动的资产市场上，进行大的交易在价格上不可能不受到很大的影响或者在时间上的耽搁。正如前一章中所指出的，成本和时间是关键的因素。有的时候，当一家企业需要将一个大的头寸进行平仓时，在一个也许是非流动的市场上就需要把这一交易细分成许多小的交易，这样才有可能被市场吸收而不至于对价格的水平造成很大的影响。但是，作为筹资流动性的管理，资产的流动性管理是经常需要有速度，特别有市场压力的时候。现金的快速渠道一般就是要求的目标，因此时间因素和成本因素同样重要；价格的贴现折扣可能造成的损失必须能够因为时间上的及时而得到补偿。的确，金融市场上的表现完全可以证明这些。这一概念也许可以用"滑动"这一术语来加以表示，就是说大的资产的买进是一个逐步提高报价的过程，而大的资产的卖出则是一个逐步降低报价的过程。我们将在下面详细加以讨论。

产品的替代性，或者说一种资产替代另外一种资产的能力，是资产流动性的一个决定性的因素。一种有了替代品的资产提供了选择的余地，可以引发更大的活动，但是也可能分解流动性的范畴。[1] 市场架构，或者说是引导市场活动的方式，是另外一个有影响的因素。在一个报价带动的交易市场，证券商把价格交给经纪人或交易商，由他来进行买卖；在一个指令带动的竞卖市场，指令被分组到委托人或者代理人的登记本上，然后根据一定的规则进行匹配。有理由认为，报价带动的市场报价执行得更加迅速，因此在某些情况下能够产生所需要的流动性，而在指令带动的市场上，报价更加有效果，有助于发现价格和保持价格的透明，因此将其作为一个选择可以更好地提供流动性。[2]

支撑架构和规则也可能影响市场的流动性。资产市场上允许，或者说是提供卖

---

① 举例来说，经验证明，在一些市场上，期货和其标的物的现货资产之间有着相互补充的关系，促进和加强了两方面的流动性——欧元期货和欧元存款就是这方面的一个例子。在其他场合，期货和现货是相互独立和分开的，因为相互之间完全是替代品。在这种时候，其中的一个工具也许会表现出更大的流动性。例如在日本，10 年期的日本政府债券（JGB）的期货合同的流动性要远远大于其标的物基准的债券。同样的情况也可以出现在企业或者主权债券上。如果发行者报出了太多不同的期限类型，作为其债务管理计划的部分，这样也许就把市场分开得太多，造成了每一次发行都没有充分的流性。如果发行的期限类型很少，也许就不能引起投资者太大的兴趣，也就无法构建一条有意义的收益曲线。平衡这两方面的"可替代性压力"不是一件容易的事情。

② 大多数机构的柜台交易（OTC）市场是采用报价带动的，而许多公开的股票市场是采用指令带动的（或者是混合的）。

空、回购协议、抵押贷款、中介经纪、上市交易、柜台交易、衍生产品合同交易、非离岸交易和离岸交易以及标准的结算条款等方式，可以帮助形成双向盈利和扩大交易量。虽然与支撑架构相关的波动性也许增加了，但是从跟进的价格和大量的交易中获得的利益也许可以超过"成本"，各个经纪人和客户的不同背景产生出各种不同的观点，有助于建立更加健全的双向市场，扩大交易量和交易活动。

资产的流动性受到的影响可以来自交易成本（也就是说，交易成本越高，交易的活跃程度越低，反之亦然），也可以来自市场信息的有效性（统计、波动性、收益等方面的信息深度越深，就越有助于参与者做出买卖的决定，反之亦然）。每当透明度下降的时候，只有已知的参与者才会增加他们的参与程度；而当透明度增加的时候，才会有未知的投资者开始参与，流动性就增加了。市场流动性也取决于参与者的行为和观点的因素。这些因素包括习惯的时间段，承受风险的程度，对市场信息的反应，以及对未来微观和宏观经济变化的预期。例如，那些抱有非常短期观点的人容易积极参与，增加了市场的活跃性，而那些缺乏明确观点的人可能会离场或者保持旁观态度。那些回避风险的人可能参与得比较少，减少了活跃性，而那些敢于冒险的人可能就热衷参与。预期是一种自我实现的事情：当证券商或者客户认为一个市场是流动的，他们就越愿意参与，从而进一步推动了流动性。反过来也是这样。对于市场流程的认识也影响着流动性：举例来说，仅仅由于对一家或者更多的机构在大的资产处置方面的担心就有可能冻结活跃性，造成资产价格的跳水。所有这些因素都可以影响资产市场的流动性，这对于金融资产特别危险，因为企业可能会将它作为流动性仓库来持有。

第一节　资产流动性风险的来源

我们已经在前一章里讨论过特殊的风险来源，这些可以很容易地扩大、造成或者加强资产流动性的风险。对现金的意外要求是资产流动性风险的核心，但是未担保筹资选择途径告罄已经成为更加突出的问题。另外，预期的债务一般可以在企业制定好的筹资计划的范畴之内得到解决。但是如果突然出现的现金需求——现金流量无法预测，不利的法律法规，或者管理行为，或者负面的市场感觉，这些我们在前一章中已经指出——不能够以企业常规的和或有的筹资计划来应对，资产流动性风险就成为了财务风险中的更大的角色。内生因素消耗了可利用的筹资，因此增加了资产的压力。

第二节 外生问题

回顾一下我们对外生因素的讨论，一家企业可以谨慎方式管理资产流动性，但是仍然会遇到由于外部影响和活动所带来的问题。这就是经常提到的市场性问题、集中问题和低估问题。举例来说，一家企业也许认为它的应收票据的投资组合或者新兴市场债券是可以变现的，但是来自经济的或者金融系统的压力也许会使对这一资产的需求消失。如果这种情况出现了，也许马上就会发现原来可变现的资产现在已经只是部分可变现或者完全成了不可变现的了。容易发生这种倾向的工具主要是由于缺乏像政府债券和最高等级的企业债券这种"逃往质量"的特征。虽然高质量的资产很少会成为不可变现的（可能只是在非常短的时期，出现了极端的市场混乱情况），但是其他等级的资产不能与其相提并论。资产市场商暂时或者永久性地消失，直接影响着市场性。

资产集中的影响在面对外部的混乱局面时也得到了强化。企业也许并不认为自己的头寸过于集中，因为它所持有的只等于一天的周转量，但是如果系统的特征变了，造成了流动性减少，到了其头寸需要 20 天周转时间的时候，企业就有了过于集中的头寸——需要 20 天的时间，而不是一天来获得现金，这就意味着当试图卖出或者抵押这些头寸时，要以很大的价格贴现折扣才可以。

如果市场的混乱造成了波动性或者相关的变化，资产——特别是那些复合的或者模型驱动的资产——就将被低估，有时是相当严重的低估。这些系统的影响可以通过机构以抵押品担保他们的授信贷款给其他人而反映出来；尤其是有相关信用风险的情况时，事情更是这样。虽然企业也许有意识地在收取抵押品有价值上的判断，要求在历史关系上和对手的一般行为没有关联，但是关系也许会发生变化，造成抵押品的价值完全随着对手的变弱而同时恶化。这些影响再一次说明信用、市场和流动性风险这些特点的联合作用，迫使事件最终暴露出相互影响的真正程度。

影响或者复合影响着流动性低估问题的，也许还有不平衡现象——一个暂时的事件，干扰了整个市场的传统的供需平衡。在一个流动的市场，在资产价格下跌并且成了主导的时候，"负反馈"的交易商就作为买家出现；这样就抑制了市场价格波动，保证了在市场受到冲击时流动性不会完全消失。当"正反馈"的交易商起着控制作用时，情况改变了：价格下跌时他们卖出，意味着市场更加趋于单向，流动性变得更差。正反馈对市场的影响程度依赖于若干因素，包括止损规则（当下跌到一个确定的水平时卖出）、杠杆作用（卖出资产偿还借款）、套利限定（不能重复进行也许能帮助稳定市场的负反馈交易）和动态对冲（以卖出看跌期权和卖出标的物来创建反馈回路）。

稳定市场的流动性要求投资者不要同时卖出资产，但是理性的行为应该是，卖出必须在平衡被打破之前进行。在完全单向卖出市场的情况下，市场参与者也许干脆就拒绝报价，造成了流动性的失调。流动性空洞，一种难以度量的特殊不平衡情况，可以由信息的不对称而造成，在这种时候市场参与者要么占有信息，要么缺少信息，造成买卖的报价多少出于冒失而不是预期。如果流动性空洞出现了，贸易可能会暂时停止，意味着大的卖家也许最后碰到的卖价将大大低于账面价值（甚至是预期的价值）。

在特定的时候，止损指令或者限价指令可能影响价格和交易量，造成滑动、不平衡和流动性空洞；尤其是在一个特殊的触发价格上下出现了"批量"的指令时更是这样；一旦到了触发价格，交易商马上就会填写指令，价格的形式也许会急剧地偏离原先的预期（举例来说，在 1998 年俄罗斯对冲基金危机时，从事美元/日元套息交易的交易商眼看着美元从 131 美元跌到了 112 美元，两天后收盘是 119 美元，由于日元头寸的空头回补。出现这种情况大多是因为企业的杠杆套息交易触发了同样的关卡价格的止损，迫使美元多头自动清算）。流动性陷阱也有可能出现；单向市场可能临时性出现一些双向交易的信号，引诱其他人进入市场，造成了活跃的流动性假象。无论如何，一旦进入市场，交易商也许就会看到流动性消失，市场回到了原先的单向状态，想从陷阱中脱身出去必须付出沉重的代价。

第三节　资产问题的性质

当一家企业没有适当的和经济的渠道获得足够的未担保资金应对债务时，就必须依靠资产组合来弥补这些短缺。根据我们前面纲要性的讨论，重点应该是：

- 抵押无负担的资产来做贷款担保；
- 从流动性仓库中卖出流动资产，以保证市场性；
- 资产证券化；
- 卖出额外的非流动资产，包括固定资产和经营单位。

在许多情况下，这些解决方案可以顺利地执行；虽然这样也许会造成一些流动程度和经济价值的损失，但是企业遭遇财务困境的机会却会少得多了。在另外的情况下，会出现一些重要的压力问题。这往往是因为抵押的需求数额非常巨大，严重地限制了财务的弹性，资产只能卖到高度非流动的市场，或者证券化方式不能及时地提供可行的现金解决方案。

在本节中我们将考虑五个一般性的资产问题的性质，包括：

- 资产市场性的缺乏；

- 无负担资产的缺乏；

- 过度集中；

- 资产价值的低估；

- 不充分的抵押。

这些内部因素也许会由于上述那些外部因素的影响而得到加强。既然这么多的资产相关的解决方案在未担保筹资方式用尽后构成了解决意外的债务的第二道防线，机构必须全力管理这些过程。不如此的话也许最终会导致我们将在下一章中讨论的资产和负债的联合并发症。

一、资产市场性的缺乏

资产市场性的缺乏是资产流动性风险中的核心问题。企业所持有的资产如果不能方便地按照或者接近账面价值进行转换，就会给它的运营带来结构上的非流动性，也许在需要尽快变卖资产的时候就会遭受重大的损失。可转换的金融合同也许并不能方便地变现。一般来说适用的资产在转换时是复杂的、特定的或者是有风险的（举例来说，抵押按揭债务证券剩余权益或者新兴市场债券），或者需要大量的时间、精力和法律磋商。这类工具对于购买者有一定的限制，其市场性在范围上有一定限制。

流动性溢价投资者可以洞悉市场性的相对缺乏，根据情况需要来持有资产：越少流动的资产，溢价越高（举例来说，在 1998 年的俄罗斯对冲基金危机中，同样持续期间和同样信用风险的流通资产和非流通资产之间的流动性价差竟达到 35 个基本点）。① 金融合同在事先确定为到期时是不可转换的和非畅销的（譬如无资格公开发行的私募），必须看作是完全不可变现和非流动的。物质的资产，譬如不动产、工厂和设备，也许具有一定程度的销售性，但是不能看作是容易变现的。卖出一大片闲置的土地、一座办公楼或者一个半导体工厂，也许需要几个月的时间，甚至是几年的时间，进行磋商和达成协议。

拥有过多这类资产的企业很难卖掉这些资产，因此缺少在短期内生成合理的现金数额的能力。在有些情况下，这一短处可以得到调整或者一定程度的弥补，可以抵押一些非流动资产来增加借款，但是要想成功需要得到两个因素的保障：首先，

---

① 可以看到，其他资产类型中的流通的和非流通的证券之间的价差在不同的市场条件下也同样不同。举例来说，在正常的市场条件下，非流通资产支持的债券和流通的资产支持的债券之间的价差也许达到+4.5 个基本点，但是在较差的条件下，可以达到+40 个基本点；投资级别债券的情况也是同样。还有，非流通的高收益债券和流通的高收益债券之间在正常的情况下，也许达到+10~+20 个基本点，在较差条件下可达+50~+75 个基本点。

流动性风险

该资产不能是已经抵押出去的（例如，一家工厂也许已经抵押给了提供最初的建筑资金的银行）；其次，抵押价值的贴现折扣不能太大，以致不能得到充分的收益（举例来说，一家银行贷出5000万美元需要1亿美元的资产作抵押，而原本企业希望能得到9000万美元）。资产负债表上负担了大量的不可变现资产，也就承受着很高程度的资产流动性风险——在抵押或者变卖资产有压力的时候，问题会更加明显。

需要着重强调的是，资产市场性具有动态的特征，是随着时间而变化的。有的时候资产也许原本是可以变现的，但是以后出了问题，致使其不太好变现甚至根本不可以变现。"非市场性"的时期也许持续几个星期、几个月甚至几年；在更加极端的情况下，滞销的情况可能会一直持续下去。原因可能各不相同，但可能缘起于机构投资者和金融中介人的投机头寸的积蓄。经济的力量、规章的设立、场外的交易，这些原因造成的转折可能会改变市场的动态，造成投资者和中介人的损失。这些损失可以导致大量的资产重新评价，进而产生冲减，逐渐地或者很快地退出。以后相当的时间里，类似的活动可能不会重现。

举例来说，20世纪80年代中期到后期，高收益债券是完全可变现的，当时发行者对资本的需求旺盛，投资者对市场收益的期望值也很高。1990年德崇证券商品有限公司［德崇证券公司（Drexel Burnham Lambert）］破产，负面的内容把高收益债券和恶意收购联系起来，美国明显经济衰退，出现了信用违约时期，这使得高收益债券事实上成为不可变现的。投资者需要卖出或者抵押他们所持有的证券，流动性的干涸造成了很大的价格贴现折扣。到了1993年，重新开始的经济增长才使高收益债券的销售性得到恢复。以后保持了积极的销售，直到2001年的信用危机和经济衰退，市场性此时又大大衰减，再到2003年经济复苏和企业增长，才得以恢复。

有一些时候市场性根本不能以可以理解的方式得到恢复，就像20世纪80年代中期银行发行的永久浮动利率债券（FRNs）。虽然这种工具在好几年里都是完全流动的，1986年末市场环境的变化导致一些投资者撤资。担心银行资本计算永久处理的法规和有关的市场庄家退场的传言造成了相当多的投资者精神紧张。购买停止了，价格下跌了，交易商和投资者放弃了市场，流动性消失。虽然永久浮动利率债券继续定期发行，贸易流动性已经无足轻重——曾经存在的资产市场性再也不见。市场性的缺乏同样也出现在其他方面，譬如欧洲货币单位债券、瑞士商业票据和未评级的美国商业票据。

二、无负担资产的缺乏

企业可能会选择以资产抵押来借款而不是卖掉资产。自己保留生产性资产的所有权，而同意给予债权人以留置权，企业保持了产生经营收入和建立企业价值的能力。举例来说，一家汽车制造厂也许会以它的生产线作为抵押品来取得贷款，而不是将其卖给第三方。虽然暂时失去了对生产线的控制权（尽管不是所有权①）和束缚了其财务弹性，但是仍然能够受益于基础设施的生产品质，保留了产生直接经营收入的能力。一旦公司恢复到正常的流动性状态，就可以偿还贷款，收回对工厂的拥有。银行持有投资证券的投资组合也是同样的情况：银行可以将其拿到市场去出售，得到它所需要的现金，但是也可以通过回购协议，市场把投资抵押给其他银行。一旦流动性得以恢复就可以解除回购协议。

这些概念是很重要的，特别是需要考虑到其他潜在的资产流动性问题：无负担资产的缺乏。企业把主要的或者是全部的资产抵押给了债权人，减少了自己管理流动性问题的能力：不仅是因为借款能力受到限制而减少了财务弹性，还因为不能控制资产负债表了。它不能变卖任何自己的资产，因为这项权利已经属于持有留置权的债权人了。在这种情况下，企业已经用足了杠杆，呈现出很大的信用风险。当遇到其他的意外支付和从传统来源筹资的小小困难时，回旋的空间就很小了——意味着财务困境的可能性已经大大增加了。

三、过度集中

重大的资产流动性风险问题可能来自集中。我们把集中定义为一种资产的头寸相对于市场上的日常周转来说已经太大，或者说相对于企业自身的金融头寸来说已经太大。集中的程度取决于特定的资产、市场和周转（同时也包括资产负债表外市场的支持活动）。举例来说，一笔1000万美元资产的10%份额，每日平均的周转量只有10万美元，这种情况也许就可以认为是过度集中了，而一笔50亿美元资产的10%份额，每日现货形式的周转量是3.5亿美元，衍生产品形式1.5亿美元，也许就不算集中了。10亿美元的头寸在美国国债发行中也许并不算集中，而1亿美元的头寸在BB利率的垃圾债券中也许就是集中了。所以说没有明确的规定多少头寸算是集中，尽管合理的"手指法则"建议说正常的市场条件下头寸大于几天的平均交易量也许就算是过度集中了。另外，真正算是集中的头寸必须重要到足以对公司的经营造成很大的财务损失。当企业持有集中的头寸，也许就不能很容易地以账面价值卖出而得到现金。的确，集中很可能持续带来一些损失，其程度取决于头寸的绝对数量相对于市场的深度，以及在变卖时必然会达到的速度。

虽然一个集中的头寸可能是以中间的市场价格（甚至为了更加保险，是通过投标价）建立的，也许看起来价格是公平的，但重要的是要记住招标、要约所得到的市场中间价一般只是和限定数量的交易有关，而不是那些过分大的头寸。市场报价

---

① 一家公司只有在违反了抵押融资交易条款的约定时才会失去资产的所有权，也就是说，没有定期支付本金和利息，或者违反了协议。

只是反映平均周转规模，各个市场也各不相同；一般的报价对于很大的交易数量作用不大。因此，企业必须意识到头寸的账面价值是和实际的市场价格和市场深度有关系的。没有意识到这些，也许会导致价值上的夸大，在受到要求变卖的压力时就会造成很大的损失。

举例来说，假定一种资产的交易是稳定在 5 个点的买卖差价，一家持有很大头寸的企业决定平仓。如果需要卖出的头寸的大小是在报价深度之内，那么市场所影响的成本应该在市场价的中间即 2.5 个点（买卖差价的一半）。可是，如果头寸的大小大于报价深度，市场影响的成本就会远远大于买卖差价，意味着价值的低估和带来的损失。企业不仅不能按照中间的市场价格填写指令，而且可能只能达成十分糟糕的交易，这意味着对应账面价值的损失。如前所述，其结果可能就是出现下滑——当前平均执行价格和原先的中间市场价格出现了差异。图 5-1 显示了集中头寸的大小，以及出现的下滑问题。

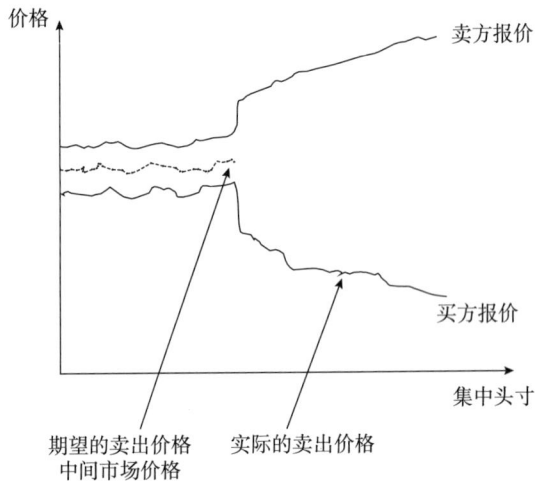

图 5-1　集中头寸的卖出价格

四、资产价值的低估

资产流动性出现问题有时是从资产价值的低估开始的。无论是企业根据市场到市场的惯例，还是会计政策根据成本或者市场的情况而调低，结果都是一样的。如果资产被低估了，在抵押或者变卖时也许实际的价格比预期的要差许多，导致预期的和实际的现金流入出现了缺口。例如，如果企业认为它的投资组合价值是 10 亿美元，并且按照这一评估价值计算，希望通过抵押借款得到 8 亿美元新的资金，如果发现这笔投资只是价值 9 亿美元，企业就遇到了流动性压力。也许现在只能够借到 7 亿美元，比预计的少了 1 亿美元，结果是估价出了错。

资产的低估可能有许多原因，包括头寸过多、架构过于复杂或者模型错误，或者折扣设计，从外生观点来看，流动性的不平衡，在本章已经提及。我们在前面已经论及第一个问题。企业持有集中的头寸，其价值有一个预期的中间市场变卖价格（或者比市场的中间价略少一些贴现折扣的借款价格），当得知这一大的头寸在需要变卖（或者抵押）时只能得到一个较低的价格，就会得不到充分的资产抵补。另外，集中的头寸也许是绝对的大，也可能只是相对交易量而言比较大——这种情况影响会小一些。事实上，虽然企业经常以市场的中间价格来作为资产的标记，但是实际上更应该按买方报价来标记，因为只有第一位卖出者才能得到中间价格：所有其他人都因支付流动性溢价而受损失。

如果一种资产（或者所有的投资组合）过于复杂，也许就很难得到合理的估价。虽然保守的企业也许采取很大的贴现折扣来评估认为能够取得的价值，但是不太保守的企业也许不会——这样会在试图将资产流动起来的时候遇到意想不到的问题。

评估资产的价值有时候可能比较困难，譬如评估要依据随着市场情况波动的动态参数，或者需要主观臆定，或者没有外部的参照条件。举例来说，一些抵押支持的证券的价格，特别是那些受到许多方面限制的，要求按照未来的利率和预付行为来假设。如果假设错了，资产的估价也就错了，也许还出入很大。某些柜台交易的衍生产品同样也是这样。虽然常规的衍生产品的价值很容易确定（得益于强大的双向交易流动产生的健全基准），但是外来期权和掉期交易的价格比较复杂，难以确定——意味着会遇到同样的陷阱。如果企业持有外来资产，计算得出的资产行为的假设是有缺陷的，就有可能达不到预期的价值。近些年来，这一点变得更加明显，尤其是在市场混乱、造成传统的统计关系没有用处的时候。在历史的关系和短暂的变化基础上形成的一大堆复杂的资产造成了特殊的价值，任何破坏都可以导致压力或者"逃往质量"，改变这些关系，影响价值的评价。另外，如果企业在日常的评价遇到了经营和计划的错误，所有与本模型驱动的资产的价值也许就会被低估。

资产的价格也许在错误地应用折扣假定时也会被低估。谨慎的企业在寻求将特定的资产转换成现金时，一般是使用折扣来进行评价，这是为了抵偿相关的、实际的变卖价格的不确定性，或者抵偿抵押贷款的水平；资产越大、越复杂、越不稳定或者越不流动，折扣就越大，最后现金的价值就越低。如果企业在建立折扣的水平时发生了错误，在需要努力得到现金时就会面临短缺。因此，如果一个特定的资产的价值是1亿美元，确定的折扣是10%，而市场的要求则是30%，那么企业在进行变现时就遇到了0.2亿美元的短缺，将不得不寻求其他的解决方案。

五、不充分的抵押

采用抵押来保证交易也可能受到资产流动性问题的影响。主要是和提供经营信用的安全基础的公共机构有关。担保信用交易通常也要涉及有一定程度的财务缺点的对手；这就意味着必须依靠其他偿还来源，譬如抵押品，较之非抵押的情况，这种可能性大大增加了。如果贷款方没有将其要求的抵押品的类型水平进行适当的界定——所收取的抵押品不能以账面价值较小的折扣很容易地卖出——也许就会受到资产相关的流动性损失（如果有两件事出现了的话：第一件事，标的物的借款人在信用延期上违约，迫使贷款方变卖抵押品以得到偿还；第二件事，抵押品卖出的收益不足以抵补最初的贷款数额）。虽然这两件事情同时出现的可能性一般来说是很小的（例如，如果一件事情出现的可能性是14%，那么两件事情同时出现的可能性只有1%），但是还是有可能发生的。举例来说，在1997年和1998年的经济危机中，一些借款人和对手在韩国、泰国、印度尼西亚和俄罗斯出现了违约，贷款方持有的抵押品需要在一个疲软的市场上进行平仓，实际上在有些情况下并不能充分地保护其不遭受损失。

两种不同的压力也会影响抵押品的资产价值：在一般的经济事务情况下，销售压力来自银行的抵押品的批量变卖。如果金融系统受到了突然的打击，情况就会变得特别脆弱，借款人放弃了（或者是银行没收了）抵押品，因为他们不能继续履行他们的义务。银行然后变卖这些抵押品，也许同时还要用来抵补他们以前延期的信贷。如果销售和其他清算同时进行，数量大于市场的吸收能力，价值过于复杂难以精确计算，或者是基于极端不流动的资产，譬如不动产或者工厂和设备，银行也许就会发现很难完全赎回这些延期的信用。这种短缺将它们置于一个非常不利的地方。抵押品的评价循环下降和追加保证金通知可以不断自我实现。一旦资产抵押品的价格跌落到了保证金的最低限额要求之下，就会发出追加保证金通知，二选一的选择摆在了面前：借款人要么从自己的外部来源筹资，按照追加保证金通知补充资金，因此保留该金融头寸；要么拒绝追加保证金，迫使贷款方变卖资产以抵补该通知的要求。清算这一头寸，特别是在成交稀少的市场，可以造成价格的急剧下跌，足够触发新的底线，又一次发出追加保证金通知。不能应对这一新的通知结果导致又一次清算，进一步造成资产价格的下跌，如此这般，往复循环。系统的杠杆程度越大，清算过程的破坏性就越大。我们将在第七章中对此进行举例说明。

第四节　资产流动性风险的影响

我们来总结一下关于资产流动性风险的讨论，应该说一家公司在正常的经营过程中能够应对预期的和意外的债务，不会遇到困难。如果不能的话，那么首先就要使用未担保筹资计划，通过负债来获得资金的来源。无论如何，有的时候意外的现金流量实在太大，企业无法运用未担保筹资来应对这些过量的需求（或者这类筹资方式代价高得让人无法接受），资产流动性压力就来到了眼前。这些压力的强度在很大程度上取决于公司的处理方法和外部压力的情况。

在最为理想的情况下，企业完全可以应对这些压力，可以采用无负担的资产抵押贷款，或者变卖仓库中最好流动的工具。如果通过对资产价值进行谨慎的计算，结合了资产的市场性因素（也就是说，折扣是恰当的），那么保证所需的资源应该是不太困难的。在比较严重的情况下，企业也许会受到更大问题的影响，特别是如果在资产组合的管理方面做得不够保守，或者遇到了更大的外生压力的时候。问题可能集中在可变现资产或者无负担资产的缺乏，或者是不能以账面价值或者略低的价格来清算过度集中的资产，或者是以资产低估和不充分的抵押来解决到期的问题。这些问题至少可以导致财务损失，像清算时大于预期的贴现折扣，或者抵押时大于正常的折扣。如果这些问题接踵而来，所有有效的筹资来源渠道的杠杆都达到了最大化，资产永久性出售了（这将减少企业的价值），那么企业就减少了财务弹性，进入了更大的危机阶段，即资产和筹资联合的流动性风险，我们将在下一章里进行讨论。

图 5-2 总结了我们前面讨论的各个方面。

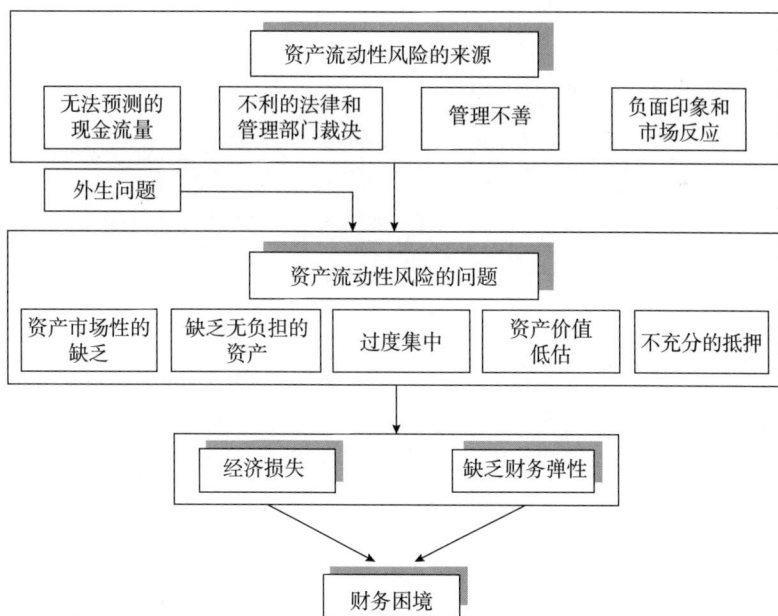

图 5-2　资产流动性风险

第六章　流动性旋涡运动和财务困境

我们在前面已经分析了资产和筹资风险所带来的困难，在本章中我们将进一步分析资产和筹资联合的流动性问题所带来的财务困境的例子。我们从前面的章节中已经得知，这些困难出自筹资或者卖出和抵押资产可能导致的损失。虽然这些损失可能是很严重的，但是通常还包含着更广泛的财务损害。无论如何，在有些情况下，资产和筹资困难联合起来，可以造成更加可怕的问题。特别是，当资产和筹资流动性风险联合在一起，一个流动性旋涡运动——或者说是循环运动，原本试图保证增加流动性，结果造成了不断增加的成本和不断降低的弹性水平——就发展起来了。一旦流动性旋涡运动已经开始，每一次想获取现金来源的新的试图都变成了新的危机、新的困难和新的成本。公司陷入了旋涡运动肯定要面临巨大的压力，充满着滑入财务困境和失去偿付能力境地的危机或者风险。

在这一章里，我们要详细探讨资产和筹资联合造成的问题、流动性旋涡运动和财务困境的发端。我们将把概念上的讨论和企业界的实际联系起来，在第七章中我们将介绍许多实际的案例研究。

第一节　资产和筹资的联合风险

在本书的第一章，我们将资产和筹资联合风险定义为，没有筹资的渠道，也无法将资产以合理的成本及时地转换成现金，因而招致损失的风险。事实上，这一观点也许最接近强调流动性管理的实践经验，因为流动性所带来的影响既涉及企业运营的各个方面，同时也有当前的微观和宏观的困难。

一、问题

资产和筹资联合的问题，可以呈现出不同的形式，以独特的途径影响企业。我们在本节所讨论的内容并不是问题的全部，但是代表着我们的主要观点：也就是说，筹资流动性问题的发生可以导致与资产组合相关的行为，实际造成更多的约束条件、更多的困难和更多的损失。为了说明联合问题如何造成损害，我们来跟踪一家假设的公司，看它如何采取行动来经历筹资和资产流动性压力的不同阶段。

有一家公司想要开辟新的筹资来源，目的是应对正常的、计划内的债务和1亿美元的意外支付（可能是来自一次负面的法律判决，或者是产品的召回）。这一大的支付消息引起了现有债权人的担心，导致中等程度的信用价差的扩大。该公司可以以较高的价差在商业票据市场上以现有债务抵补正常的债务，但是不能以完全合理的成本来获得足够的新的未担保筹资以抵补这一意外的支付。虽然公司仍然有一些未用的银行信用额度放在那里，但是它还是准备继续保存以备更加严重的紧急问题。因此，它决定抵押资产，以便增加现金来应对那1亿美元的支付。

假如该公司的无负担资产是流动的和普通的（举例来说，是政府债券），它能够借到的数额可以是非常接近资产的账面价值。因此，1亿美元的美国国库券投资组合也许可以抵押获得0.98亿美元贷款。无论如何，如果它的资产是比较独特的或者是小范围的，那么贴现折扣可能将是太大的，也许要大于企业原来的期望。举例来说，1亿美元正在周转的存货也许可以收益0.75亿美元的现金，工厂设备只能得到0.6亿美元。

假如该公司缺乏足够的流动资产来增加1亿美元，它可能不得不拿出一个更大数额的抵押品来保证所要求的金额，进一步拖累了它的资产负债表。重要的是，为保证更多的筹资而进行的任何资产的抵押（当然，依据现有的负面的抵押协议执行）都会减少财务的弹性，给信用等级评估机构、投资者和银行的贷款方发出一个负面的信号。事实上，债权人可能会感到不安，对于未来的授信贷款和债务转滚的要价更高。在这个例子里，公司抵押了一个证券、应收票据和存货的组合，账面价值总计1.2亿美元，用以生成1亿美元的现金。

资产抵押和随之需要应对意外支付的杠杆率的增加，这一结果会导致信用评级机构将该公司的信用等级降低一个档次，降到最低的投资等级BBB—/Baa3类型。得知了这一消息，商业票据的投资者更加担心，即便票据在几个星期内就要到期仍然拒绝投资；应付账款的条款也变得十分苛刻，从30天降低到了7天。公司现在需要8000万美元来应对下一轮正常营业所需，但是缺乏商业票据筹资，被迫动用未曾用过的"紧急"的银行信用额度。这次调拨又一次向市场发送了负面的信号。其他曾经提供了建议性的但不是承诺性的信贷工具的未担保贷款方取消了该企业的信用；另外，供货商把应付账款改成了"一手交钱一手交货"的形式。

公司现在又需要增加筹资渠道来应对第三轮的正常支付，而商业票据或者新近撤销的未承诺工具，以及不能继续占有的银行信用额度，都不能再用作抵补，公司再次被迫开始用资产来获取现金。它可以抵押其余的无负担存货和证券，账面价值1亿美元的组合可以收到现金0.7亿美元，或者马上卖掉可以获得0.8亿美元。得到其他筹资来源的希望越来越渺茫，公司只好选择立即卖掉资产，廉价的销售又造成了损失。出卖资产的消息走漏到市场上，引起利益相关人的进一步担心。

流动性风险

信用等级评估机构把公司的等级降至次投资级别，结果企业的流动性进一步降低，财务弹性更加缺乏（由于调拨、银行信用额度的取消和缺乏商业票据的转滚），流动性引发的损失增加（由于资产急于卖出，价格更加低廉，未偿付工具的筹资成本更高）。降级到次投资级别就违反了银行信用额度的协议。一些贷款方要求立即偿还他们的资金，虽然他们也明白这样做可能迫使公司进入更大的财务困境。为了偿还银行信用额度以及保证足够的现金生存下去，公司和投资银行协商以非常高的成本来发行高收益债券。这样做是为了应对债务，为公司争取时间来重新架构它的资产和负债投资组合，同银行磋商新的工具。

不难想象持续恶化的结果，譬如不能找到高收益债券的投资者，公司不能紧随债券的发行进行强有力的运营管理。举出这个简单例子是为了说明筹资和资产的流动性问题汇合在一起可以造成重要的直接经济损失（更高的筹资成本，低于账面价值的价格出售资产造成的更大损失）和间接经济损失（缺乏投资者的信任，减少财务弹性，信用等级恶化和违反协议）。

传统的"挤兑"情况是另一个好的例子，资产和筹资联合问题引发了，理论和实践上都是这样，流动性旋涡运动和财务困境的情况。虽然引起银行挤兑有不同的原因①（例如银行糟糕的借贷投资组合，被管理部门发现了其运营中的问题，认为银行受到了非常大的欺诈，或者被法律判决有责任，等等这类的传言），首先可以看到的出现困难的迹象可能就是短期银行间存款的赎回。也许紧接着就是储蓄存款的提取，迫使银行寻找其他的筹资来源（譬如短期基金或者联邦基金），由于这都需要支付较高的利息，所以带来了一定的损失。如果问题持续下去，银行可能就要被迫抵押或者清算其流动性仓库中的金融资产。资产的卖出或者抵押，特别是那些较少流动的（譬如高收益债券和贷款），也许将远远大于预期的贴现折扣，使得银行面临短缺和损失。其次可能是信用的降级。负面的消息，像资产困难、产权负担和信用降级等，也许会让旋涡运动加速：更多的存款被提取，更多的资产被变卖和抵押，筹资的成本更高，更加缺乏弹性，进一步的信用降级，信誉的损失增加，信用业务受到约束（从其他借款人那里筹集到资金的可能性受到影响），然后又是更多的存款提取，等等。除非循环停止下来，否则银行可能被迫寻找更加苛刻的筹资来源，到了这一步几乎可以肯定，机构的信誉已经是所剩无几了。

这些问题不总只是限于单独的企业——资产和筹资的联合风险也可能会出现在

---

① 关于银行挤兑的根本原因在理论上有不同的说法。举例来说，Diamond 和 Dybvig（1983）建立了一个模型，银行为存款人提供流动性保险，因为存款人可能受到偶然事件的影响而决定逃走；Chari 和 Lagannathan（1988）集中关注这样的模式，特殊风险导致的银行挤兑可能会引起系统的风险；Gorton（1988）认为银行挤兑和经济衰退有关系，和企业倒闭也有着直接的联系。尽管有不同的模型和观点，经验和轶事都表明造成银行挤兑的原因往往是由于机构而不是储蓄的存款人，因为机构具有更好的信息渠道和更少的保险范围。银行间的活动和资产负债表外活动水平的不断增长，很容易在系统的各家银行中蔓延开来，也许最终会引发挤兑。

宏观的层次上。虽然每家企业也许都会受到这些事件的影响和遭受损失，但是整体的影响却是更加具有破坏性，因为它可以涉及相关的或者非相关的行业的大量机构。例如，单独的企业如果缺乏筹资渠道，可以试图通过变卖资产来获得现金；廉价的卖出导致进一步的短缺和更多的卖出，作为连锁反应，其他有着同样筹资需要的企业也纷纷卷入其中。每一波新的甩卖都可以使疲软的市场价格进一步下跌，更多的资金撤出和"逃往质量"，等等。直到数十家甚至数百家的机构最终受到了损害。

二、原因

资产和筹资联合产生的问题可能来自内生因素，包括我们在前面的两章中提到过的一个或者多个因素：无法预测的现金流量、不利的法律或者管理部门裁决、管理不善和负面的市场印象和反应。其中任何一条都可以触发前面描述过的事件链条。防备意外的筹资计划制定得很糟糕或者执行不力都可能加剧困难的程度。如果经理没有适当的工具来控制各种问题，而是任其发展，各种事件也许最终会把公司压垮。

外生压力也可能起到部分的作用。回顾一下我们在第三章中所指出的关于理论上和实际上流动性问题合并的渠道，显然在出现混乱时，正常的筹集资本的通道以及资产出售和抵押的通道都被破坏了，也就是说，理论上标准的经营过程渠道也许不能解决这些问题。在有压力的情况下，资产也许不能达到账面价值反映的数额，尤其是对于那些复杂的或者是不标准的资产来说。同样，负债也许不能总是按照预期行事；合同上的和行为上的到期也许不相一致，筹资来源也许会被赎回、召回或者取消。

正好在有市场压力的时候，企业需要流动性，这时那些流动性的提供方也许就无法做到，或者不愿意做了。举例来说，如果出现了重大的金融混乱，企业在资产负债表上可能就很难筹集到商业票据或者欧洲商业票据市场的投资，那些资金选择了相对安全的政府债券。由于"逃往质量"的过程开始了，短期企业筹资市场也关闭了。公司为了努力保持流动，可能开始寻求其他的工具。虽然资本市场也许出现过其他的筹资选择，在实践中也许因为存在重大的系统不确定性而关闭了——这就意味着企业将更多地依赖银行信用额度。如果银行的工具是真正承诺过的，不管一般的信用环境如何，银行没有选择只能提供资金。[①] 但是如果工具只是建议性的，银行可能就会取消掉它，把公司推向更加可怕的财务困境，迫使公司最后为筹资渠道付出更多的代价。

银行选择企业作为它金融服务的客户，在这个充满压力的环境中必须安排其自

---

① 虽然一些工具包含着重大不利变动的条款，在信用环境恶化，很有可能造成金融风险时，给筹资银行提供了选择，但是这类条款还是很少被使用，私下的"重组"可能是一个首选。

身的流动性；如果存款人感到不安，加入了投资者"逃往质量"的活动，可能就不愿意按照正常的利息存款，迫使银行为了取得运营的资金而付出较高的成本，变卖资产造成账面价值的损失，或者在不利的条款下抵押资产。[①] 系统的压力可以因此流向整个系统，造成不同部门中的各个机构的损失。

非流动状态的传播是通过系统——从有关的市场到看似无关的市场——已经成为近些年来实际工作关注的重点。虽然蔓延的原因仍然不是十分清楚，但是一些研究指出了在风险部门内过于集中和杠杆率很大的头寸的破坏性影响，在公共机构为他们的现金寻找相关的躲避风险和可以流动的避风港的时候引起"逃往质量"的情况出现。风险更大的市场日益发展，更易受到非流动性的感染，报价也只剩下了卖价。企业变卖风险资产的能力显著下降——清算过程漫长、波动性增加、贴现折扣更大。投资者持有短期的未担保的筹资工具，可能也不愿意继续这样做了，导致筹集资金更加困难。在系统的混乱停止，平静回到市场之前，公司和银行只好面对资产价值的衰减和筹资成本的增加。外生因素也很容易和机构的特殊问题结合起来。

第二节　流动性旋涡运动

当危机尚处于早期的时候，资产和筹资组合可能就出现了，管理部门也在积极处理日益严重的问题。无论如何，有的时候情况很难控制，也许会失去控制；的确，流动性旋涡运动可能发展迅速和极具破坏性，甚至可以终结偿付能力（我们将在下一章注意到一个流动性旋涡运动的例子，从开始到破产只用了10天时间）。

一、问题

导致企业从资产和筹资联合的问题发展到更加严重的流动性旋涡运动的事件没有明确的次序；每一个例子中的机构和市场都是特殊的。同样，问题得到强化的期间也没有具体的时间框架：也许旋涡运动从出现到结束只有几天，或者也许需要若干星期。无论如何，时间可能不会持续太长，因为企业陷入了旋涡运动会用尽所有可用的资源和机制，要么干预成功，要么崩溃瓦解，到那时候就出现了恢复的转折

---

① 银行的信用扩张在公司的拨款工具有压力的时候会加速（譬如在1998年俄罗斯对冲基金危机期间，信用扩张达到30%）。主要的核心问题就是存款是逃离还是吸引回来，银行是否愿意进一步承担信用风险。大银行机构常常可以吸引存款，但是同样的事情是不会发生在小银行或者中等规模的银行上的。

点。从本章前面所安排的例子中，我们可以跟踪导致流动性旋涡运动的事件进展的一般的次序。

一家公司正面临着意外的支付或者债务，缺乏充分的筹资备用来源来满足提款的需求；持续的短缺要求通过资产抵押来筹资。信用等级评估机构，投资者和贷款方开始意识到提款和抵押的问题，增加了对企业的担心；公司的转滚筹资的成本提高了，一些投资者撤出了投资。遭受损失的筹资来源（譬如转滚）还要应对正常的经营支出，导致进一步的抵押和资产变卖；信用等级评估机构降低了公司的信用等级，结果是减少了财务弹性，增加了筹资压力。更多的投资者根据信用等级下降的消息撤出了投资，一些银行取消了一些信用工具或者是提高了实际利率费用。①

筹资损失的增加导致进一步的抵押和开始更加积极地变卖资产。公司开始以低廉的价格出售，说明控制不断增加的损失已经涉及自身的财务状况。出现了这种压力，评级机构又一次降低企业的等级，因为增加了对流动性问题增长和财务弹性减少的担心。降级打破了投资的临界底线，触发了约定的条件，要求公司对现有的信用工具提供抵押品。这一举动进一步地减少了财务弹性，导致尚存的投资者大批地提取资金。银行根据重大不利变动（MAC）条款或者财务测试利率的突破，取消他们的各种工具，切断了其他的融资来源。

公司和它的投资银行需要考虑实施高收益债券来增加迫切的需求现金，但是投资者对这要求唯恐避之不及，不愿意承担投资的任何风险溢价。投资者、债权人和等级评价机构认为公司信用急剧恶化；濒临破产的传言导致企业的股票价格跳水，管理层利用所有的资产来力求现金。无论如何，"最后一招"已经作用不大：市场信誉已经全部损失，公司被逼进了财务困境状况。必须尽快地将财产变卖给第三方或者向法院申请破产。

奇怪的是，在有些情况下，法规压力可能提高或者促进流动性旋涡运动的某些方面。设想一下，举例来说，在一些国家系统中，当银行的财务条件恶化时，是禁止对其的一些筹资类型进行法规检查的——特别是某项资金的注入可能非常有帮助的时候。在美国系统中，在银行的资本水平非常低的时候（可能是由于过度的信用或者市场风险的损失）是不能插手经纪商的存款市场的，限制他们使用联邦储备贴现折扣窗口的能力。缺乏这些筹资的渠道可能使得其他存款人撤出他们的资本，从其他来源以较高成本来筹资，导致更大的损失。这些活动造成了更大的困难，受到进一步的限制，给予旋涡运动以加速度。图6-1说明了流动性旋涡运动事件的一般次序。

流动性旋涡运动可以扩大到系统的层次，数十个机构可以经历同样的事件次序。

---

① 在有些国家系统中，管理部门限制或者禁止扩大状况迅速恶化的企业的信用数额，这样会使问题更加恶化。

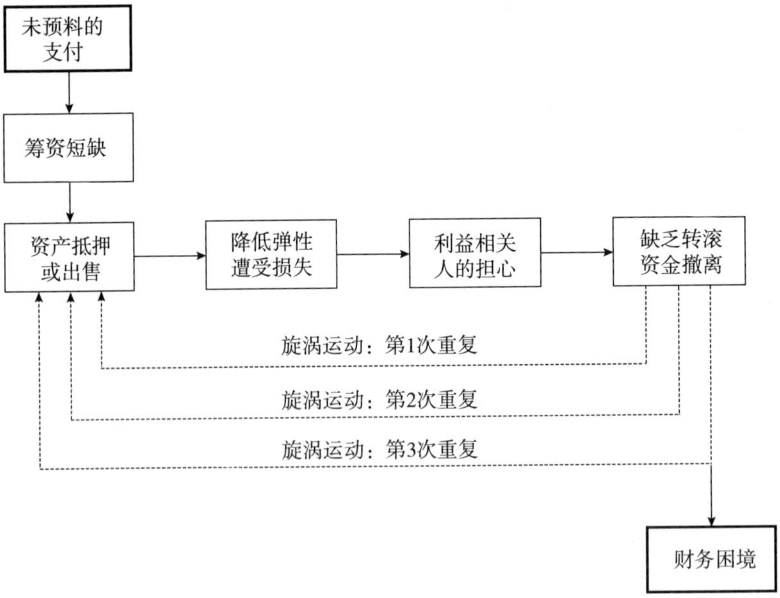

流动性风险

图 6-1　流动性旋涡运动

这样可以造成特别严重的危机，最终导致一大批的企业受到财务损害或者失去偿付能力，当金融机构也面临风险时，为了防止事态蔓延，可能需要法规的干预。的确，在系统范围出现危机的时候，一些管理部门可能决定搁置金融需求或者进行测试——譬如偿付能力比率或者弹性试验——以便不要让可能实际引发进一步的市场波动性的行为持续下去或者进一步发展。在其他情况下，他们可能被迫要发起或者组织救援措施。虽然系统的流动性旋涡运动事件是非常罕见的，但还是出现过（像 1974 年英国银行系统，1991 年的瑞典、1997 年的东南亚和 1998 年的俄罗斯对冲基金）。

二、原因

流动性旋涡运动不一定会在所有的资产和筹资联合的问题中出现——增加的压力一般必须能够达到造成恶化的程度，才能导致旋涡运动。虽然流动性问题的最初原因也许完全是内生的（流动性工具的管理不善，意外的现金流，等等），但是促进生成旋涡运动的也许是外生因素和内生因素的混合，失去了利益相关人的信任和对危机反应的管理无能两者都是重要的基本原因。失去了信心的可能是投资者也可能是存款人（他们可能不愿意持有或者更新负债）、银行（可能很难进一步提供资金）和评级机构（可能会质疑或者怀疑企业债务到期时的偿还能力）。

一旦危机已经发生，造成信用损失的实际原因可能已经毫不相关。的确，信任的缺失并不总是基于事实——传言已经足以触发一系列的破坏性事件。临界点就在于一旦信用丧失并且可以自我反馈的时候，由于消息可以不胫而走，用不了多久其他的利益相关人就可以得知其他方面令人担心的消息，采取防御行动来保护资本或者信誉。失去信心的银行将会拒绝提供更多的贷款；持有债券或者商业票据的投资者将会卖掉或者拒绝转滚；评级机构知道了大量的筹资活动，可能会降低企业的信用等级。这些行动进一步导致了筹资的损失、资产变卖和抵押，使旋涡运动得以继续。

如果管理层不能有力地阻止资金的流出，不能阻止旋涡运动的继续，事件就会得以继续直至到达最后的结果——财务困境，我们将在下面对此进行讨论。某些利益相关人所扮演的角色和行动，管理层的反应，都是十分重要的，可以决定一个联合的问题是可以得到解决还是更加严重。我们将分析这些特别的角色，债务的投资者和银行、评级机构以及公司管理层。

1. 债务的投资者和银行

债务的投资者，也包括那些公司短期债务的持有者（同时也有当前马上到期的中期和长期债券），一直将公司的命运攥在他们的手上。他们愿意还是不愿意为一个麻烦的企业提供资金，将是一个核心的决定，决定着一个旋涡运动是加速还是减缓。如果债务的投资者担心企业的财务状况和前景，但是还没有达到他们认为马上会违约的程度，可能会继续通过转滚、延期或者新的投入来提供资本。（回想一下我们在本章开始给出的例子，那个虚拟的公司还是可以安排高收益债券，因为投资者还同意继续提供资本。）虽然他们会要求较高的风险溢价，因为公司的信用开始变差，但是毕竟资金还是保持原样。只要管理层能够让债务投资者相信，可以获得充分的现金来支付利息和本金，来应对其他债务，企业就可以赢得时间来全面地加强财务状况。

可是，如果投资者提高了警惕，他们可能不愿意继续提供转滚。如果他们真的认为违约将不可避免，在企业尚有偿付能力时，他们就会尽可能地收回资本。如果管理层不能让投资者相信能够保持承诺，赎回和缺乏转滚的问题将会出现，企业将被迫采取其他的方法，譬如抵押担保借款（假定这也是一种选择）。债务投资者如果声明不再愿意转滚资金，也就要直接伸出手来决定企业的命运了。他们所采取的行动也许真的会引起旋涡运动的加速，导致最后的违约。

有一种过程也是如此，只是程度上有所不及，即投资者持有中期和长期债券。虽然他们不能拒绝转滚他们的单据，因为还没有到期，但是他们可以将债券卖到市场上，价格看来也许是十分低廉。以如此大的折扣卖出企业的债权，可以说是给市场上的其他人发出了一个明确的信号，导致旋涡运动的又一轮加速。

银行扮演着一个相当重要的角色。作为公司的担保或者未担保资金的最基本的提供者，他们可以说是一言九鼎，决定一家麻烦的企业能否摆脱旋涡运动。如果银行认为该公司能够通过其他的短期贷款或者中期贷款（既可以是担保的也可以是未担保的）的注资而得到抢救，他们可以向市场提供一张信任票，这样常常可以一举扭转恶劣的局面。债务投资者和评级机构一般会积极地看待这类行为，公司又一次买到了额外的时间来加强自己的财务状况。可是，如果银行通过与管理层的讨论，以及仔细的调查过程，开始相信任何进一步的信用提供都是不明智的（就是说，那样就等于"拿钱打水漂"），他们几乎明确地封死了企业的命运。银行拒绝进一步提供现金的注资，甚至连担保也不行，就等于向市场表明该公司不值得补充信用，意味着企业将被迫采取严厉的措施（譬如廉价处理资产，或者卖出经营单位，或者把整个的企业都卖给竞争对手）。

在需要做出决策的时候，银行一般会作为债权人从破产的角度来分析企业的状况。他们早已知道不予贷款的决定差不多会导致违约，在清算或者重组时将面临大比例的贴现折扣额，他们最终做出决定时需要知道确凿的损失情况（除非所有的银行都有适当的贵重资产作担保，或者在最后时刻可以安排企业收购）。

我们在本节提到的决定主要是由公司的牵头银行做出的。虽然通常对于公司来说，和一定数量的多家银行都建立了关系（5~10家），但是只有牵头银行主要负责控制这些关系，做出关键的筹资决定以及组织二流银行的联合。虽然二流银行也许在任何时间以任何理由都可以选择退出，但是这些行动一般不会在市场上造成负面影响。牵头银行则大不相同了：如果牵头银行决定不再负责进一步的筹资，或者不再支持这种关系，这个信号就是负面的。

2. 评级机构

全球主要的评级机构（穆迪投资服务公司、标准普尔公司、惠誉国际评级公司）在这方面扮演着核心角色，通过考察企业财务状况、运营情况和公司的前景（以及主管部门），给出等级评定结果，反映着企业的信用价值和应对债务的能力。最佳的投资等级信用应该是具有非常强大的财务能力来应对到期的支付；不可靠的信用，譬如那些评定为次投资等级的企业（举例来说，低于BBB—/Baa3的）就不会具有同样的能力。出于杠杆、流动性、收益质量、市场份额、管理、竞争性压力和资产质量等众多原因，这些企业面对着更大的应对合同债务的问题。公开评定的公司依赖其等级到债务资本市场去获得尽可能好的利率。投资等级信用意味着广泛深入的渠道和好的筹资水平，而次投资等级信用经常面对的是市场渠道和筹资成本两方面的障碍。信用越差，借贷的过程就越困难，费用也越高，低到这一点就不可能进一步融资了。

毫无疑问，评级机构手中有着很大的权力，可以决定那些正在经历财务困难的公司的命运。我们已经通过前面的例子说明了评级机构可以因为非流动性和缺乏财务弹性而降低企业的信用级别。每一次降级之后，投资者和贷款方都会不断增加不安，因为他们依靠外部的信用评级作为自己投资策略的部分依据，有时也以此来决定撤出资金。撤资提款可以导致信用评级进一步降级，触发更多的资本逃逸，接着又是降级，等等，促进了旋涡运动。财务的恶化也许违反了债券契约或者信用协议中的杠杆和流动性协定，这样也会导致降级。

评级机构有能力通过降级方案来影响（虽然在大多数情况下，不是直接影响）旋涡运动下降的速度。如果一家评估机构认为某公司正处于财务困境状况，但是能够安排充分的融资来保持营业的正常运行，可能就会保留该企业的等级不变，这就给市场注入了信心，也许就足以中止旋涡运动的继续下跌。反之，如果评估机构认为前景黯淡，继续执行降级方案，也许很容易加速旋涡运动。

3. 公司管理层

管理层对于引起或者加速流动性旋涡运动的内部的和外部的压力的反应是非常重要的，可以决定旋涡运动能否中止，或者至少减减速，以便着手制定其他的计划。管理层如果已经制定了应急计划（譬如像我们将在第十章中所讨论的那样），能够有效地处理那些产生危机的问题，也许就能够保持利益相关人的信任和增加所需要的资金，脱离旋涡运动。当然，并不能保证强有力的管理行动本身就能够中止下滑：在某些时候外生压力是具有压倒性的，即便是强大的经理团队，执行最为健全的应急计划，也不能最后达到成功。不过，快速而果断的管理层反应会大大增加成功的机会。如果缺乏这些因素，经理们不能或者不愿意执行紧急防御计划，那么步入严重的财务困境是自然而然的事情。

第三节　财务困境

一家公司不能逃出流动性旋涡运动，就会进入财务困境的状态。① 一旦到了这个地步，公司想保持原状看来是万万不能了。游戏结束时的情况有两种可能性：没有偿付能力；管理部门或者私人干预。

企业的现金状况如果已经被严重削弱，流动性旋涡运动的事件已经敲响了丧钟，那么企业只能申请破产或者出卖给（或者求助于）竞争对手或者投资集团。银行机构如果到了这种特殊的情况，主要是那些被认为是"太大不会倒"的，也许出现管理部门干预或者救援行动。其他的公司则缺少这种管理部门的"安全网"，正常的行动过程就是提出破产申请，选择清算或者重组。

如果一家公司被认为其资产的基础具有充分的价值，只是因为缺乏足够的现金

---

① 值得指出的是，流动性问题不是一家公司可能进入财务困境状态的唯一原因。例如，困难可以出现在收益、资产质量、全面的杠杆或者经营策略等各个方面，这些具有同样的破坏性，可能也会引起危险状态。虽然这些都很重要，但是并不在本书的讨论范围之内。

流动性风险

因而成为这种不幸环境的牺牲品，债权人和行政部门可能会感到进行重组是值得的。虽然股东们会损失投资，债权人也要承受一定的损失，但是企业一旦从破产过程中摆脱出来，将能够以某些形式继续经营。在这种情况下，破产法庭一般会指定一个行政机构来监管企业的运营。如果无法指定这样的行政机构，法庭可能会允许现有的管理层以债务人拥有的形式继续经营该企业，同时受到破产法庭和债权人的双重监控。重组的过程，也许需要几个月到几年的时间才能完成，最终会制定出重组计划，出现一个新的企业实体。无论如何，如果认为公司没有足够的价值，法庭可能会选择清算。企业资产将被变卖，收入将按照优先权分配给债权人，保证债权人能够得到最大的支付，公司将停止经营。

只要还没有申请破产，如果董事们有足够的时间，公司还有足够的价值，就可以设法将企业卖给第三方。这样做的时候，接收公司要承担被接收公司的债务，或者提供足够的现金注资来保证以后在其控制下继续经营。这种情况比起破产行为来说要少得多，但是还是有可能出现，如果很明显由于企业，而不是由于现金紧张，值得允许它继续为投资者创造价值的话，并且有兴趣的接收方还要能够对这个机会反应得足够快。虽然这一结果不像清算或者重组那样具有戏剧性，但是显然也是一种结果，企业的财务困境导致丧失身份和独立。

资产和筹资联合流动性风险是一个很重要的问题，但是有时可能会被忽视。的确，很容易孤立地看待由于资产投资组合或者筹资投资组合的问题而出现的潜在的损失事件。但是这样做显然是不够的，因为不能分析随之而来的结果和造成的损害。为了帮助说明这些问题的实践性质，我们将在下一章中进行一些实际的案例研究。

第七章　流动性管理不善的案例研究

　　在前面的三章中我们已经探讨了流动性风险的概念和由于这些风险带来的财务损失。在这一章里，我们将把讨论延伸到探索一些选定的"真实世界"的案例研究中去，这些案例可以帮助说明流动性风险的不同方面，以及可以造成的损害程度。

　　我们选择的这些例子代表了流动性风险发展到了极点的情况：财务困境导致破产。但是我们的取样只能是很小的一部分。这些年来，许多机构要么失败，要么得救，独立地或者是大量地出现了流动性的问题。还有一些其他的机构也遇到了流动性引发的财务问题，但是努力转移了大量的损失，甚至在最后时刻采取"避险动作"来避免破产。举例来说，在 20 世纪 80 年代和 90 年代，大陆银行（Continental Illinois）、[1] 新西兰的发展金融公司（Development Finance Corporation）、新英格兰银行（Bank of New England）、科罗拉多公用事业（Colorado Utilities）、不列颠国民商业银行（British and Commonwealth Merchant Bank）、百富勤证券公司（Peregrine Securities）和其他一些机构，屈服于流动性问题，被迫重组或者清算，另外，譬如纽约银行（the Bank of New York）、所罗门公司（Salomon Brothers）、花旗银行（Citibank），都由于流动性问题而遭受了重大的损失，但是都设法避免了走到财务困境的最后一步。[2]

　　在有些时候，所有的部门都受到同样压力的影响，造成了系统范围的损失和机构的倒闭：20 世纪 70 年代中期，英国的第二银行危机，1987 年的全球股票市场崩溃，[3]

---

　　① 1984 年的大陆银行，主要是依靠批发和国际市场来进行筹资，当时已经无力阻止银行间存款大量撤出，这是因为有消息说银行在市场上和能源贷款投资组合上出了问题。由于流动性流失殆尽，29 家银行协会和联邦存款保险公司协调了 75 亿美元进行救援，给银行注入现金；另外，又从联邦储备的贴现窗口借款 45 亿美元作为补充。这次救援行动被认为是很有必要的，因为大银行的破产所带来的破坏实在是太大。

　　② 流动性问题的原因各不相同，但是最终的结果却总是相同：筹资极为困难，造成了非常昂贵的筹资成本。在 1985 年纽约银行由于经营失误出现了很大的流动性赤字，所罗门公司在 1991 年是由于国库券拍卖丑闻，1991 年花旗银行则是由于大量的商业房地产撤资。

　　③ 虽然 1987 年股票市场崩溃的原因包括许多不同的因素，像过度的杠杆和投机，以及疲软的经济状况，但是剧烈的下跌还是由于投资组合保险的运用，导致资产（譬如，单独的股票或者股指期货合同）被卖出到下跌的市场上。估价为 1000 多亿美元的投资组合保险计划在下跌的市场上造成了更大的不稳定，把双向流动变成了完全单向的流动；通过投资组合保险，投资组合的动态叠加要求在价格下跌时卖出更多股票或者股指期货合同，给市场注入了更大的卖出压力，造成了自我影响的下降旋涡运动。就在市场即将崩溃之前，有大约120 亿美元的股指需要再结算，但是只有 40 亿美元得到了执行。到了崩溃完全形成的时候，封闭的卖出压力一下得到了释放：在现货市场尚未开盘时，再结算计划转向了股指期货，加剧了下跌。流动性最终变得十分微弱，根本无法承担再结算；投资组合保险技术因此在后来遭到了广泛的责备。最后终于制定了停板制度，目的就是防止市场的自由降落，现在该制度在各个市场上都已经得到了实行。

流动性风险

20 世纪 90 年代早期的瑞士银行危机，1994 年和 1995 年的墨西哥银行和企业危机，[①]
2000 年的土耳其银行危机，以及 2001 年"9·11"事件后随之而来的全球航空业混乱，给无数的机构造成流动性相关损失。[②]

虽然所有这些例子都是重要的和有益的，由于篇幅所限我们只能关注有限的几个例子。因此，在本章我们进行的案例研究主要是关于行业服务类型的［安然（Enron）、瑞士航空公司（Swissair）］和金融类型的［德崇证券公司（Drexel Burnham Lambert）、阿斯肯资本公司（Askin Capital）、长期资本管理公司（Long Term Capital Management）、通用美国人寿（General American）］，以及政府类型的［加州橙县（Orange County）］。我们发现在每一种情况下流动性问题都是由独特的因素造成的。例如，关于安然，我们注意到金融欺诈和内部失控的情况；关于德崇，我们发现违反诚信责任和缺乏有效的风险和筹资管理问题；在通用美国人寿，我们发现了筹资来源管理不善问题；在阿斯肯资本，我们看到建筑在风险之上的集中筹资和非流动的投资问题；等等。

虽然各种特点都有不同的根本原因，但是都具有共同的主题：缺乏充分的现金渠道来持续运营，导致最后出现流动性旋涡运动和财务困境，对此我们在前一章中已经讨论过。这并不意味着充分的流动性可以改变每一个实体的命运。例如，没有一点迹象表明安然能够继续运营 6 个月或者 12 个月，即使是有充分的流动性渠道，因为它已经深陷金融欺诈之中。但是在有些情况下最终的结果也许会有所不同。因此对这些案例进行认真的分析是很重要的步骤，可以弄明白流动性风险的实际影响，这也可以让我们在本书的第三部分进一步考虑构建一个风险管理的方式来解决这一风险问题。

第一节　德崇证券公司

德崇证券公司（DBL），由起步于费城的一家二流企业发展到了华尔街有势力的

---

① 1991 年和 1992 年，随着墨西哥银行私有化活动进入了资产迅速增长的阶段，随意地发放贷款最终导致资产质量的恶化，引起了银行营业收入的紧张。由于过于依赖国内和离岸银行间存款（所有筹资的 63%），而不是较为稳定的储蓄存款，情况更加不利。1994 年末，当墨西哥政府将比索贬值 56% 的时候，最大的主要银行由于银行间存款人的退出，很快遭到资金的重大损失，许多脆弱的银行随即也遭受了损失，许多小的机构被迫倒闭或者被吞并，政府也拯救了若干大一些的银行（通过存款保险公司和中央银行）。

② Caprio 和 Klingebiel（1999）记录了从 20 世纪 70 年代到 90 年代末的 93 个国家的 112 次系统的银行危机，其中许多都是由重大的流动性风险困难所引起的。重要的是，笔者指出这些危机既影响了发达国家，同时也影响了发展中国家，诸如美国、英国、西班牙、芬兰和瑞典这样的国家，看起来也和新兴市场系统一样容易受到系统问题的影响。

公司，20 世纪 80 年代的大多数时间控制着高收益（或者说垃圾）债券市场。通 过交易商和发起人迈克尔·米尔肯（Michael Milken）的努力，德崇证券公司 20 世纪 70 年代晚期开始关注"失宠"的投资，譬如房地产投资信托、可兑换债券、优先股股票，以及最重要的堕落天使——已经降级到"垃圾"地步（低于 BBB—/Baa3）的投资级别债券。

米尔肯分析了这些债券的违约概率和回报关系，得出的结论是违约债券发展空间很大。他认识到了投资者持有包含高收益债券在内的分散投资组合有可能遇到更多的违约风险，但是比起纯粹信用等级分析的要低一些（当然是从可以赚到的差额角度来看）。1978 年德崇证券公司在洛杉矶设立了一个办公室来扩大高收益投资的经营。米尔肯和他的团队开始发展一个高收益债券的投资者群体（包括大的机构投资者，譬如麻州互助、新泽西投资基金、瑞莱士保险、第一执行人寿和美国财务金融公司）。同时，德崇证券公司的投资银行家们访问了一些信用等级较低的公司，答应为他们发起债券交易。通过这些相关努力，该银行成为了垃圾债券的顶级承销商，直到 1990 年垮台之前一直保持着这一地位。

20 世纪 80 年代早期，这项高收益债券的生意很活跃但发展得也很温和：债券并没有被视为是负面的，公司发行债券主要是为了增长（2/3 的债券资金用于企业的扩张）。然而，到了 20 世纪 80 年代中期，他们开始进行恶意交易和杠杆收购（LBOs），从而获得了负面的色彩。在这一期间德崇证券公司做出了一项战略决策，为恶意交易和杠杆收购提供垃圾债券融资，其目的在于收购其他公司的公司创立了"战争金库"。银行还发展了一种具有"高度信心"的担保信，对那些急于购买竞争对手并需要证明拥有收购资金的公司发出一份部分包销承诺。

随着市场持续发展，米尔肯与证券法律发生了冲突，银行由于插队交易和内部合伙人头寸不公平定价问题而处在了与法律相抵触的位置。德崇证券公司也开始积蓄了更大的风险头寸。许多新的垃圾债券发行被安排成全额包销的形式，银行发出的一些高度信心的担保信件最后也变成了企业债券承销。随着市场投机性的增加，发行人的信用质量变得越来越差，德崇证券公司处置债券也遇到了更大的困难：银行从比较灵活的和流动的证券公司逐渐变成了拥有非流动的资产负债表的半永久的贷款方。

到了 20 世纪 80 年代晚期，银行的投资组合中经常拥有数十亿美元的垃圾债券，这些头寸的筹资变得日益困难。通常华尔街的银行的流动投资组合如果是政府债券和高等级的企业债券，可以通过回购协议市场进行筹资，折扣从 25 个基本点（政府债券）到 1%~5%（企业债券）不等，但是高收益债券的情况则要保守得多了，要求50% 的折扣（根据 1986 年颁布的美国证券法律的改变）。这些需求明显地降低了财务弹性。

就在 20 世纪 80 年代晚期市场进入了最困难的阶段时，管理部门调查了德崇证

流动性风险

券公司和米尔肯，发现了舞弊销售、内部交易、自我交易和利益冲突的实际证据。根据涉嫌违反《诈骗、操纵和贿赂组织法》（RICO）的指控，德崇需要支付6.5亿美元的罚款，米尔肯和与他相关联的几个人被驱逐出证券界（米尔肯自己受到了98条指控，涉及六项罪名）。

对德崇证券公司的处罚在时间上正好和美国经济低迷时期相吻合，企业违约的比例增加得很快。该银行由于持有数十亿美元的垃圾债券风险投资组合只能按50%的折扣来筹资，开始经历严重的流动性问题的挤压。其他的华尔街银行越来越担心德崇证券公司紧张的资金头寸，开始撤回国库券回购协议和短期未担保银行工具。德崇证券公司的商业票据的投资者在票据到期后不再转滚他们的资本。另外，暴跌的垃圾债券价格触发了对回购协议筹资追加保证金通知，迫使该银行拿出不多的现金来保持融资。随着现金的枯竭，一些回购协议的贷款方开始将标的物抵押品平仓，造成了进一步的价格下跌压力。

到了1990年的1月和2月，流动性的紧张程度加剧，再加上短期额度的取消、追加保证金通知、债券的被迫变卖以及信誉的破坏，把该银行推向了加速度的流动性旋涡运动。由于没有充分的渠道来筹集现金，银行仅在其中一项工具的利息支付上就违约1.5亿美元，这又触发了其他债务的交叉违约，银行被迫提出破产保护的申请。

德崇证券公司的例子代表的是一个很大筹资折扣的非流动投资组合，加上管理和名誉问题，共同造成了严重的财务困境。虽然银行的问题是在数年时间中积累起来的，只要其他证券公司和银行愿意提供筹资，投资者愿意转滚其商业票据，它就能够持续运营。虽然高收益投资组合50%的折扣是难以承受的，只要银行保持其他机构投资者的信心，高收益债券在市场能够保持高价位，筹资就可以进行下去。但是当银行的信誉受到损害，管理层不能继续顶住负面的压力，集中的高收益头寸和缺乏筹资选择就敲响了丧钟；外部的垃圾市场上的卖出压力更是雪上加霜。

回顾一下我们在本书前面进行过的讨论，德崇证券公司的失败表现在多个方面：

■ 风险过于集中在非流动的高收益资产；

■ 使用了大量的短期筹资，可以很容易地被赎回或者取消（譬如商业票据和国库券回购协议）；

■ 过重地依赖对账面价值而言非常大的贴现折扣的抵押品融资；

■ 没有充分的流动资产来应对赎回和其他的债务；

■ 缺乏其他应急的筹资来源；

■ 没有健全的应急计划来处理由于失去贷款方和投资者的信任和高收益市场的贬值所带来的灾难事件。

第二节　阿斯肯资本公司

戴维·阿斯肯是一位抵押支撑证券（MBS）方面的专家，曾经和美林证券、德崇证券和大和证券都有过合作，他先是加入而后收购了一个叫做花岗岩合伙人的投资基金，1992 年建立阿斯肯资本公司，这是一个由许多子基金组成的对冲基金集团。1992~1994 年，阿斯肯资本扩大了经营，重新组建了三个单独的基金：花岗岩合伙人、花岗岩公司和石英对冲基金。阿斯肯的坚实的专业经历使得他能够从许多顶级机构吸引投资基金，包括美国国际集团、洛克菲勒基金和麦肯锡咨询。在他的管理下，资产总额快速扩张，1992 年是 1.3 亿美元，到了 1993 年中期就达到了 3 亿美元，到了 1994 年 3 月竟达到了 6 亿美元。

在德崇证券和大和证券时，阿斯肯建立了抵押支撑证券模型和投资策略，主要是基于抵押贷款市场中的最复杂的组成部分［抵押按揭债务证券（CMOs）的衍生品］，他在新的基金中也同样应用了这一方式。阿斯肯将纯利息（IQ）和纯本金（PO）这两部分分离出来和其他的抵押按揭债务证券份额组合而成一个"市场中性"的投资组合，意思就是说无论是在利率上升还是下降的环境中，它都能有良好的业绩。

阿斯肯资本主要是依靠华尔街的银行来提供投资品。既然花岗岩和石英基金主要是投资那些复杂的抵押按揭债务证券，那么银行和基金之间就要完全相互依赖。银行创立"特制的"抵押按揭债务证券份额来对应阿斯肯资本的特殊规格，为他们那些最具风险和最为棘手的部分投资提供出路，交换提供给基金作为抵押筹资工具。事实上，最主要的华尔街机构①给阿斯肯资本提供贷款是以抵押做基础的，使用抵押按揭债务证券的投资组合来作为担保。基金而后使用这些贷款来取得更多的抵押按揭债务证券衍生品，直到这一投资组合被用作杠杆达到四次和五次之多。

阿斯肯和投资银行之间的紧密关系最后造成了许多问题。既然抵押按揭债务证券是如此复杂，那么阿斯肯资本从一开始就要依赖银行来进行前期的定价和当前的评价（来衡量投资业绩和保证抵押筹资业务充分的利润）。无论如何，基金经常对所得到的价格有异议，最终发展到自己再来对证券定价，并直接与投资者交换业绩信息（回购协议定价的目的是要保持银行的责任，两套价格最终是分离的）。

到了 1993 年中期，三个子基金都有大于 95% 的投资是复杂的抵押支撑证券，其

---

① 基德公司、帝杰证券、雷曼兄弟、野村、JP 摩根、摩根士丹利、美林证券、所罗门兄弟、瑞士联合银行、贝尔斯登和保德信，它们都是阿斯肯资本的贷款方。

流动性风险

支撑作用的缓冲现金只占 5%。这种集中程度要远远大于那些持有其他抵押支撑证券（MBS）的"专业"基金，这些基金一般要限制持有这些复杂证券的范围，最多不能超过 20%。事实上，这种高度集中在非流动证券的头寸实际上就是阿斯肯资本的主要弱点所在，并且最终导致它的垮台。

到了 1994 年初联邦储备开始提高利率的时候，阿斯肯资本的市场中性策略开始遇到了麻烦（花岗岩投资组合也许只能在相对很小的 10 个到 15 个基本点的范围内具有所谓的市场中性）。事实上，随着联邦储备不断正式提高利率，空间变得越来越小，提供回购协议融资的证券商开始要求阿斯肯资本降低杠杆，但是基金却拒绝了。偿还抵押贷款的要求迫使许多较小的证券商开始对他们的抵押按揭债务证券投资组合进行平仓。

到了 1994 年，随着利率的上升，在 1993 年 10 月出现过的再筹资和偿还记录却突然停止了。预付款的增长急剧下降，这意味着抵押支撑证券和抵押按揭债务证券的持续期已经大大延长了，造成了许多证券的价格出现了明显的下跌。大多数复杂的和易波动的证券（还有那些对于太慢的贷款偿还最为敏感的证券）都是苦不堪言；事实上，阿斯肯投资组合中很多证券的价值都是垂直下跌。但是，这一基金还是继续保持它的头寸和杠杆水平，平稳度过了最初的利率上升阶段。

随后，事态急转直下。由于华尔街越来越担心这个 6 亿美元的基金扩大到了 20 多亿美元的信用，于是降低了作为抵押品所持有的抵押按揭债务证券的价格，触发了一系列的追加保证金通知。阿斯肯对通知提出争议，抗议说价值根本不像华尔街企业所说的那么低。不管怎么说，基金还是需要快速布置 1.2 亿美元的新资本来保持这一投资组合。虽然阿斯肯资本试图增加新的资金，但表面上还是拒绝了一家交易商立即购买投资组合的提议，它仍然坚持认为能够及时得到充分的资金来应对追加保证金通知。但是投资者已经不愿意提供更多的资本了，这就意味着阿斯肯资本已经难以应对债务。虽然有很大的贴现折扣，银行还是以强行平仓的方式清算了抵押品头寸来偿还贷款，把阿斯肯资本推向了破产。

当出售完成以后（整个过程持续了许多个星期），阿斯肯的投资者完全失去了他们的 6 亿美元。许多银行同样受到了信用损失，因为他们没有得到回购协议中那样大的折扣（虽然有一些合约中复杂的抵押按揭债务证券的贴现折扣大约是 50% ~ 70%，然而其他的只有 15% ~ 20% 的水平，变卖所得并不能抵补损失）。

危机过后，阿斯肯资本起诉了多家银行，声称银行不公正地压低了证券价格是为了发出追加保证金通知来抵补他们的贷款。法庭认为事情的焦点在于卖出的价格是否是"商业性合理"，最后的结论是肯定的，否决了基金的进一步追索权。阿斯肯基金的投资者起诉基金的管理者，声称通过所有权模式转让价格是不正确的和误导性的，不能代表投资组合的真实价值。

阿斯肯资本的案例说明，复杂和特别订制的投资由于缺乏定价的透明度，资产的市场性有很大的局限，持有集中的头寸，受到单一的风险因素（譬如利率）的影响就可能受到损害。基金的策略只有在良好的利率环境中才是可行的；一旦利率绷紧，损失就会出现。基金过于依赖通过回购协议市场来融资，没有可靠的备用来源。另外，也受到了外生因素的压力：不仅是由于阿斯肯的交易是在一个危害它的投资组合的价值的利率环境中，同时还因为它被迫变卖资产的市场早已是不稳定的、非流动的。许多其他机构玩家也由于对利率的急剧提高感觉迟钝，自己也遭到了损失。事实上，变卖往往是出现在最糟糕的时间，也就是说清算的价值没有可能最大化。阿斯肯资本因此受到了许多流动性相关问题的影响：

- 风险过度集中在非流动的抵押支撑证券和抵押按揭债务证券资产上；
- 投资组合的资产不能有效地定价；
- 过重地依赖对账面价值而言非常大的贴现折扣的回购协议融资；
- 没有充分的流动资产来应对债务（譬如手中只有 5% 的现金）；
- 缺乏其他应急的筹资来源；
- 没有健全的应急计划来处理由于利率急剧提高所带来的灾难事件。

第三节　橙县

橙县（OC）是加州南部的一个繁荣地区，1994 年末在这个地方由于巨大的杠杆和流动性引发的问题导致了它的破产。这个县的问题是由橙县投资联盟（OC-IP）引发的，该联盟是一个地方性的投资基金，由县财政局长罗伯特·西春管理。在长达 22 年的时间里，西春的超凡表现说明了他是一个出色的投资管理家，他常常能够跑赢市场，因而为县里的投资者（包括学区的，水利委员会的，各个城镇的，等等）带来了可观的收益；可以令橙县投资联盟引以为豪的是它的长期平均收益率达到了 9.4%，而其他基金的平均水平是 8.4%。

为了在中期投资上也取得可观的回报，西春把橙县投资联盟的资金投资到了美国固定收益市场（主要是国库券、机构债券和结构性债券），然后他采取了杠杆方式。橙县投资联盟投资组合在 1993 年建立，资产负债表上的现金价值大约是 75 亿美元。但是西春同其他企业进行的大量的回购协议交易，譬如，美林证券（21 亿美元）、摩根士丹利（16 亿美元）、瑞士信贷第一波士顿（26 亿美元）、野村（10 亿美元），把投资组合做了若干次杠杆。他也购买了很大数量的结构性债券，其中都包含着杠杆（譬如 20 年反转浮动利率债券、利率下跌时获利较高的息票和利率上升时获利较低的息票）。回购协议和结构性债券的结合意味着橙县投资联盟 75 亿美元的证券投资组合在利率敏感性方面同 210 亿美元的投资组合完全相当——利率方

流动性风险

向和曲线形态的变化将会带来可观的风险。虽然这些其他的杠杆提供给橙县投资联盟以超高的市场收益，但也极大地增加了基金的风险状态，对于利率提高的承受能力非常脆弱。

前面已经提到，1994年2月，联邦储备开始第一次提高了利率，持有债券多头头寸而又没有对冲的投资者受到了冲击。虽然对此有所关注，但是西春和其他人在一开始还是忽略了利率上升的问题；财政局长的操作是基于这样的假设：既然橙县投资联盟是一个"持有到期"的基金，其投资组合不必逐日盯市，那么到了最后投资组合的所有投资都到期的时候，它的价值也就明确了。但是，这一策略的运用是需要一定条件的，基金的资产和负债必须匹配恰当，必须保持着充分的现金可以应对到期的债务（回购协议的追加保证金通知、费用、支出等）。缺乏足够的现金来应对现金的流出，像橙县投资联盟这样的基金将被迫运用现有全部未担保筹资的渠道，或者变卖资产来增加现金。事实上，橙县投资联盟已经没有可靠的渠道来获得其他未担保融资。它的大部分主要的"回购协议性的"证券已经用作抵押，来支持那一直产生骄人回报的杠杆计划。只有结构债券的投资组合是无负担的，虽然在利率上升的环境中其价值也变得更加不确定。

1994年利率继续提高，橙县投资联盟持续损失金钱，这一年9月，基金未实现的损失数额已经达到了数亿美元。到了11月，西春和其他的基金管理人员硬着头皮和银行协商保留回购协议融资。由于橙县投资联盟的保留现金已经消耗殆尽，大概已经难以应对纷至沓来的国库券回购协议追加保证金通知。橙县投资联盟的流动性缺乏的问题已经使"持有到期"的策略面临失败的危险：银行要卖出国库券抵押品来偿还已经延期的贷款，明确了基金的损失。

到了12月初，形势已经很清楚，基金缺乏所需要的现金来应对进一步的追加保证金通知，官方被迫公告橙县投资联盟已经遭受了15亿美元的票据损失。为了提供暂时的流动性和努力使基金能够渡过追加保证金通知的难关，JP摩根分析了无负担的结构性债券投资组合，提出要用44亿美元（基于其价值，付给橙县投资联盟1亿美元的利润，但是这差不多肯定是一个很低的出价）来购买。县府拒绝了这一要求，并迫使西春辞职。

几天以后，野村发出通知，橙县投资联盟的500万美元债券已经出现了技术违约，瑞士信贷第一波士顿要求偿还12.5亿美元的回购协议并且开始抛售基金。所有的回购协议贷款方，除了美林，都要清算他们的抵押品，使得橙县投资联盟的明确损失超过了15亿美元；该县只好申请破产。在随后的几个星期，投资组合完成了平仓的过程；47亿美元的收入归还了县里，其余的用来偿还债权人。最后橙县投资联盟的损失达到了17亿美元，包括3.6亿美元来自固定利率票据，6亿多美元来自反转浮动债券，6亿多美元来自回购协议。事件的余波未尽，县府提起了一系列法律诉讼，起诉西春和各家银行，因为他们给县里提供了杠杆。[1]

橙县例子中的问题关系到"持有到期"方面的经营策略。我们在本书的第一部分指出机构如果能够匹配和持有资产和负债直到到期，并且拥有足够的缓冲来应对现金通知，就不会遇到太多的或者说根本不会遇到流动性风险。可惜的是，这种情况的确不多，橙县投资联盟就是明显的例子；基金持有过度的市场风险和不利的环境共同造成了无法应对的现金流出。另外，橙县投资联盟保持集中的回购协议筹资意味着一旦贷款方决定撤回他们的抵押额度，它就没有其他的筹资选择。因此基金遇到的问题表现在多个方面：

- 过度受制于单一的市场风险因素（譬如美国利率），造成了重大的损失；
- 没有充分的现金来应对债务和承受不断增加的损失；
- 不必逐日盯市的债务带来虚假的安慰，最终暴露了未实现的损失；
- 缺乏多方面的筹资来源；
- 没有正确地监控流动性头寸以及其他重要状况（譬如利率提高和资金头寸的追加保证金通知的影响），风险头寸缺乏充分的透明度；
- 缺乏应急计划来处理灾难情况（譬如急剧提高的利率或者筹资工具的撤出）。

第四节 长期资本管理公司

约翰·麦瑞维勒，曾任所罗门兄弟公司固定收益套利的首席交易员，在 1993 年建立了长期资本管理公司（LTCM）。这个基金中包括一大批训练有素的专家和学者，到了 1994 年已经筹集了超过 70 亿美元的资本，开始了杠杆投资，最初的重点还是在固定收益套利方面。在最初的两年里，长期资本管理公司的经营产生了非常好的回报，达到了 43% 和 41%。可是到了 1997 年，公司发现找到有利可图的机会变得越来越困难。共同基金和对冲基金方面的快速增长意味着许多机构都在积极进行着同样的投资（特别是在企业信用市场，由于债券和信贷投资者要求降低风险溢价，信用价差变得非常紧张——墨西哥和亚洲危机的教训已经被暂时"遗忘"）。因此，长期资本管理公司开始转移到其他的领域，其中有一些是缺乏相应的专门知

---

[1] 1995 年 1 月，橙县控告美林，索赔 24 亿美元，理由是它们违背了州和联邦的法律，"轻率和无情"地将有风险的证券卖给了县里。橙县诉美林超越权限，说行动超越了法律的范围，交易是不合适的。县里的债券所有人也起诉了美林和西春，认为 1994 年 7 月债券发起说明书中有错误的信息披露，同时起诉的也包括摩根斯坦利、野村和瑞士信贷第一波士顿等，认为它们充当了批准杠杆过度数额的角色。所有的银行在一开始都拒绝了指控，但是最后都同意了庭外调解。美林付讫 4.37 亿美元、摩根士丹利 7000 万美元、瑞士信贷第一波士顿 5200 万美元、野村 4800 万美元。此外，法庭确认西春对策略的缺陷负有过失责任，西春承认了六项有罪指控，包括出售证券时发表误导陈述、伪造账目记录和改变投资基金投资方向（没有那笔 17 亿美元的损失）。

流动性风险

识，有一些的风险水平明显很高，包括股权交易（譬如卖出权益波动性，在波动大于 75 的股票上建立权益风险套利头寸），以及复杂的和非流动的固定收益的跨价组合（譬如远期可赎回债券对德国马克掉期波动性、丹麦货币抵押贷款对丹麦政府债券、意大利国库券对里拉存款、俄罗斯转运资金交易等）。重要的是，长期资本管理公司在这些风险等级上建立了许多大的头寸，变得越来越集中，杠杆性越来越强，流动性越来越差。

到了 1997 年末，长期资本管理公司给投资者归还了 27 亿美元的资本，因为他们难以找到足够的有利可图的投资机会；可是他们没有相应地减少风险头寸，这就意味着基金的杠杆性和非流动性都变得空前的大。

1998 年中期，金融市场已经变得十分脆弱；1997 年的亚洲金融危机使一些机构参与者遭受了损失，降低了对冒险的兴趣，企业收益也开始恶化。1998 年 7 月，花旗银行开始对账面上大量的固定收益套利头寸进行平仓，这造成长期资本管理公司——持有同样的头寸——承受了很大的损失。接着到了 8 月，传来消息说俄罗斯不再支持卢布的价格；俄罗斯中央银行宣布国内债务延期偿付，卢布贬值。这一事件成为了更大范围出现问题的导火索：权益波动性剧增，企业债券和信贷市场的发行和交易都被暂时停止，合并交易出现背驰，许多类型资产的流动性都蒸发了。

虽然许多机构在这种条件下都会出问题，长期资本管理公司则是特别容易受到影响的，因为它的头寸非常大，又都是杠杆化的——在正常的市场环境中这样的头寸已经显得非常庞大，在流动性迅速下降的市场中更是显得巨大无比。事实上长期资本管理公司所有的交易策略到了这一危机时刻都成了输钱的招数：在俄罗斯的所有权信用和转运资金交易、掉期和信用价差合并策略、权益波动性空头头寸、复杂固定收益差额，所有的都调转了方向，长期资本管理公司因此损失了大量的金钱。到了 8 月，基金已经损失了 5.517 亿美元；几个星期以后，损失总额已经上升到了25 亿美元（在这一年里跌了 52%），"逃往质量"、背驰和波动性，一直都在起着推动作用。

随着危机的继续，到了 9 月（包括 9 月 21 日基金的另外 5 亿美元损失），基金的流动性压力继续增加，促使管理部门介入，检查了长期资本管理公司的账目。发现基金持有的杠杆头寸十分巨大，如果进行平仓，市场根本没有相应的承受能力。平衡表上杠杆已经达到了 30 倍（举例来说，40 亿美元的权益支持着 1250 亿美元的资产），但是资产负债表外衍生产品概念上达到了 10000 亿美元，实际的杠杆已经大于了 300 倍。

长期资本管理公司的资产组合如此巨大和集中，意味着它真的已经是"太大不会倒"——长期资本管理公司的崩溃一定会极大地牵连系统中的其他金融机构（许多也持有同样的头寸，有的是长期资本管理公司的信用提供者）。由于管理部门和银行都认识到了这一点，许多不同的集团提出了进一步的建议来资助或者接受该基金。利益相关的各方抓紧时间采取行动，因为大家知道投资组合的任何一次违约都会触发其他相关违约，被迫在虚弱的市场上清算如此巨大的头寸。经过激烈和紧急的磋商，13 家银行集团安排了 36 亿美元拯救性融资来换取 90% 的基金，通过一个监察委员会来对所有的投资组合逐渐平仓，以便不会对已经很紧张的市场造成更大的破坏。毫无疑问，这一拯救性的帮助活动防止了可能发生的破坏性危机。①

经过了好几个星期的损失，市场得到了稳定，基金开始产生收益。到了 1999 年 6 月，基金的收益提高了 14%，杠杆头寸通过有序的平仓而减少，基金可以偿还投资者 3 亿美元，拯救集团 10 亿美元。所有的基金最后全部平仓。

当然，长期资本管理公司并不是孤立的事件。许多金融机构和机构投资者同时也纠正了他们自己的投资组合和资产清算，只是遭受的损失稍小一些；有些时候清算是自愿的，其他的则是触发了设定的止损指令，或者是由于内部和外部的资本和风险需求。在许多情况下，非流动的市场条件造成了资产的变卖价格远远低于那些事先预计的折扣和抵押水平。

危机的结果充分表明了长期资本管理公司的管理层过于依赖他们基于假设的价格和风险模型，忽视了他们所建立的集中的头寸——明显地没有考虑到他们引入运营的非流动性。投资者的损失同样也证明了经营方式中的缺陷和对于非流动的风险头寸的漠视。当然，银行松懈的风险管理标准也帮助了基金。② 在这一过程中，许多银行承受了重大的损失，被迫重新评估自身相关的风险管理的标准和策略、集中发放贷款问题和流动性的度量。③

我们曾经指出，最重要的问题之一就是由于使用了有缺陷的风险模型——本来是用来计算市场和信用风险的，进而，计算流动性风险。举例来说，许多金融机构控制市场风险是通过风险值（VAR）模型，而这模型就具有明显的缺陷，关于这一模型我们还要在下一章中进行讨论。在长期资本管理公司发生危机的时候，这些缺陷增加了波动性，驱逐了资产的流动性，使事情变得更加糟糕。公平地讲，银行和证券公司只是简单地遵守着法规的规定，过去和现在仍然要求他们这样做［举例来

① 实际上，许多银行的行动都是出于其自身的利益，显然并没有所谓公开的拯救，只是债权人的一次风险重组，拿出了股东的 36 亿美元资金来避免灾难。华尔街的风险已经非常巨大，如果没有这次拯救活动，大概许多玩家就会遭受严重的损失。

② 许多主要的银行给长期资本管理公司提供杠杆——回购协议、衍生产品和信用工具——给予非常宽松的条件，为了保证那部分基金的佣金业务，基本上都低估了其风险。它们的贷款也没有做好信息披露（和标准信用运营程序相反），没有选择要求事先抵押，过分依赖它们自己有缺陷的模型。有些时候，它们试图照搬长期资本管理公司持有的头寸，给它们自己的账上也带来了同样的非流动性。

③ 举例来说，长期资本管理公司的风险导致瑞士联合银行损失了 6.9 亿美元、意大利银行 1 亿美元、瑞士信贷银行 1 亿美元、德瑞斯顿银行 1.45 亿美元、住友银行 1 亿美元等。波动性和非流动性给市场带来了混乱，迫使卖出其他类型的资产，造成了额外的损失：瑞士信贷第一波士顿报说在俄罗斯损失了 13 亿美元，包括通过莫斯科银行货币交易所的卢布远期购买以对冲卢布风险，损失接近 6.4 亿美元；花旗银行在俄罗斯损失 0.6 亿美元，在套利头寸上损失 3 亿美元；美林损失 15 亿美元，大多是在影响范围非常大的、很不流动的企业债券和优先股股票的投资组合上；高盛公司报说在各个市场上所有权交易损失达 6.5 亿美元；等等。

说，1996 年的国际清算银行市场风险修正案要求银行使用风险值（VAR）模型来管理风险资本水平，尽管它存在着缺陷]。但是基于风险值（VAR）模型的基本假设已经被证明是很危险的，许多企业相信具有统计特性的模型可以在所有的市场环境中保持稳定——其实这很难说是对世界的现实看法。既然参与其中的机构都使用着同样的模型，那么大家就会做出同样的反应：将资产从波动性高的地方向低的地方转移，投资从投机向安全港转移。这样就意味着某些证券和合同出现大规模的转移，把双向的市场变成了单向的市场，增加了价格的波动性，非常明显地延长了清算的区间。因此，一个中等规模的投资级企业的债券头寸原本也许只需一个小时就可以按照账面价值平仓，现在可能需要几天时间，价格还要低于账面价值的 10%～25%；这种更具投机性的风险可能带来更多的延期和贴现折扣。所造成的损失因此可能远远大于事先统计测算所得出的结果。

长期资本管理公司是一个极好的例子，表明了内部的和外部的压力可以结合起来，给一个单独的机构或者整个市场，带来重大的流动性问题。过度的杠杆，集中的和非流动的风险头寸，有缺陷的模型意味着已经将流动性风险基本上抛到了一边。基金（同时也包括一大批其他的金融机构）因此遇到了各种问题：

- 风险很大的非流动资产，杠杆又过于集中，包括复杂的差额和股权套利头寸；
- 集中使用抵押方式，很容易被赎回或者取消的短期融资，以及不容易平仓或者转移的资产负债表外杠杆；
- 缺乏充分的流动资产来应对赎回；
- 依靠的是有缺陷的风险管理措施，对于清算的周期和波动性的认识过于简单，不能合理地计算出各类资产之间可能的变化关系；
- 缺乏应急计划来处理灾难情况（譬如资产的非流动性、被迫变卖资产）。

第五节　通用美国人寿

通用美国人寿（GA）是一家美国保险集团属下的人寿保险公司，在全美国范围内提供人寿保险服务。到了 20 世纪 90 年代后期其顶峰时，保险公司拥有 30 多万投保人，穆迪投资人服务公司一直授予其 A1 的信用等级；至少是由于具有可靠的信用等级这样一个理由，致使通用美国人寿得以通过美国再保险集团（RGA）的再保险协议来得到保护，避免遭受资本的损失。

根据一种筹资观点，通用美国人寿所安排的大量融资是通过 ARM 财务公司获得的，这是一家中间机构，可以帮助保险公司通过 40 余家机构投资者（一级货币市场基金）建立大于 70 亿美元的短期融资工具。不幸的是，这样大量的融资是非常短期的，而且大多数都赋予投资者以选择权利，可以在非常短时间的通知后收回投资。虽然大多数保险公司都使用同样的筹资方式，但是通用美国人寿却是个举足轻重的大玩家，持有全部短期保险公司筹资市场 20% 的份额，7 天可退回筹资市场60% 的份额。该保险公司因此也就面临着重大的风险，一旦有人撤资，就必须付出重大的代价才能得到替代。根据历史的经验，看来通用美国人寿的管理层不认为投资者会撤回他们的投资（或者至少不会是同时）；的确已经有好几年了，投资者并没有这么做，管理层显然没有理由认为情况会发生变化。

无论如何，到了 1999 年春天，有些投资者感到不安，这是因为有一些关于美国再保险集团和 ARM 财务公司的金融实力传言，两者都是通用美国人寿的核心经营策略。这一年的 3 月 5 日，穆迪将通用美国人寿的等级从 A1 级降低到了 A2 级，担心保险公司的财务情况、筹资状况以及其融资和再保险策略。随着传言的不断强化，通用美国人寿的管理层在 7 月 29 日发布公告，宣布要按照现有的融资安排吸收 34亿美元的资金，其目的是抵制任何有关再保险策略和筹资架构的负面压力。但是在7 月 30 日，穆迪又将通用美国人寿的等级从 A2 级降到了 A3 级，到了这一地步，保险公司的财务弹性将会受到赎回资金的威胁。

这一步骤触发了快速的旋涡运动直至财务困境。随着降级，11 家货币市场基金从通用美国人寿收回了它们的短期债务，要求保险公司在 7 天之内偿还资金。到了8 月 2 日，更多的投资者实行了他们的 7 天和 30 天的撤资要求，强化了偿还和筹资流动性的旋涡运动。虽然通用美国人寿开始为它的投资组合注入流动资产以应对预订的偿还要求，但是很快就发现没有足够的现金来完成这样的任务；保险公司准备得到 35 亿美元的负债，但是连 7 亿美元的投资也没有找到。8 月 9 日，就在宣布意欲取得筹资债务后仅仅十天，通用美国人寿就向密苏里州保险部提出了保护申请。

通用美国人寿是一个很重要的例子，表现了流动性旋涡运动的发展速度，由于市场的传言，筹资的状态很明显地向非常短期负债倾斜，这就造成了财务困境；仅用了十天，一家等级稳固的保险公司就发现自己没有充分的现金来偿还金融债务。事后应该吸取的教训就是通用美国人寿的筹资计划有严重的缺陷，它的信用等级本来应该是很低的。的确，通用美国人寿遇到了许多困难，包括：

- 单一筹资市场的过度份额；
- 运用了大量的短期可选择特征的融资，有些要求支付的期限只有一个星期；
- 没有充分的流动资产来应对赎回；
- 缺乏备用的筹资来源来应对紧急调拨；
- 缺乏应急计划来处理灾难情况，像连续的信用降级和很快丧失投资者的信任。

第六节　瑞士航空公司

　　瑞士航空集团（SAG）是一家控股公司，麾下有瑞士的国家航空公司瑞士航空公司（Swissair）、国内短程运输的十字航空公司（CrossAir）（70%份额）、哥迈特航空饮食公司（Air Gourmet），以及欧洲其他航空公司的多数（或少数）投资——成立于1930年。经过了几十年的成功运营和相对保守的增长，瑞士航空集团的管理层，在其首席执行官菲利浦·布拉格舍（Philippe Bruggisser）的领导下，开始了一个雄心勃勃的多年扩张计划（"亨特战略"），要使瑞士航空集团在泛欧洲和地区的飞行航线上取得更强大的地位。既然瑞士航空公司已经通过它的苏黎世中心控制了途经瑞士的北美洲、南美洲和亚洲的国际长途运输合理和稳定的份额，同时通过十字航空公司也占有着途经巴塞尔的欧洲短途运输的一定份额，管理层认为可行的扩张机会只能通过其他航线来实现。董事们感到公司如果想要在竞争日益激烈的环境中继续保持欧洲第四大运输公司的地位，就需要获取其他的航线和发展联合。

　　不幸的是，瑞士航空集团的管理层发现购买现有的高质量的航线是一件既费钱又复杂的事情。因此，公司开始在一些二流和三流的地区运输上下注，在有些情况下，也在某一时期建立多数的投资，包括比利时航空公司（Sabena）、葡萄牙航空公司（TAP）、法国海外航空公司（AOM）及自由航空公司（Air Liberte）、波兰航空公司（LOT）和法国滨海航空公司（Air Littoral）。公司为这些运输公司支付完全价格的策略（经常是采用过时的物质设备，最后需要通过一个基于债务的资本投资计划来替代）最终成为瑞士航空集团的垮台的主要原因。

　　1998年，随着收购计划的全力进行，全球的经济运行条件也保持着健康状态，公司的股票价格达到了顶点——500瑞士法郎（308美元），在公司不断扩张中（举例来说，航线的投资、新的资本设备、安置员工和指挥部门），一直是主要通过债务来进行筹资。杠杆也在稳步增长，到了21世纪，已经变成了现金流量的可观的负担。另外，到了2000年的时候，已经日益明显的是航空运输在亨特投资组合中变得越来越糟而不是越好。全球的经济发展开始放缓，泛欧洲的各公司激烈的打折竞争给所有的公司航线都带来了很大的压力。既然瑞士航空集团在行业中是成本最高的公司之一，因此公司不久就开始出现严重的现金流量紧张。[①]

---

　　① 瑞士航空集团一共雇用了72000名雇员，其中在瑞士就有21000名，远远高于其他同等规模的航空公司和同类航线的雇员数量，其雇员的收入在同行业中也是最高的。其他额外的费用还有它非常不便的两个中心管理系统（瑞士航空公司在苏黎世，十字航空公司在巴塞尔）。

　　随着公司的财务状况持续恶化，董事会解雇了布拉格舍，也放弃了"亨特战略"。董事们也向公司的主要银行，瑞士联合银行和瑞士信贷银行申请新的资金。无论如何，在向公司注入新的流动性之前，银行要求进行内部的重组。到了3月，90%的董事会成员被剥夺了资格；留任的董事马里奥·科蒂被任命为首席执行官。上任后一个月，科蒂宣布了18亿美元的损失，这是公司70年历史上的第一次。大多数的损失——减少的资本足以使公司处于危险的程度，流动性也丧失殆尽——应该归咎于企业居高不下的成本和沉重的利息负担；债务的总额从2000年的40亿美元增加到了2001年的92亿美元，利息也增加了不止一倍。"亨特战略"的糟糕履行使公司减少了收入，等于又加重了损失（比如说，比利时航空公司损失了1.8亿美元，葡萄牙航空公司0.92亿美元，法国海外航空公司、法国滨海航空公司和自由航空公司一共是3.6亿美元）。科蒂提出了一个结构改革的计划，核心是降低成本、出售资产和推迟原先承诺的购买葡萄牙航空公司和比利时航空公司股票的计划。这一举措保护了现金，使得科蒂可以推行更加广泛的计划，包括安排更加健全的和可靠的银行工具以确保进行有效的筹资。

　　不管怎么说，此后不久，瑞士航空集团又被迫处理自由航空公司崩溃的问题和比利时航空公司的大规模重组问题。2001年9月24日，科蒂向董事会提交了第二份重组计划，就在两个星期之前，恐怖分子袭击了美国，暂时中断了国际航空旅行。这份重组计划要求建立一个新的瑞士航空公司（Swiss Airlines），包括原来的瑞士航空公司和十字航空公司（基于以后的低成本模型），同时进行裁员，以便进一步控制成本和保存现金。

　　然而，公司能够利用的现金资源都是要付出非常高的利息。由于新公司的旅行营业收入难以补充现金，企业全面的流动性状况每况愈下（的确，这种且战且退的防御，企业能够控制现金的流出但是没有新的筹资渠道或者没有营业收入的现金流入，很快就难以招架了）。到了9月末，有些小的银行开始削减它们对瑞士航空集团的信用额度。此时此刻公司手头只有不到1.2亿美元的流动资产，仅仅能够支持几天的飞行。

　　由于流动性的灾难已经临头，瑞士联合银行和瑞士信贷银行在9月29日终于同意投资1.6亿美元给十字航空公司，同意提供1.5亿美元的中期信用，保证飞行能够持续到10月3日。由于握有投资的所有权，所以希望银行联合会能够安排更多稳定的信用工具来使期限延长到10月3日以后。然而，除非有什么奇迹发生，贷款单证和基金解散才有可能被延期，也就是说瑞士航空集团在名义上已经是资金用尽，不能再飞下去了。到了10月3日，瑞士航空集团取消了所有预订的航班，申请了破产保护（39000名机票持有者也加入了债权人的行列）；一天之内，股票从100瑞士法郎跳水到了1.27瑞士法郎。瑞士联合银行和瑞士信贷银行遭到了全国新闻媒体的一致谴责，说它们没有及时提供资金，没有更加有效地防止出现这场许多人所称的

流动性风险

"国家的悲剧"。

10月3日，瑞士联邦参议院（议会上院）批准了临时信用额度以便使航线能够继续飞行一个有限的期间，等待重组计划的制定。随着事件的展开，可以越来越清楚地看出瑞士航空集团的董事会和管理层，同样还有政治家们，在几个星期前已经了解到公司脆弱的财务状况（有些情况已经有几个月了），知道需要采取非常激烈的措施——包括很不受欢迎的减薪和裁员措施。虽然有一些联邦参议院的议员承认他们知道瑞士航空集团的财务弱点，但是大多数议员说他们没有预计到最后会发展得这么快。联邦参议院的首席财政代表后来在《新苏黎世报》上发表谈话说政府"低估了这场内部的流动性危机，没想到这么快事情就到了紧急关头"。科蒂不同意这种说法，他指出早在10月1日之前，他已经将企业非流动性的详细情况报告了联邦参议院的议员，并提出了3亿美元信用的要求。既然联邦参议院在那个时候没有采取行动，瑞士航空集团和银行只能自行其是了。

破产申请提出之后接着就是重组行动。科蒂和大多数董事会成员都被解雇，新的首席执行官走马上任。为了保持飞行的继续，十字航空公司取代了瑞士航空公司2/3的现有航线。十字航空公司70%的投资被两家牵头银行出资1.5亿美元而取代，瑞士联邦和州政府也同意提供资金——纳税人拿出了总共差不多25亿美元的资金［最后的股份分配，在2001年12月经股东协商同意，65%属于个人和机构投资者（其中瑞士联合银行和瑞士信贷银行各占10%），20%属于联邦政府，12%属于州政府］。十字航空公司于2001年12月改编成为新的瑞士国际航空公司。

瑞士航空集团的事情反映出一系列战略管理的问题，原因就在于执行了一个有缺陷的扩张计划，使用了大量的债务融资。杠杆（6年时间增加到了90亿美元）对于企业的营业收益而言造成了很严重的财务紧张状况。使问题更加严重的因素还有糟糕的辅助航线情况（主要是现金的流出）、危机阶段公司试图进行重组时锐减的国际航线这样的外部事件、行政上的冲突、对于快速出现的现金不平衡时缺乏进取型的管理、在最需要流动的资源时瑞士航空集团却一筹莫展。但是，和我们下面要进行讨论的安然的案例不同，瑞士航空集团被普遍认为如果手头有充分的现金，有更加适当的积极的转变计划，其本来是可以改变运气而不必被迫走到破产的地步的。总结一下，该航空公司的主要问题是：

- 过度的杠杆和因此造成的利息负担降低了足够的现金流入；
- 糟糕的子公司运营占用了宝贵的资源；
- 缺乏充分的流动资产来应对日常的营业需求；
- 过度依赖两个大的贷款方的安排融资方案；
- 没有充分的无负担资产在手以保证紧急的筹资；
- 缺乏备用的筹资来源来应对紧急的调拨；
- 缺乏积极进取的危机管理计划。

第七节　安然

安然（Enron），这个总部位于休斯敦的能源公司，它的案例已经被新闻界广泛地报道和分析，将它作为美国历史上最大的企业破产案之一。虽然大多关注的是有关管理缺陷问题，我们主要关注的却是企业的流动性危机——欺诈和糟糕的内部控制通常会带来的副产品。[1]

安然公司在1985年通过合并内布拉斯加州和得克萨斯州的几家天然气管道公司而建立起来。肯·雷担任了主席和首席执行官，在以后16年的大多数时间里他一直在这个位置上。虽然在开始的若干年里，安然主要从事的是天然气的开采和提供业务，但是到了20世纪90年代早期，它开始重新安排它的业务，主要是匹配天然气的购买者和销售方，收取中间费用。表面上看，安然的模式表现得非常成功，成为后续交易和风险管理行为的原则。

杰夫·斯基林进入公司以后，任期货总经理（到了2001年，担任了首席执行官），这一过程得到了加速。在斯基林的指导下，安然放弃了更多的物质财产，从一个资产密集型的天然气管道公司转变成了一个"轻资产"的贸易商——在许多方面，更像是金融贸易机构。在转换过程中，公司积极地将许多固定资产进行了货币化：卖出核心的能源业务所使用的工厂和设备，获得流动的现金，但是并不是用于保存资产来生成长期经营的现金流量（的确，缺乏现金流量已经成为了公司的一个永久性的问题，正是由此导致企业的经理们从事了欺诈活动）。为了着重考察该企业的重要贸易情况，有必要回顾一下我们在本书第二章中的论述：金融贸易企业是高杠杆化的机构，必须保留大量的流动资产以便应对债务和对其他企业提供流动性。安然公司缺乏足够的流动资产来做缓冲，到了事发前的最后几个月时，这一事实已经变得非常清楚。贸易经营也是要依靠信誉，任何对于信誉的损害都有可能造成流动和营业收入的损失，从流动性观点来看，还会造成现金活力的损失。的确，安然在失去运气时才发现信誉的重要性。

随着美国能源市场的解除管制，能源价格变得更加不稳定，安然的模型表现不错：营业收入很快地增长，允许它向新的领域扩张。20世纪90年代晚期，公司繁荣兴旺，从资产类型上看实际上已经是一个贸易商了——纸浆和纸品、气象、商业、信贷等。它也扩张到了那些被认为是可以在快速增长中获得利益的领域，包括供水系统、光线设备和互联网宽带等。这些都是资本密集型业务，当前还不能获利（并

---

[1]　从企业管理方面对于该案例的细节抱有更加广泛兴趣的读者可以去参考《银行》（2004a）。

流动性风险

且经常会有负的现金流量）；的确，公司最后差不多有 70 亿美元的损失在不明智的投资上，像宽带和水务（同时还有在巴西和意大利的能源运营）。不过分析家和投资者依然保持着对安然的积极评价和前景的乐观。20 世纪 90 年代一个季度接着一个季度的收益改善导致股票价格的稳步上涨（其中 1998 年和 1999 年都翻了番）。

2001 年初，安然报告营业收入达到 1000 亿美元，在财富全球 500 强的公司中排名第七位。随着其股票价格创纪录地达到近 90 美元，安然的市场资本化达到了 600 亿美元——远远大于许多产业性的公司和金融机构。尽管看起来它已经能够和这些巨头平起平坐，无论如何，公司还是迫切地需要现金；事实上，好几年来它一直在同花旗银行和 JP 摩根积极进行大量的"预付"掉期交易，为的是产生足够的现金来支持运营。既然预付是资产负债表外交易，像是贷款但是不影响资产负债表或者杠杆的比例，因此安然还是能够保证其现金需求而不会提醒投资者、信用评级机构其他债权人，使他们知道实际上现金的状况其实是十分虚弱的。

在 2001 年初公司的问题已经开始显现：互联网和电信的泡沫破裂，企业积极介入宽带领域的高昂代价的扩张行为遭到了质疑。随着经济的放缓和股票市场的下滑，安然自己的股票价格也开始下跌。股票价格的下跌触发了一些公开和未公开的金融合同协议，增加了公司的财务压力。到了 2001 年 8 月，首席执行官斯基林由于"个人原因"离开了公司，这使得投资者更加感到不安；前首席执行官雷又回来重操旧业。虽然公司仍在运行，企业内部的揭发者——已经意识到了广泛存在于财务方面的不当问题——试图将信息转达给董事会，有一个雇员最终成功地将存在问题的信号送给了一些董事会成员。

在这之后不久，"纸牌屋"开始垮塌——财务错误和内部操纵信息的披露彻底改变了公司的财务状态。这些问题大多围绕着安然和各种特殊目的实体（SPE）之间的模糊和复杂的交易；[①] 虽然这些看来都是正常的讨价还价交易，但是都是和安然自身的融资结构和实施杂乱无章地缠绕在一起的。

到了 2001 年 10 月中旬，公司公布了一笔 5.44 亿美元的税后费用，对方是 LJM2，一个由安然的首席财务官安德鲁·法斯朵建立和管理的特殊目的实体。企业也公布了一笔 12 亿美元的股东权益缩水，原因是不当的账面交易，对方也是一个特殊目的实体——消息震惊了投资者和分析家，因为他们一直都在相信和支持安然的战略，相信成长的故事（还有永远上涨的股票价格）。公司的信誉严重受损，各种贸易伙伴开始改变信用条件：以前安然的交易主要是未担保形式（尽管它只有 BBB+等级），现在一些交易的对方提出了抵押的要求，这种情况消耗了宝贵的现金资源，拖累了资产负债表。评级机构对公司的信用也有所降低。

---

① 包括 LJM1、LJM2、JEDI1、JEDI2、奇科和猛龙Ⅰ–Ⅳ。

一个月以后，企业又一次被迫重申从 1997~2001 年的收益存在着账目的错误;①重编的资产负债表显示这四年期间的净收益减少了将近 10 亿美元，股东权益减少了 20 亿美元，带来了额外的 25.8 亿美元的债务——这极大地改变了公司已经很大的杠杆状态，也使事实更加清楚，想象中的安然的良好收益很大程度上是一个伪造。除了这些消息还伴有法斯朵和其他若干安然的雇员从合伙人交易中获利的事实。这些事件造成了评级机构将公司的等级降低到了垃圾状况的边缘，造成了更多的对方撤回了对企业的信用工具。企业的信誉一落千丈，所有的贸易流程都停止了。

安然的垮台过程也从此开始加速。花旗银行和 JP 摩根在 11 月的大部分日子里保持着发放贷款承诺，给安然提供现金，同意安然以最后的无负担资产（在美国西部的两条天然气管道系统）担保，取得 10 亿美元新的资金。无论如何，尽管银行继续发放贷款，花旗银行职责调查人员还是发现在 2002 年第一季度末，在没有新的"预付掉期"或者资产出售的情况下，安然的负现金持有额将会接近 16 亿美元；到了 2002 年底，缺口将会增加到负的 100 亿美元（安然的官员们并不同意这一估价，他们认为其能够保证在 2002 年预付 60 多亿美元，另外的 30 亿美元现金缺口还可以通过出售资产来补充）。无论以什么条件来衡量，公司的现金状况已经出现了巨大的赤字。

在感恩节周末，花旗银行和 JP 摩根试图再一次为公司提供更多的资金，但是一切都为时已晚；缺口已经大得难以弥补，已经没有什么硬资产可以作为抵押品——两家银行都不愿意进一步提供资金。最后一幕发生在 11 月底，其他银行开始取消安然持有的流动性工具；即将破产的传言甚嚣尘上。企业的核心贸易业务已经无法产生现金，抵押的要求也无人响应。事情已经很清楚，安然缺乏现金，无法拯救信任危机，雷试图与竞争对手戴纳基德公司合作，进行最后的合并，无论如何，戴纳基德对于职责调查中的发现并不满意，几天后就撤出了交易。由于手头已经没有什么现金来应对当前的债务，所以安然在 12 月 2 日申请破产保护。

在进行重组的过程中，公司卖光了许多剩余的固定资产，把剩余的能源贸易业务转让给了瑞士联合银行。大多数利益相关人损失惨重：股东们发现他们的投资价值几乎完全蒸发，几千名雇员失去了工作，债权人损失了数十亿美元。调查最后揭露出公司受到了广泛的损害，包括财务方面的虚伪陈述、管理不善（包括流动资源的管理不善）、欺诈行为、内部交易、利益冲突，以及不道德行为，同时还有控制

---

① 安德森，安然的合伙人关系（从中赚得了数百万美元的费用）的外部审计师和设计师，指出所有的特殊目的实体的账目都不正确；由于这些错误早就存在，特殊目的实体的关系本来应该统一在安然的资产负债表中，但是没有这样做，所以最终被迫重编报表。安然和许多特殊目的实体的交易，像 LJM1、LJM2、奇科等合伙人的交易，之所以这样安排是因为公司没有或者不愿意通过第三方进行，所有案例的最后画面都是财务缺口而不是真正的风险转移。

流动性风险

无力、企业管理过程存在缺陷的问题。[①]

安然的例子可以重点说明，如果企业涉足了杠杆交易业务而又没有充分的流动资源或者信用支持，可能很快就会陷入险境。先把欺诈问题放在一边，公司在其存在的最后三年里过分地依赖交易的营业收入来保持运营机制，但是由于没有充分的流动和无负担资产，对于这一过程的管理不善。当市场的信誉受损和筹资来源开始枯竭时，这样的交易业务就无法持续下去，意味着真正获利运营的现金流量开始停止了。

这一案例也说明了，信誉危机可以非常快地将公司吞没，导致经营活动的停止（还有至关重要的现金流量），资金选择撤出。从2001年的10月到11月，公司竭尽全力来稳定投资者和债权人，对账目的错误和内部欺诈表示"忏悔"；这些行动还远远不够，无论如何，部分原因是企业没有有效的危机管理计划。虽然债权人试图弥合缺口提供渠道来增加资金，但是即便如此对于整个市场来说也是不充分的。当然即便是银行界增加流动性注资，或者匆匆完成和戴纳基德合并（的确，戴纳基德自身今后也许也会因为这一交易的完成而受到危害），还是不清楚安然是否可以生存一个时期。金融欺诈摧毁了公司的信誉，非常深入地对企业的信用状态产生了实质性的影响。无论如何，看来企业如果有适当的流动性渠道至少还是可以多存在几个月的；也不知道在这样一段时间里能否提出一些替代重组的解决方案，来帮助各界的利益相关人避免遭受重大的损失。

回顾一下我们在本书前面所进行的讨论，安然的问题主要在于：

■ 几乎完全依靠市场和基于信誉的交易业务来产生现金流量以应对债务；

■ 使用大量的短期融资，很容易被撤回或者取消；

■ 没有充分的流动或者无负担资产来应对债务或者所需的抵押要求，因此不能继续操作交易业务；

■ 现金资源浪费在资本密集型的商业冒险上，而不是在负现金流上；

■ 缺乏备用的筹资来源来应对紧急调拨；

■ 缺乏应急计划来处理灾难情况，像对于贷款方和投资者信心的急剧下降问题。

我们在这一章里给出的这些案例，代表了在资产、筹资或者联合流动性困难方面可能出现的问题。正如我们已经指出的那样，它们代表了最为极端的流动性问题的例子，最终导致严重的财务困境和丧失偿付能力。虽然每一个案例都是个案，但是确有一些共性贯穿于所有的案例之中：缺乏充分的无负担资产来进行抵押作为一种"终点站"的方式；依靠的是有限的筹资来源；缺乏真正健全的和积极进取的危

---

① 问题也涉及其他部门：外部审计师安德森最终以妨碍司法公正的罪名而失败，帮助创建了许多特殊的、最终是非法交易的银行和律师事务所也受到了罚款和制裁。

机管理计划来快速处理加速发展的危机。事实上在所有的案例中,不能得力地处理流动性压力,不能努力支持投资者和债权人的信心是一个"致命的"问题。我们将在本书的下一个部分考虑流动性风险的有效管理问题,我们还将回顾这些实践中的危险和失败的例子,看看如何在健全的风险管理框架中解决这些问题。

第三部分

流动性风险的管理

第八章 流动性风险的测量

在本书的前面两个部分中，我们已经讨论了流动性对于企业运营的重要性，在理论和实践两个方面说明了如果操作不当会出现什么样的错误以及可能出现的各种财务损害的程度。在有些情况下，损失可能以限定在较高的筹资成本或者以低于账面价值的价格变卖资产这样的程度；在另外一些时候，损失可能会很严重，达到了造成财务困境和没有偿付能力的程度。每一个实体都会面临流动性风险，因此，必须通过一个流动性风险管理程序来努力避免受到损害。一个有效的框架，是我们在本书的这一部分章节的主题，是建立在许多基本因素的基础之上的。在这一章，我们要讨论运用不同的工具来测量流动性风险，在第九章里我们将通过部分企业的管理程序来考虑管理流动性风险的途径。在第十章，我们将讨论建立和执行流动性危机管理计划。我们还将在第十一章中总结积极的流动性风险管理的关键思路。

测量流动性风险可能是一件很有挑战性的事情，主要是因为引起风险的标的物的变量可能是动态的和无法预测的。的确，和其他财务风险方面相比较，测量流动性风险常常是更加难以精确做到，就是因为它是流动可变的。虽然某些方面的资产和筹资的流动性风险是容易确认和定量的，其他的则未必，特别是当我们在分析联合资产和筹资风险以及资产负债表外或有交易的时候更是这样。然而，不管这是不是挑战，我们都必须做出努力去估计相关的风险量的问题。如果能够做到这一点，就可以进行下一步的程序，通过限制机制来控制风险，可以成功地完成这一步骤。

虽然特殊的测量技术是因公司和行业而异，我们还是可以考虑一些更加一般的方法，包括流动性比率和现金流量缺口。流动性比率是通过测量企业的资产负债表、损益表和现金流量表的各个项目来确定资源的充足程度，反映出机构的流动性状况。现金流量缺口，相比之下，则是着重于弄清或者估计不同期间的现金的流入和流出，来确定可能的盈余或者赤字。公司，尤其是那些金融部门的公司，经常需要采用一些专门的金融资产流动性测量标准尺度，来分析有关资产负债表内和表外的金融合同以及风险投资组合的风险程度。所有这三种类型都可以通过另外的两种测量技术来进一步分析：折扣和压力测试。

不管这些专门的工具如何使用，流动性风险的测量都必须放在非常具体的层次上（也就是单独的经营单位、地区的群体，以及法律上的实体）。的确，对财务测量方法事先提出要求，是建立干净的、具体数据的、健全的、账目的支柱，企业必须能够为财务测量精确地收集和核对详细的数据；如果不能付出很大的努力来做到

流动性风险

这些，测量工作的用途就会受到限制。虽然在诸如大型的全球性组织中做这项工作更是一项挑战，但仍是值得付出努力的，因为它可以进而建立反映企业流动性风险的多维图像。通过"自下而上"和"自上而下"的流动性风险测量，企业可以揭示缺陷和机会。这样也许可以发现哪些领域的资金可以以更具成本效益的方式被筹集到，也许可以发现，如果在遥远的子公司出现特殊的事件，它就容易受到大量或有现金流的影响，等等。呈现出来的这一多维图像可以提供非常丰富的信息。

图 8-1 总结了我们将在本章讨论的一般流动性测量的问题。

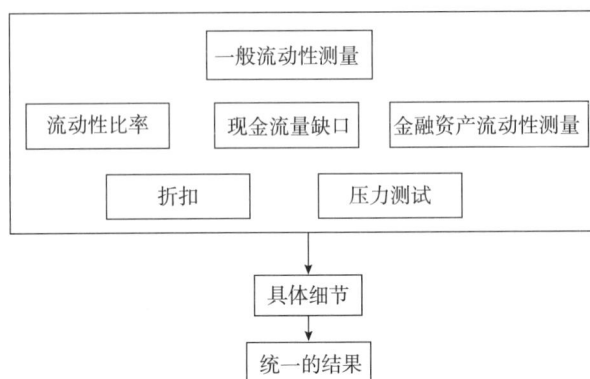

图 8-1 一般流动性测量技术

第一节 流动性比率

剖析企业的财务状况是测量流动性风险的基本出发点。弄清楚企业的资产、负债和资产负债表外现金流量的组成情况，我们就可以逐步建立一个有益的流动性观点。① 事实上，最好的方法是从全局入手：测量资产、负债和相关的或有负债结合在一起的信息，比起简单分析各个类型的单独信息来说，可以提供更加精确的描述。举例来说，一家公司也许有大量的短期负债将要到期，也许会引起一些担心，但是如果可以适当地由同样数额的短期资产相匹配，这些担心就可以减轻许多。或者，一家公司也许拥有一笔投资组合，看起来在一个中等期限内是非流动资产，但是如果其负债也是中期的，并且没有选择特征，担心也是可以得到减轻。相反的情况也是一样，因此结合起来分析是很有益的。

既然重要的流动性问题出自缺乏短期筹资，反映短期资产和负债状况的度量就

---

① 流动性比率是全面的财务分析和破产预报的一个重要方面，对于破产的经验研究表明，最重要的财务变量是预测能力，包括杠杆、流动性、收益性、收益波动性和公司规模。

是测量程序的基本方面。公司的流动性情况可以通过分析来自资产负债表、损益表和现金流量表等许多测量结果来得到确定。虽然这些一般来说都是"实时的"流动性评估，很快就会过时，但是还是很有帮助的：把这些实时的信息按照历史顺序积累起来，就可以建立起趋势，决定公司的流动是在随着时间不断增加还是在减少。在本节里，我们将讨论一些企业和财务的基本流动性比率。

营运资金是企业流动性的一个基本指标。所有的营运资金可以定义为流动资产加上流动负债之和。流动资产，如第三章中所述，包括现金和现金等价物、可变现的证券、应收票据和存货；流动负债包括短期负债（包括商业票据、票据和存款）、长期债务中的流动部分和应付账款。流动资产和负债的时间范围一般规定为一年之内，任何超过一年范围的合同都不能看作是流动的。净营运资金（简单地说就是营运资金）等于流动资产减去流动负债，表示流动资产抵补流动负债的情况——也就是说，当前的流动资产中的现金流量能不能够足以抵补相关的到期负债的现金流出。净营运资金的数字只有总保持是正数，企业才可以被看作是流动的。

营运资金比率，简单地说就是营运资金除以资产总额，是一个很普通的比率，用来测量企业在增长或者收缩时其流动的程度是在增加还是在减少；比率随着时间增加，在收支减少时表示营运资金保持稳定，或者在收支增加时表示更快地增长。流动比率，即流动资产除以流动负债，是另一种常见的测量，以比率的形式来表示营运资金：比率高于1.0表示企业手头具有充分的流动资产来应对流动负债，而比率低于1.0则表示可能存在问题。更加保守一点的看法在计算流动资产是否包括存货。因此还有，速动比率（也称为酸性测试比率），是流动资产减存货除以流动负债（假定在需要的时候，存货不能以接近账面价值的价格卖出）。进一步严格一点是将应收票据排除在现金收益比率之外，也就是如同其名称所说，简单地将现金加可变现证券除以流动负债，可以反映最主要的流动资产账目用以应对即将到期的债务。流动比率、速动比率以及现金比率若是随着时间增加，是企业实力增加的象征；这些方面的减少表示财务出了问题。

在这方面还有一个变异指标，流动性偿债能力系数（也被称为防御区间比率），是将企业的速动资产与平均的日常营业费用相比较；这一比率是由资产负债表演变而来，用来预计"生存性"，或者说一家公司仅仅使用其流动资源（没有任何新的筹资或者营业收入）能够持续应对其各种开销达到多少天——偿还能力越强，生存性的范围就越大。同样，检查一下这一混合了营业现金流量的偿债能力系数，或者说运营现金流量除以流动负债，就可以用来测量核心营业现金偿付即将到期的债务的能力；比率越高，状况越好。

有一些企业还要计算流动负债比率，即流动负债比负债总额、权益或者资产总额；这可以表示企业资产负债表中更多的不同方面的短期债务负担——比率越低，短期负债的负担越轻。既然商业信用构成了许多公司筹资的关键来源，应付账款的

流动性风险

偿还问题也是应该考虑的；应付账款到期的平均期限，或者说是应付账款除以平均购买账款，表示授信的到期期限是不是随着时间越来越快。如果到期的时间越来越短，企业面对的短期筹资压力就越来越大。

应付账款平均周转率，用来测量企业偿还其应付账款是快还是慢，是购买额除以年平均应付账款；周转越慢，交易信用的使用就越多。应收票据也可以这样来看：既然应收票据是给其他人提供流动性重要的方式，企业发现应收票据不断增加，也许就是遇到了收款方面的问题；它的资产组合就会变为低流动性，这时候也许就要采取一些校正行动了（注意，收款问题也许同时对于应收票据投资组合的价值以及销售能力也会有负面的影响）。应收票据的平均到期期限，计算方法是应收票据的平均账款除以销售额，这也是一个关键测量。同样，应收票据的平均周转率，销售额除以年平均应收票据，测量的是账目多快能够偿还，反映出客户的支付是慢还是快；周转的期限比较长表示应收票据投资组合的流动性比较低。

表8-1总结了关键的企业流动性比率。

表8-1 企业流动性比率

营运资金总额＝流动资产+流动负债
净营运资金＝流动资产-流动负债
流动资产＝现金+可变现证券+应收票据+存货+现金等价物
流动负债＝短期负债+长期负债的流动部分+应付账款
营运资金比率＝净营运资金/资产总额
流动比率＝流动资产/流动负债
速动比率＝（流动资产-存货）/流动负债
现金比率＝（现金+可变现证券）/流动负债
流动性偿债能力系数＝（流动资产-存货）/平均的日常营业费用
流动负债比率1＝流动负债/权益
流动负债比率2＝流动负债/资产总额
流动负债比率3＝流动负债/负债总额
平均应付账款到期（天数）＝（365×平均应付账款）/购买额
应付账款平均周转率＝购买额/年平均应付账款
平均应收票据回收期（天数）＝（365×平均应收票据）/销售额
应收票据平均周转率＝销售额/年平均应收票据
资本支出支付能力＝营业现金流量/资本支出

金融机构所在使用的流动性比率根据其自身的运营特点进行了一些调整；虽然运用这些比率所测量风险类型和我们前面所提到的那些基本上相同，但是其定义的基础却稍有不同，我们在本节要讨论的是一些最为普通的类型。

既然金融机构非常依赖其未担保筹资来产生流动性，依赖其客户的信任，那么一些最为重要的测量就是基于负债账户。借款比率，像存款总额除以所借的资金、不稳定资金除以流动资产，以及不稳定资金减去流动资产除以资产总额减去流动资产，可以测量银行使用不稳定借款来支持经营的需求，测量可以使用现金和现金等价物来偿还"热钱"的程度，因为"热钱"往往表示可能要在非常短期的通知后进行偿还。[①] 高比率表示在银行的全部计划中，存款周转量或者不稳定的筹资数量比较大，这样就有可能造成流动性压力。

贷款对存款的比率，即贷款总额除以存款总额，表示银行能够通过存款来支持其发放贷款的业务的程度；更加严格一点的比率是将更加稳定的储蓄数额排除在存款总额之外，来显示信用业务真正受到"热钱"的支持的程度。

现金平衡也是很重要的，因为可以表示银行能否不用削减其他信用业务就可以应对"热钱"的退出。普通银行的现金流动性比率——简单地从企业营运资金比率变化而来——包括现金除以资产总额、速动资产除以资产总额；比率越高，其资产组合越具有流动性。

而在证券公司，测量的是账面匹配比率，即回购协议除以反向回购协议，表示企业的杠杆头寸适当匹配的程度，是否可以随时减仓或者完全平仓。较高的比率反映出更大的负债不匹配，在应该进行平仓操作时会更加困难。

短期流动性在保险行业里的测量是通过保险流动性比率，譬如可变现证券除以可放弃负债、30天可销资产除以可放弃负债。可放弃负债要求负债是在不确定的时间范围的；为了确定放弃对于财务的影响，保险公司可能要分析投资组合负债的要求，每种工具都乘以放弃概率，交叉合计各个合同以得到对总数的估计。无论哪种比率较高，都表示其应对负债的能力更强。

银行和证券公司为了流动性和利率风险，通常都要测量利率敏感性资产和利率敏感性债务之间的不同（注意，这些测量通常也包括资产负债表外现金流量的影响）。缺口比率，即利率敏感性资产除以利率敏感性债务，等于1.0意味着资产和负债的投资组合的完美匹配（虽然1.0的比率并不意味着没有利率风险，因为资产和负债的比例的运动也许不能很好地相关联）。当一家银行的利率敏感性资产低于利率敏感性债务时（缺口比率小于1.0），它的资产持续期间短于它的负债持续期间，就是说出现了负的缺口（是负债敏感）。虽然只要收益曲线是正向的，利率是稳定的，可能还是有利可图的，但这是个有风险的策略：一旦利率上升，负的缺口意味着银行承担了更多的基于市场的利率和流动性风险，就会遇到净利息差被压缩的问题（利息的收入少于利息的支出）。当一家银行的利率敏感性资产大于利率敏感性债务的时候，它的负债持续期间短于它的资产持续期间（缺口比率大于1.0），也就

[①] 热钱可以表现出完美的弹性供应曲线，意味着它对于利率水平和变化都是非常敏感的。

流动性风险

是说出现了正的缺口。以上这些关系都已经集中反映在表8-2中。银行通常都会计算出一个全面的缺口比率，提供出一个整体的流动性头寸的描述；可能也还要补充上到期阶段和持续期间的缺口比率，我们还要在下面现金流量部分加以讨论。实际的缺口，可以简单地定义为利率敏感性资产减去利率敏感性债务，可以合计计算，也可以单独计算每一到期阶段。

表8-2 利率敏感性资产、利率敏感性债务和利率

		利率上升	利率下降
利率敏感性资产-利率敏感性债务>1.0	正的缺口	收益增加	收益减少
利率敏感性资产-利率敏感性债务<1.0	负的缺口	收益减少	收益增加

重要的是要注意到在一些管理辖区内，要求金融机构提供特殊的流动性测量标准来证明其财务的实力。这些也许只是已有的内部使用的测量标准的副本，也许是需要补充提供的。举例来说，在英国和美国，银行的管理部门采用定期的"CAMEL（S）"检查［资本（capital）、资产质量（assetqualitjr）、管理（management）、收益（earnings）、流动性（liquidity），灵敏性（sensitivity）的市场风险］；检查流动性部分的重点是存款的数量和波动性，利率敏感资金的整体依据、借款周期和数额、负债的结构以及通过资产组合得到现金的途径。其他管理部门采用适宜自身情况的流动性度量标准来确定机构的管理是否谨慎。表8-3总结了关键的金融机构流动性比率。

通过纯粹的营运资金测量方式来测量当前企业或者银行的流动性，其缺点是这一程序忽视了流动性的其他来源和其他使用，譬如通过无负担的固定资产保留借款权限（是借款人的一种可能的来源）、承诺但不提取的循环贷款（是借款人的另一种来源）、营业租赁（承租人的一种来源）、抵押担保（票据担保人使用）等。与阶段的缺口比率不同，这些测量对于债务到期或者持续期间的反映是非常有限的，意味着流动性的问题也许依然存在。举例来说，一个负债投资组合的期限是两天，可以看作是短期的；一个资产投资组合的到期期限是30天，也可以认为是短期的。无论如何，除非还能得到其他融资，或者这一流动资产能够完成抵押立即获得现金，不然的话就会出现流动性压力。现金流量的缺口测量，我们将在本节的下面部分予以讨论，探索克服这些缺点的办法。

表8-3 金融机构流动性比率

借款比率1=存款总额/所借资金
借款比率2=不稳定资金/（现金+可变现证券）
借款比率3=（不稳定资金-流动资产）/（资产总额-流动资产）

存款贷款比率＝贷款总额/存款总额	
现金流动性比率1＝现金/资产总额	
现金流动性比率2＝（现金＋短期投资＋售出基金）/资产总额	
现金流动性比率3＝可变现证券/可放弃负债	
现金流动性比率4＝30天可销资产/可放弃负债	
账面匹配比率＝回购协议/反向回购协议	
当前缺口＝利率敏感性资产－利率敏感性负债	
缺口比率＝利率敏感性资产/利率敏感性负债	

第二节 现金流量缺口

资产负债缺口在有效地管理流动性风险上是很重要的（还有市场风险方面）。一家企业也许拥有稳定的筹资和资产流动性来源，但是如果想要建立健全的流动性计划，必须同时管理好两者之间的缺口。企业需要经常测量现金流量是否匹配，因为任何导致筹资赤字的缺口都要求反映到企业的流动性计划上来；因此重要的是要预先考虑这些赤字可以发展到何种严重程度，是否需要准备现金缓冲。同样，任何造成盈余的不匹配都可以加强流动性的缓冲来应对未来预期的赤字或者紧急情况。

现金流量缺口的测量可以通过离散时间阶段来作为基础，或者通过更加进一步的测量作为基础，譬如，通过持续期间（也就是现金流量的加权平均期限）；[①] 的确，除非企业的运营非常简单；否则简单的到期缺口看起来比较粗糙，不能有效地

[①] 持续期间能够以许多不同的形式来测量，包括麦考利期限和修正期限。对于标准固定收益工具的持续期间可以这样计算：

$$\text{Dur} = -\frac{1}{(1+y)} \times \left[\frac{1C}{(1+y)^1} + \frac{2C}{(1+y)^2} + \cdots + \frac{nC}{(1+y)^n} + \frac{nM}{(1+y)^n} \right]$$

$$\text{Dur (Mod)} = \frac{\dfrac{c}{y^2} \times \left[1 - \dfrac{1}{(1+y)^n} \right] + \dfrac{n\left(100 - \dfrac{C}{y}\right)}{(1+y)^{n+1}}}{P}$$

其中，C是半年息票利息，y是半年收益，n是半年期间的数量，M是债券的到期价值（一般票面价值）。这些也可以用凸面曲线测量来补充，或者以持续期间变化替代收益变化，这在利率发生大的变化时，对于决定现金流量的灵敏性是很重要的：

$$Cvx = \sum_{t=1}^{n} \frac{t(t+1)C}{(1+y)^{t+2}} + \frac{n(n+1)M}{(1+y)^{n+2}}$$

流动性风险

捕捉现金流量的细微差别。我们知道基本上流动性风险（LR）仅仅是在一段给定的期间里流动性的供给（接近现金资源）减去净融资需求额（NFR，或者是现金流入减去现金流出）。如果流动性风险是小于零，那么净融资需求额就会大于有效的流动性，就需要补充一些现金；如果流动性风险是大于零，那么净融资需求额就会小于有效的流动性，就会存在一些缓冲。这一简单的计算可以对每一个单独的时间期间逐一进行，虽然远期的现金流量要测量得准确会更加困难，但是还是可以揭示出净融资需求额的状态，说明流入和流出之间的缺口。对于一个一般的企业来说，每一个相关时间范围的净融资需求额可以按照图 8-2 所示计算出来。

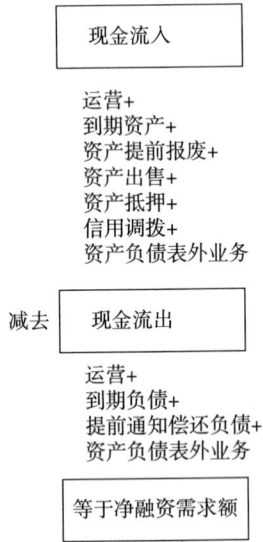

现金流入

运营+
到期资产+
资产提前报废+
资产出售+
资产抵押+
信用调拨+
资产负债表外业务

减去　现金流出

运营+
到期负债+
提前通知偿还负债+
资产负债表外业务

等于净融资需求额

图 8-2　净融资需求额的计算

当然了，这些也可以分解到更加详细的层次（例如，营业现金流出也许可以分成利息支付、商品销售成本、经常开支；五年期的固定支付的利率掉期可以分解成五年存款的空头头寸和浮动利率债券的多头头寸；等等）。这些也许可以用图 8-3 来表示。重要的是所有现金流量——包括那些由于资产负债表外交易——都已经适当地包括到缺口计算之内了；正如我们已经指出的那样，在承诺、衍生产品、租赁中的现金流入和流出，在全面的企业筹资图像中和那些从资产负债表中看到的是同样的重要。[1] 对于银行和证券公司，前面提到的缺口比率可以延伸到每一个单独期限和持续期间的阶段，对于利率敏感性资产和利率敏感性债务的不匹配提供出更加有意义的现金盈余和赤字的估价。

图 8-4 表示了一个现金来源的矩阵，所对应的范围可以依据简单的到期或者更

---

[1]　有趣的是，国际证监会组织（2002）的一份调查发现许多企业到了新旧千年交替的时候，对于承诺或者其他资产负债表外或有费用仍然没有正规的测量。

现金流入 运营+ 到期资产+ 提前退出资产+ 资产出售+ 资产抵押+ 信用调拨+ 资产负债表外业务	营业收入 应收利息 资本利益 投资组合信息
	到期投资 应收款项
	投资销售 应收款项，存货，固定资产
	通过应收款项，票据，债券， 贷款而得到的新的筹资
	衍生工具收益和利润
减去 **现金流出** 运营+ 到期负债+ 提前通知负债+ 资产负债表外业务	养老准备金 纳税 利息支付 优先股股权 商品销售成本 经常开支 强制性资本开支
	到期商业本票，中期票据，贷款 其他债务 提前赎回 负债 偿债基金支付 强制优先股票 赎回
等于净融资需求额	租赁债务 衍生工具债务

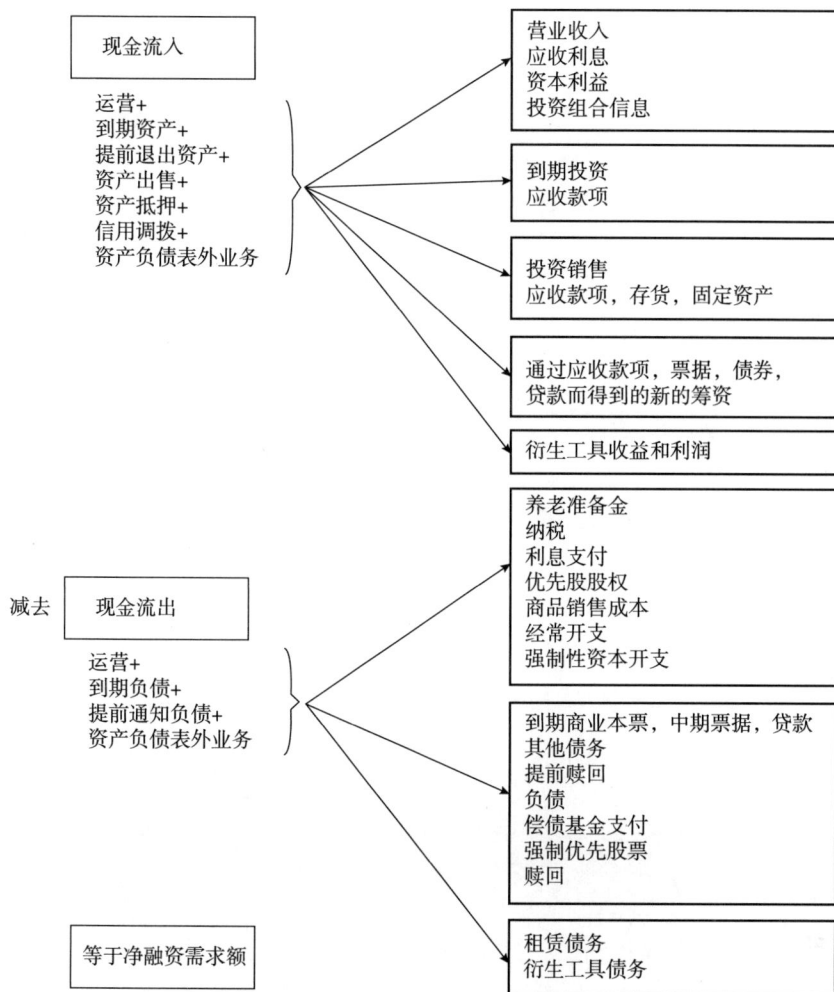

图 8-3 净融资需求额示意图

加精确的持续期间。最终的目标是测量任何时间范围的净现金平衡的筹资需求。时间范围的间隔必须仔细考虑。虽然最为详细的现金流量细分——可能的日期有 30 天或者 60 天，然后按星期和按月——可以提供有价值的信息，但是在解释的时候可能会产生一定混淆。特别是如果企业的营业是在一个非常动态的环境中，直接按照小于一周的阶段来运动时，两三个星期的现金流量也许变化得非常快。企业使用这些测量方式开展风险管理的步骤之前，需要取得经验来得到最佳的间隔水平。

图 8-5 说明了净融资需求额的测量。

基本阶段或者说持续期间的方式可以达到适当的精确，通过检查对应现金流量的不同的时间点（以及不同的成本）的流动性渠道的可能性的统计分析来进行。回顾一下我们在第二章中的讨论，我们知道现金流量和时间因素都必须加以考虑，每一种因素可能是确定的，也可能是不确定的：

流动性风险

现金流量 来源和使用	1天	2天	3天	5天	2星期	3星期	1个月	3个月	6个月
资产 － － 负债 － － － 表外业务 － － 净融资需求额									

图 8-4　不同的到期阶段或者持续期间的现金流量来源和使用

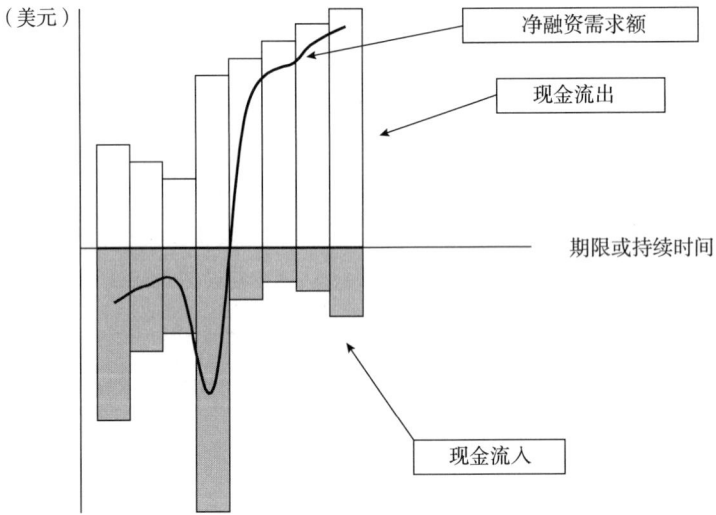

图 8-5　净融资需求额

■ 在一定的时间范围内确定的净现金流量；

■ 在不确定的时间范围内确定的净现金流量；

■ 在一定的时间范围内不确定的净现金流量；

■ 在不确定的时间范围内不确定的净现金流量。

　　为了处理不确定的因素（净融资需求额和时间），企业可以使用统计概率来估计一个特定的范围内现金需求的可能性：即出现净现金流量赤字的可能性。举例来说，在一定的时间范围内处理不确定的现金流量需要使用概率分布来反映特定范围可能的现金流量；在不确定的时间范围内确定的现金流量的情况下也是同样；等等。具有充分的流动性的概率（也可以被看作是得到流动性渠道的概率乘以可能的流动

— 122 —

性数额）是可以作为特殊的净现金流量出现在时间范围 t 的概率，再乘以资产出售或者筹资渠道提供预期价值的概率，再将所有时间范围的数字进行合计。

第三节　金融资产流动性测量

对于企业来说，积极地使用金融工具，包括可变现的证券和衍生产品，来测量这些合同中固有的流动性数额是很危险的。毫不奇怪，对于这些测量有特殊兴趣的是银行、证券公司、基金和保险公司，因为包括它们的账目中有大量的金融工具，它们的现金的产生或者流出也大多与此相关。企业如果想要管理其金融资产的流动性风险，需要建立一个战略，保证其持有的所有资产具有特殊的流动性特征，在需要大量地卖出或者抵押资产的时候，能够使价值的减少尽量地最小化。也要设法将其所获得的资产现金流量尽量地最大化，每一项资产又要控制在特定的价格和清算范围之内。要达到这一目的必须考虑这样两个因素：预测可以影响市场风险中的投资组合风险的各种变化（也就是说，确定由于市场的整体运动造成的资产价值变化，这种变化并不是受到企业的自身的活动的影响）；决定由于企业自己的销售活动所造成的价格下跌的可能性。

一家研究机关曾经着重研究了三种不同的金融资产流动性测量方面，包括深度、紧密度和弹性。[①] 深度是指市场交易量大小，或者说是在价格变化之前市场可以接受的交易量的大小；紧密度是指某一资产的买价和卖价之间的展开程度，或者说是交易价格与市场中间价格距离有多远；弹性是指价格运动消失的速度，或者说是市场在吸收了一份大的买单或者大的卖单之后回到"正常条件"所需要的时间。通过测量这样三个方面，持有金融资产的企业就可以评估存在于它的投资或者投资组合交易中的流动性风险的大小了。虽然对于测量这些指标现在没有一致认可的最好方法，但是可供选择的还是有一些的。

■ 深度的测量可以通过交易所的交易记录中反映的指令数额，或者通过柜台交易的交易产品系列中的买卖流量。指令的数额越大，市场的深度越深，机构在将其头寸进行平仓的时候就越有可能达到或者接近账面价值。值得注意的并不是需要全部的市场份额才能表明深度（举例来说，日本政府债券的市场是非常巨大的，但是表示其深度的往往也只是从五年期到十年期的基准债券——大多数非基准债券是不流动的）。

■ 紧密度的测量可以通过观察买卖差价。两者之间越紧密，市场的活跃程度和深度就越大，因此越具有流动性。

---

① 见 Kyle（1995）。

流动性风险

■ 弹性则是非常难以测量的，因为很难获得真正有意义的数据；事实上，对于如何有效地测量弹性现在并没有统一的意见，虽然也有一些测量速度的替代标准；也就是某一特殊资产的买卖差价能够回到它的"正常"水平所需要的时间。一般来说，市场越具有弹性，能够承受大量资产清算的能力就越强。

这些指标可以共同使用，产生出关于冲突的测量，或者说是初始报价的差价（也就是交易开始之前的所有买卖差价[1]）受到一个暂时的价格调整，反映弹性的消失速度因而受到了影响。这一数字只是给那些愿意承担某一资产所包含的市场和流动性风险的做市商的一个简单参考。[2] 当然，由于这一资产的中间市场报价的持续也许会产生持久的价格影响；这可能是由于一些关于该资产的信息变化而不是证券商的临时补偿调整。资产交易的价格影响因此可以用冲突来测量。

金融资产流动性的测量还有一些其他方式，包括：

■ 资产交易的数目：一般来说，资产交易的总的数目越多，越具有良好的流动性。然而无论如何，这只是靠简单的经验判断，因此，必须还要看交易的规模。举例来说，100 笔交易、每笔 100 美元，并不一定就表示其比 50 笔交易、每笔 200 美元的情况更加具有良好的流动性，不过两者看起来比一笔 1 万美元的交易具有更好的流动性。

■ 资产交易的金额：一般来说，资产交易的金额越大，市场的流动性越好。这一测量可以帮助克服一些纯粹计算交易的数目的缺点，因为它计算的是实际的市场价值的周转量。

■ 资产交易的频率：一般来说，资产交易的频率越高，其流动性越好。那些每分钟或者每秒钟就交易若干次的资产要比那些"只靠预约"交易的具有更好的流动性，不管其交易的金额是多少。

■ 资产的周转：一般来说，资产周转得快的要比周转得慢的更加具有良好的流动性（在这里周转的定义是平均交易量除以未偿付证券）。

■ 做市商的数量：一般来说，在某一资产上报出双向价格的做市商的数目越多，该资产的流动性就越好。当然这是在做市商能够负责任地在该价位报价，以沟通买卖双方，而不是违规或者撤出。

不是所有这些测量方式都适应于每一个市场的情况——每一个资产市场都具有独立的特征和动态，因此资产流动性的测量必须因地制宜。当然，有一些测量方式比其他方式更加可靠（这取决于市场系统和一些惯例），也许非常适合于"常规的"资产市场，而不是那些非常特殊的或者专门的市场。

---

① 注意这一差价也可以用其他形式来测量，包括实际差价，即加权平均的买卖报价和实际的交易价格随着时间的变化而出现的差价，以及有效差价，即实际的交易价格结合价格运动的方向。

② 值得注意的是，成交可以出现在所有的买卖差价之间（譬如，限价指令和保证），因此冲突可能被高估了，为了避免这种高估，半差价（买卖差价除以二，或者预先报出市场的中间价格）可以拿来一用。

基于模型的测量，风险值（VAR）和流动性调整风险值（LAVAR）

资产流动性不能总是依靠通过买卖差价运动或者周转统计数字而计算得出。某些合约和投资组合缺乏充分的周转和透明的市场价格能够反映出其结构的负责程度和独有的特征，意味着机构必须依靠模型来估计价值和清算价格。模型具有系统的特征，可以在流动性的管理中承担重要的角色。在缺乏透明度的时候，机构必须测量、定价和管理它们的资产和负债以及资产负债表外的风险，根据随机过程和独立定价做出假设。虽然这些假设也许在正常的市场条件下可以被接受，但是也许在混乱的环境中就不再正确了。对于独立和连续的价格运动的假设也许会乱了套，导致测量和管理出现错误。另外，同样的机构反应（有一些是迫于特殊的法规规定）也许就会出现，相关市场上的波动性和流动性特征就会被放大，再一次改变了假设的基础。

风险不是一个支撑模型的单独随机变量；在企业执行风险保护策略有压力的条件下，风险的分布也在不断变化。设想一下，譬如说，许多国家的管理部门都要求银行使用风险值模型，市场风险的量化过程就可以用来估计在一段确定的时间范围内，机构的投资组合可能会有多大的风险损失，达到统计的可信的详细程度（这一过程也可以应用于抵押品投资组合，机构也许可以以此来保证签约方的安全）。[1] 不幸的是，风险值模型中也包含着若干基本的缺陷，包括：

- 没有跟踪风险和损失的测量标准；
- 没有合计不同层次风险的统一方式；
- 难以捕获许多衍生产品的非线性价格特征；
- 依赖有关波动性、相关性和清算范围的假设；
- 资产价格和投资组合规模的模型各自独立。

这些缺陷给风险值程序的应用带来了问题，尤其是在系统的混乱时期。在有危机的情况下，企业为了减少风险，如果采用同样的风险值程序（例如，99%的可信程度，或者十天的清算范围，这些都是国际清算银行在1996年发布的《市场风险修

---

① 关于风险值方面有着大量实践的、经验的和理论的著述，对此有兴趣的读者可能愿意参考，Jorion（1996）就是一本不错的基础读物。在一般情况下我们提到的"标准的"参数风险值（或者差异/协方差风险值）需要使用资产回报的多变量分布和差异/协方差矩阵，按照时间系列来细分回报。波动性和相关性可以通过历史过程来估计（并且可以进行指数加权，在样本中给予最近观察的数据以更大的权重），也可以通过波动性评估技术（譬如，GARCH）。参数风险值的结果，是投资组合回报的分布的标准偏差的倍数，得出并不困难，但是并不适合非线性的工具（或者通过使用三角近似计算法进行粗略的计算）。

第二种方法是历史模拟风险值，当参数方法不适应回报分布的观察时，这种方法很有用处。在这一框架下，投资组合中资产的历史回报是作为样本，投资组合回报的时间系列是模拟的，适当可信程度的风险值是确定的。这一程序并不需要依靠假设的分布形态或者估计单独的资产的波动性和相关性，然而，它需要长期的历史数据（并且在任何数据形态突变时也许很不可靠）。从正规的观点出发，国际清算银行要求银行履行风险值的计算要根据它选择的方法，调整到99%的可信程度和十天的清算范围，比例为3倍（代表着安全的缓冲）。这一程序也要求一个压力测试形态，要求对结果进行返回检验，输入参数进行更新，以及适当的定性标准和控制。虽然其目标有建设性和良好的打算，但还是有缺点，其中有一些我们在本章中已经提到。有经验的金融机构很少会仅仅依靠标准的风险值作为唯一的手段来测量和管理市场风险以及扩大应用到流动性风险方面。

流动性风险

正案》要求的），就可能采取同样的保护行动。这样显然就会出现我们前面提到的正的或者负的反馈交易情况——大量的资产从高风险处向低风险处转移，造成一些资产流动性蒸发消失，清算的期间大大延长。结果，事先风险值的损失估计与实际的情况相比也许会相去甚远（也就是说，模型相关的问题是表现在长期资本管理危机的时期里）。

风险值模型在这方面并不是唯一的例子；许多其他的金融模型，包括那些用于评价外汇衍生产品和动态信用风险的，也许会存在同样的统计缺陷，意味着同样有应用的局限性。模型的使用必须认真考虑，必须认识到其缺点；要想达到这一点，其中的一条就是要确保模型的前提是经过管理层和董事会的彻底讨论。要把判断和经验引进反映管理中来，这一点也很重要。

我们已经谈到了存在于标准风险值计算中的一些缺陷。风险管理在正常的市场条件下是着重于出自中间市场价格运动的投资组合价值的变化分布，不考虑任何冲突的因素。风险值假定银行的全部头寸或者投资组合在清算的时候是可以一下子在固定的中间市场价格上全部平仓的，不管其大小和复杂程度。毫不奇怪，这显然是一个不现实的假设。风险值清算阶段的普通方式是按照一个确定的步骤进行的，假定卖出是在一个特定阶段的最后时刻，所有的资产都在这仅有的清算阶段解决掉；这个方式忽视了流动性的交换能力和费用。虽然传统的模型假设静止不变的清算阶段可能是一天、五天、两个星期等。但是在有市场压力的情况下这些常常是非常不现实的；显然也是一个"钝刃子"，因为它是一成不变地应对所有的市场条件和所有的资产类型。例如，假设在营业中要一家银行在一天（或者五天，或者两个星期）之内以报价为市场的中间价格来卖掉一笔 1 亿美元大小的证券，不管这些证券是美国国债还是新兴市场债券，也不管一般的市场环境是良好的还是有恶意的。

为了改进测量的方式，使其更加适合运用于市场和流动性风险的管理当中，近些年来出现了若干风险值的调节方法。一个基本的方式就是对中间市场价格使用一个"附加"形式用以反映相关的流动性或非流动性。确定这一附加可以通过：

■ 经验的调整来匹配一个规定的清算阶段，考虑资产的类型和规模。这一技术要求把风险值重新调节到一天，并且打算提供一个"最坏情况"的估计附加到资产的中间市场价格上。

■ 对于当前的或者预期的买卖差价的价值进行估计调整是要根据风险头寸的大小，因此需要将报价的差价加进风险值预期的成本中去。

虽然这些经过调整的风险值看起来用处更大，但是这需要增加大量的数据来源和增加管理强度。另外，仅仅用买卖差价来调整风险值还是忽略了市场的影响因素，这些因素我们已经在第五章中进行过讨论，这也是流动性风险的一个很重要的方面。

另外的方式是围绕着流动性调整风险值的概念。正如其名称所表示的那样，这一程序在调整风险值的时候直接加入了对流动性特征的计算。虽然现在仍然没有被一致接受的流动性调整风险值的计算方法（就像没有被一致接受的风险值计算方法一样），[①] 但毕竟还是有若干分析方法可供选择。其中包括：

■ 波动性比例因素结合差异/协方差矩阵，对于那些认为具有较大流动性风险的头寸（譬如，那些数量巨大或者交易量稀少的情况）使用更多的波动性估价。这一比例因素对于任何投资组合基本上是根据预先确定的特征增加风险值。

■ 时间比例因素加入到清算阶段。在这种情况下，大的头寸，同时也基本上是那些非流动的资产，需要通过该比例因素来进行"惩罚"，把清算的范围从一天、五天或者十天，相应地扩大几倍——再一次增加风险值。为了确定清算期间的比例，机构可以将其风险投资组合分成不同的次级投资组合来反映特殊的流动性特征；根据对清算的预期是容易还是困难（或者是风险通过对冲而中和化的程度）来确定不同的时间范围。从这一点来看，流动性调整风险值可以当作是风险值加上特定资产的取样范围、加上和一些外部决定的交易频率同步的清算期间；结合了销路、深度和清算而产生的。

这些方法改善了传统的风险值，因为可以反映出基本的现实，不同资产的处理的确要面对不同的清算范围和各种情况。不过，这样仍然会存在一些缺点，举例来说，波动性调整或者时间比例因素的正确与否并没有明确的指标，不能明确表示市场价格如何影响着机构行动和系统提供或者要求之间的关系。但是，一些金融机构已经开始使用流动性调整风险值，为了克服 20 世纪 90 年代晚期和新千年早期的金融危机时期已经表现得非常明显的一些问题和缺点。

第四节　折扣

为了提供一个与资产的出售或者抵押价值相关的缓冲，机构通常要进行测量，然后对有问题的金融资产的价值进行打折。这一过程通常带有相当程度的保守倾向，因此折扣的测量可以确保将出现短缺的概率降至最小。可以很快地转换成现金的资产（直接转换或者通过贷款），折扣就会很小甚至没有折扣，而那些不能很快转换的资产就会有较大的折扣。因此，一批 1 亿美元的美国国库券可以在中间市场价格清算，账面价值的贴现折扣很小；企业可以因此认为这批国库券的折扣后价值是 0.99 亿美元。一批 1 亿美元的新兴市场证券不能够很快以中间市场价格清算实现账面价值，因此会出现较大的折扣，也许是 25% 或者更多，所带来的清算或抵押的价

---

① 读者若是对选择流动性调整风险值的方式（例如，Almgren–Chriss、Jarrow–Suhrramanian、Sangia、Diebold、Schuermann 和 Stroughair）感兴趣的话，可以参考 Erzegovesi（2002）。

流动性风险

值降低到不会大于 0.75 亿美元。虽然企业也许有可能以中间市场价格卖出或者抵押这批新兴市场证券，如果它有充足的时间，可以通过很多天或者几个星期来安排这些交易，但是我们最关心的是很快产生现金的能力——为应对突然通知的意外债务。短期范围的情况因此是很重要的。

折扣的测量虽然可以有多种方式，但是大多数是根据资产的质量和类型，然后加上一些特殊的内容着重于该资产价格的波动性、清算的范围，以及资产可以转抵押的程度。一般来说，该资产的波动性越大，它的折扣也就越大。价格波动性，回过头来说，也许直接或者间接地受到市场深度、紧密度和弹性的影响。市场比较深、比较紧密和比较有弹性，就可以吸收比较大的数额活动，报出的中间市场价格不会产生明显的改变，因此，显示出比较小的波动性。市场比较浅、比较松，就缺乏同样的吸收能力，很有可能显示出更大的价格波动性，以及更大的折扣。

任何计算必须也要考虑清算的时间范围。另外，一般来说，清算可以利用的时间越长，折扣就会越小（尽管折扣也可能会由于测量日和清算日之间的价格变化较大，因而也比较大）。企业所持有的资产投资组合的清算时间如果有 30 多天，和企业必须在 24 小时之内变卖资产，两种情况下所面对的价值贴现折扣绝不会相同。虽然保守的方式需要假定立即变卖或抵押的价值，但是更加现实的是应该计算一些时间范围。事实上，折扣的计算可以作为压力测试程序的一部分对整个清算范围进行，对于压力测试程序我们将在下一节讨论。

转抵押能力可以把证券作为抵押品进行融资交易，因此也可以影响折扣的水平：那些在市场上容易被接受然后又容易重新抵押的证券看来可能折扣就会小于那些无法做到这点的证券，因为这样的资产组合更具有弹性和流动性。政府债券通常可以转抵押——这一特征（同时还具有其他流动性特征，像数量很大和波动性较低）有助于产生较小的折扣。金融资产折扣的范围在表 8-4 里给出了说明，应该是比较宽的（需要着重强调的是，前面讨论的有关金融资产都是逐日结算的。企业考虑到价值会因费用或市场情况而降低，必须首先重新评价资产，然后采取适当的贴现折扣，这样可以使资产的清算或者抵押的价值的计算更加现实）。

表 8-4　资产折扣样品

资产分类	折扣排列
短期政府债券	<1%
高质量的货币市场证券	1%~5%
一般机构和按揭证券	10%~20%
高质量的企业债券	10%~20%
高收益企业债券	25%~50%

续表

资产分类	折扣排列
新兴市场债券	30%～50%＋
大型资本化证券	30%～50%＋

表 8-4 中描述的折扣可以考虑作为内部的贴现折扣来应用，用来计算通过变卖或者抵押所可能得到的现金资源。在考虑抵押的情况时，折扣不一定能够符合回购协议和债券拆借市场的通行惯例，市场上的参与机构一般按照资产特点来设置范围，还有一些通过日常的逐日盯市和各种追加保证金通知的附加程序。谨慎的企业大多愿意在使用折扣时更加保守一些，不像那些建立在专业的融资基础上的市场本身。值得一提的是，虽然每一个机构对于金融投资组合可以采用自己的折扣计算，管理部门有时却强加给它们最小的折扣水平。虽然这些可能由于同样的方式所决定的（举例来说，由于波动性或者时间），但是并不能保证与市场参与者产生的数据相匹配。

折扣在应用于固定资产时可能更加难以确定，因为固定资产往往是具有唯一性的资产，通常是缺乏现成的市场购买方。一家产业性的公司拥有一间无负担的工厂价值 5 亿美元（折旧后），可能不会在变卖或者抵押时收回其全部的价值；能够得到多少同时依赖于贷款方或者购买者对这间工厂价值的认识，以及交易必须完成的时间范围。工程师和审计师必须进行仔细的调查，评估工厂的出售价值；投资银行也许还要通过商业银行和竞争对手来确定它们是否真的愿意以这个独立评估的价值出借贷款或者购买。这一过程需要大量时间，也很不透明，意味着事先确定折扣价值是非常困难的。时间维度又一次在这个等式中起了重要作用，快速的变卖或者抵押带来较大的贴现折扣。因此对于任何非流动的资产，合理的假设就是在大多数情况下，折扣会在账面价值的 25%～50%，也许还会更多。

第五节　压力测试

流动性问题经常随着尾部风险出现——事件出现的概率很低，但是潜在的财务影响却很大。一个强有力的内生压力和外生压力的测试形态用于揭示潜在的以后的损失，因此也是任何测量程序的有用的因素。这一形态可以建立假设的情况，以不同的参数反映极端的运动，或者"重现"过去出现过的某些灾难性事件（譬如，1987 年的股票市场崩盘和 1998 年俄罗斯和对冲基金危机），检查内部的融资结构和流动性模式的作用。压力情况也可以由一些决定宏观的经济的变量所造成，譬如，那些反映经济发展减速、消费者丧失信心、出现通货膨胀，以及企业信用普遍恶化，

流动性风险

等等。单一的风险事件情况和联合情况可以造成出现更加严重的尾部事件。

理想的情况是，每一年进行若干次的压力测试，测试的范围包括短期、中期和长期；测试的结果应该结合到应急计划中去，关于这一计划我们还要在第十章中加以讨论。为了给这个结果制定一个适当的基准，公司应该首先在低于正常的营业底线情况下进行一系列测试，来确定在没有内生或者外生压力时它的头寸是如何运行的。这样可以提供一个标准尺度，确定企业在面对特殊破坏时的敏感性如何。它也可以用于各种市场参数下的压力测试，像现金流量、资产变卖或抵押、筹资、契约、抵押品和通货风险——任何可以影响企业的流动性头寸和通道的库存或流动变量。在实践中，压力测试程序要依赖许多工具，包括模拟分析、数学程序和预测模型，以便取得预期的结果。

1. 市场参数

压力测试可以用来分析经常让人感到麻烦的市场流动性的参数，包括那些在风险值类的模型中所忽略的因素（即在一场灾难中可能会损失多少，通过市场、信用和流动性风险，而不是在一个"失败日"中的最小数额[①]）。构成压力测量的部分关键因素包括：

- 波动性；
- 相关性；
- 清算范围；
- 筹资差额；
- 折扣。

清算范围，正如我们在前面已经提到的那样，是一个许多模型和常见问题来源的基本输入内容——主要是因为在市场混乱的时期，卖出头寸所花费的时间往往会被低估。压力测试必须放弃"常规思维"，延长清算范围，哪怕到了看来难以想象的程度。这样可以引导企业考虑也许可能忽视了的反应。举例来说，如果公司明确地知道需要在三个星期内进行大量的支付，并且正在通过资产出售筹集资金，也许认为一个企业债券的投资组合一定可以在不超过一个星期的时间内卖出。可是如果没有在预计的时间内卖出，企业就会面对流动性压力，被迫寻找其他代价更高的选择。企业应该试问一下，假设清算需要一个月的时间才能卖出债券，在这基础上会有何种压力情况。它可能就会发现如果想要及时应对这一现金支付，必须提前开始销售这一债券，或者计划一些其他的临时性筹资。

2. 现金流量

压力测试必须应用于现金流入和流出，以及净融资需求额，这在本章的前面已

---

① 有一个研究领域试图提供对统计分布的尾端进行更好的估算，这就是极值理论（EVT）。极值理论只使用极端事件的数据形成的概率尾端来建立模型估算概率，可以取得一个尾端指数和对极端区域分布的密度进行分析。

经提及。在操控营业现金流量、来源和流动性的使用中，在不同的时间范围里，可以计算不同的情况，其中一些可能就会暴露出弱点。其结果可以并入更大范围的管理和应急计划中。举例来说，测量的形态可以根据营业收入的现金流量、信用调拨、资产出售、资产转滚中止和或有的资产负债表外收入，以及负债赎回有关的现金流出、卖出选择权、转滚中止或有负债。对于交易日内的现金交易波动脉冲现象也可以进行分析，因为当发生赤字时，这些也可以成为金融压力的来源。

压力测试也可以用来测量企业在没有新的现金来源情况下的生存能力；我们已经提到过防御区间是一个重要的指标，反映出在一个确定的时间期间内没有新的现金流入的情况下，企业的持续经营能力。增加的意外支付或者现有资金的撤出的情况，使得现金流出的压力得到加强，公司的状况会变得更加脆弱。测试出累计最大流出数量，或者说在出现灾难性事件的情况下，短期未担保筹资需要弥补资金流出的最大数额，这一测试结果可以提供对流动性状况的重要认识。

对于金融机构来说，资产负债表外业务的现金流量压力测试是特别重要的。银行或者证券公司必须意识到如果衍生产品被执行、循环信用工具被撤销、要求增加保证金、需要履行担保责任，这些会对企业的资产负债表有什么样的影响。任何情况的分析都需要测量这些或有负债的影响。虽然现在还没有十分可靠的方法来指导这类测试，但是企业可以从分析历史上混乱局面的活动开始，然后对于市场上给定的特殊事件做出判断和假设的行为。

3. 资产变卖和抵押

压力测试可以对企业资产账目的灵敏性进行一般的测量，对流动性仓库进行专门的测量，对市场混乱事件中的可以认识的价值进行测量。虽然比较保守的企业可能已经给出了一定比例的贴现折扣，认为在正常的市场条件下可以通过变卖或者抵押得到这一数额，但是压力测试必须集中关注极端的贴现折扣情况，譬如，如果外生事件致使市场整体下跌了5%、14%或者25%，甚至是只有卖盘报价，这种情况会给投资组合带来什么新的账面价值。资产组合如果是很集中或者是市场性很有限（由于风险或者其他复杂的原因），在测试中必须更加加重贴现折扣（例如，加到30%~50%），以反映出实际的情况，在困难的时期，变现的价值几乎肯定远远小于预期的估计。

4. 筹资

筹资来源也必须作为压力测试的核心。的确，筹资成本的迅速提高或者现有的工具突然消失往往是出现流动性压力问题的第一个信号，可以导致更加严重的问题。因此也许需要进行极端的压力测试，估计一下如果承诺工具和现有的计划中所有的筹资成本提高了100个、200个或者500个基本点，将要承受什么样的经济损失。测试也可以包括现金流量的影响和由于即时提款而增加的筹资需求，提款包括所有的企业未承诺的银行工具和有一定比例承诺的工具。

流动性风险

提供资金的客户、委托人、投资者或者债权人，他们的行为也可以进行分析。这些运动从内生到外生，都有可能发生转移，像存款人突然撤走了很大一部分资金；投资者为了将资金用于其他的投资机会而拒绝转滚商业票据或欧洲商业票据；商业信用债权人自己遇到了困难改变了他们原先承诺客户应付账款的信用条件；等等。这方面的事情也是很重要的，因为它正好和我们早先讨论过的想法相吻合：企业可以非常慎重地管理自己的运营活动，但是仍然会受到外部压力的影响。有一些时候，当然，非常强大的公司可以受益于"逃往质量"的运动，如果它们的信用能够一直保持良好的话，可以吸引那些神经紧张的投资者或者存款人的资金。正如我们所指出的那样，在系统出现混乱的时候，一些机构却获得了额外的流动性，给它们提供了非常大的财务弹性。这种现象，虽然仅限于很少的一些 AAA 级和 AA 级别的金融机构，但是也必须认识到其可能性，也可以包括在相应的测试中。

5. 契约和终止

我们曾经指出，许多银行信用协议和债券契约都蕴涵着有意确保债务人企业保持谨慎管理的金融契约和市场过程。这些通常也是有意保护交易双方和利益相关人，避免管理不善。既然契约可以触发引起筹资事件的"连锁反应"（譬如，工具的取消或者偿还），那么彻底弄明白会发生什么就是压力测量的一个非常重要的方面。

筹资情况可以采用压力测试，通过分析企业的债务看看其融资工具是否违反了契约，或者企业的信用等级是否降级到了临界线从而导致筹资成本的提高、提供抵押品和偿还未偿付的工具。有一些时候，也许可以揭示出需要重大的新的筹资数额，或者现金流量需要改变方向到其他来源。同样，企业可以分析自己的投资组合，通过考虑早一些终止已有的金融合同，允许一方或者另外一方终止交易。有些时候，提前终止是有可能的；在其他时候，必须有一些特殊事件来触发，譬如，签约方违约或者比率的运动。无论在何种情况下，企业都应该明白提前终止可能带来的现金流量正向和负向的运动。

6. 抵押品

很多情况下，企业为了保证信用敏感的交易，需要接收或者交付抵押品。既然抵押品构成了信用风险管理程序中的一个重要因素，既然信用风险可以影响流动性风险，那么抵押品投资组合的这些方面就必须进行压力测试。事实上，有若干方面需要进行探讨：抵押品的接收和交付、接收延期，以及抵押品价值的贴现折扣。首先，在第一种情况下，公司也许希望制造压力情况以便把抵押品交付给其他机构，不管是作为正常的经营过程的一个部分，还是由于信用降级结果要求提供安全保证。这种必须有来源或者重新安置资产来保护信用免受风险的含义必须进行详细的分析，因为这一行动将会直接影响企业的流动性和财务弹性。

其次，在另外一种情况下，企业需要考虑的是通过同样类型的协议，预期从另一方接收抵押品。接收的抵押品，可以在以后用作转抵押，对于那些有能力管理抵押品的一方也是一种重要的现金来源。另外，与抵押品交付的期限有关的问题也需要进行分析，包括哪些原本应该收讫的抵押品却被拖延的情况，以及企业被迫采取行动来抵补信用风险。

最后，抵押品的价值需要采用特别资产折扣来压缩，我们已经在本章的前面谈到过。如果企业的签约方违约，而抵押品价值压缩得不够充分的话，现金短缺就可能会出现。赤字也许必须通过其他来源来筹资弥补，也必须将其纳入一个应急计划中去。这些抵押品的压力测量的安排对于那些有大量的资产流入或者流出、资产负债表只是企业运营的一部分的企业来说是最重要的。虽然这里所说的一般是和金融机构相关，但是一些大型的公司也拥有类似的抵押品业务。

7. 货币风险

全球运营机构的现金流量和资产负债表账目上一般会持有一定数量的外国货币，因此必须测量由于其对本国货币贬值而带来的经济影响，同样也可能出现缺乏本国货币来源的问题。举例来说，也许出现了货币贬值10%、25%甚至50%的压力情况，需要分析对现金流量的影响，或者为了某种货币的防御，也许本地银行间利率会出现一个很大的脉冲式波动（这可能会影响企业的本国货币借款成本）。另外，也许应该建立一些模拟场景来认识金融影响所造成的不能得到或者转换本国货币的问题（也许是由于资本管制，这是一种突发事件风险，我们将马上进行讨论）。

8. 突发事件风险和联合情况

在有一些时候，企业会遇到突发事件风险，这可能会改变现金来源的渠道，或者改变经营行为的方式。这些也许可以看作是结构性改变——非常少见的法律、政治或者主权方面的突发事件可能会戏剧性地改变企业的流动性状态。虽然这样的外生结构性变化出现的概率很低，但是在流动性测量的实行过程中还是值得考虑的。

有关突发事件压力测试的对象包括国家在重要的本地市场上对资本进行货币可兑换性控制、冻结或者查封，一家未保险的工厂遭到破坏，法规改变禁止法人团体将现金向母公司逆向流动，以及在控股公司层次强迫接受双向杠杆约束条件。每一件这样的事件都可以急剧削减企业的现金来源，给现有的工具增加了额外的资金要求。

管理部门和等级评定部门对于机构流动性的看法应该作为突发事件风险测试的核心。这些机关的命令有着极大的影响，可以决定某方面流动性的程度，最谨慎地说，至少在市场混乱的时候会是这样。举例来说，如果管理部门担心系统金融危机，也许会要求金融机构增加其流动性水平达到一个特定的最低限额。或者，如果评级机构担心杠杆的增加和某些产业部门营业收入的降低，也许会通过降低信用等级的方式来处罚那些现金缓冲低于正常水平的企业。正如我们在第六章中所指出的那样，法规的支持或者信用等级的降级可能在实际上会使流动性危机更加恶化，以致促成一次旋涡运动。通过压力测试来预测这些机构的变化是风险预测管理的重要方面。

流动性风险

我们在前面提到过的各种压力情况也可以结合起来考虑。事实上，这也是认识灾难的一种现实的方法，突如其来的打击往往会同时影响到资产、筹资和或有负债。举例来说，企业应该这样来考虑问题，应该考虑到现金状况也许会同时出现各种问题，譬如，其投资组合或者流动性仓库的价值跌落了一定的比例，同时其承诺的筹资来源的成本却提高了若干个百分点，未承诺的筹资已经是完全地赎回，其基本的离岸市场被强迫进行货币管制。自然，从这些联合情况的分析中得出结果必须十分谨慎；虽然这些结果也许可以反映出相当重要的金融损失，但重要的是要认识到这些都是概率非常低的事件，对于这类不大可能发生的事件进行日常性管理并不一定能够达到最佳的资源使用效果。

表8-5简明表示了压力测试的步骤。这其中的每一个由变量和场景而产生的输出结果也许都可以由于市场参数的改变而导致现金流量计算方式的改变，在时间上或者现金流量的规模上带来实际的变化——每一个又都可以影响企业满足增加筹资的需求。

测量步骤的内容都是任何流动性风险管理框架的核心组成部分。在机构能够做到积极的流动性风险管理之前，首先必须明白风险到底有多大，以及在正常的市场条件下和有压力的市场条件下，风险分别能够达到何等程度。把握了这些信息，机构的经理和董事们就可以采取一致的内部指导方式来控制流动性风险，控制整体风险的冗余程度，我们将在下一章里讨论这一主题。

表8-5　压力测试摘要

变量	底线	压力1 市场崩溃	压力2 经济 发展减速	压力3 突发 事件风险	压力4 联合情况
市场参数					
波动性					
相关性					
清算范围					
筹资差额					
折扣					
流动性调整风险值					
现金流量					
资产					
负债					
表外项目					
净融资需求额					
资产变卖和抵押					

续表

变量	底线	压力1 市场崩溃	压力2经济 发展减速	压力3突发 事件风险	压力4 联合情况
投资组合1					
投资组合2					
投资组合3					
应收票据					
存货					
财产厂房和设备					
筹资					
商业票据/欧洲商业票据					
应付账款					
中期票据/欧洲中期票据					
贷款					
可退回安排					
债券					
契约和终止					
流动性比率					
杠杆比率					
重大不利变动					
抵押品					
收讫					
交付					
货币风险					
货币1					
货币2					
货币3					

第九章　流动性风险的控制

我们从前面一章的讨论中已经得知，积极的流动性风险管理是公司获得成功的核心因素。以一个良好架构的方式来管理经过确认和测量的风险，可以帮助公司避免意外的现金流量所导致的问题。流动性风险的管理可以通过一系列的步骤进行，建立一个合适的管理架构，确定和执行流动性风险的指令，指定管理的义务和责任，创建和执行对流动性风险的控制，以及监控流动性风险的状态。我们将在本章详细地讨论图 9-1 中表示的这些基本点。

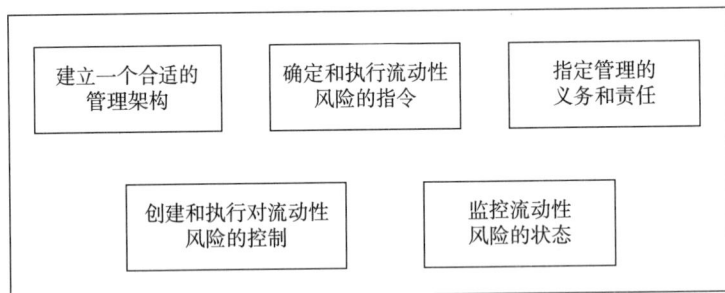

图 9-1　流动性风险的控制

第一节　管理架构

为了控制流动性风险，企业必须从创建一个有效的风险管理架构开始。董事会作为股东的代理人，必须授权给经理团队来进行流动性风险的管理（也就是说，首席执行官、首席运营官、首席财务官和出纳会计），批准建立一个独立的委员会或者部门（或者现有部门中的单位）来监督流动性风险管理的执行过程。我们可以按其功能简单地称其为流动性管理委员会（LC），尽管在一些金融机构普遍称其为资产负债管理委员会（ALCO）。流动性管理委员会，就其能力而言是作为董事会对于流动性方面的所有事情的操作手段，应该包括有关方面的高级代表，比如，各个业务单位、财务、金库以及风险管理部门。即使金库可按功能区分为现有的管理日常资产负债表筹资和短期流动性风险，两组之间也必须建立紧密的合作关系。经理队伍和流动性管理委员会的职责必须定义得非常明确，董事会的审计委员会应该确保内部的和外部的审计师能够定期检查这些职责的落实。

流动性管理委员会，作为处理事务和制订政策的单位，应该负起的责任是：

■ 结合董事会和高级经理的意见，阐述对企业流动性风险的指令，把要求的基本内容传达给利益相关人；

■ 建立一套经营和流动性风险策略，与公司对流动性风险的规定要求相一致；

■ 创建流动性危机管理计划；

■ 确保适当的风险测量能够实行和发布；

■ 评估新的产品和新的业务的流动性影响，确定如何在企业的控制框架内对其予以支持；

■ 代表着有关流动性风险管理方面的业务单位和控制职能的职责和权威（根据其寻求的分散化程度）；

■ 按董事会和高级经理的要求来检查流动性风险的状况，适应企业或者市场环境的变化要求，提出定期调整的建议。

高级经理，作为管理群体的一部分，应该负责的是：

■ 确保谨慎的企业流动性过程的日常管理，内容包括短期筹资和长期筹资、资产的结构和银行/投资者的关系；

■ 分配和指导资源的使用，以支持一个良好的流动性环境；

■ 确定将新的产品、新的策略和新的业务单位中所包含的流动性风险问题提交给流动性管理委员会做考虑；

■ 测试流动性危机管理计划，在需要的时候进行调用和指导（结合危机管理团队的其他人）。

董事会、高级经理和流动性管理委员会，必须考虑流动性风险的管理是应该在集中还是分散的基础上。每一种方式都有优点和缺点。分散化允许地方单位根据当地的市场实践和条件来管理流动性，这一方式符合法人团体或者管理部门的限制，但是缺少首脑机关直接控制和管理的连贯性。集中化允许强有力的指挥部控制，对风险的认识具有连贯性，但是也许不能及时适当地了解独特的地方市场的问题。在一些企业里，平衡的方式也许是最佳的：地方单位或者生产单位可以负责日常的流动性管理，但是必须坚持一定的集中指导，由流动性管理委员会、中心金库、财务部门或者风险管理团体来进行（譬如，限定、控制和报告）。在危机的时候，日常的责任可能完全转移到集中管理模式，如同我们将在下一章所要讨论的那样。

一般来说，保留一些少量的局部业务的弹性是很重要的，因为这样可以对那些最为了解的地区、市场或者产品，在日常流动性的管理中按需要采取适当的行动。当存在着这样的弹性的时候，信息反馈给管理中心的功能必须得到加强，不然的话，企业的全面流动性画面就可能是错误的。无论采取何种方式，局部和中心的职责都必须定义得非常清楚，包括正常情况和危机情况下的责任。最后，企业的风险管理架构必须能够确保流动性风险的管理过程是健全的、精心计划好的，能够将因流动性引发的问题减少到最低程度。

第二节　流动性风险的指令

董事和经理，通过流动性管理委员会发挥作用，必须给公司制定对流动性风险的处理方式和容许的限度。这一过程可以通过流动性风险的指令的正规形式——定义了，或者说是具体化了企业处理风险的方式。许多公司可能因此而延缓风险的发展过程：如果一家公司已经建立了一个风险管理的框架——21世纪的市场上许多主要的企业都已经建立了——那么流动性风险就可以和其他的风险变量一起考虑和纳入企业的全面风险管理之中。如果现在还没有这样的管理程序，那就必须将其作为优先发展的事情。

流动性风险指令需要通过建立一个全面的风险计划，必须有相应的处理风险的资源支持。我们已经在上一章里谈到，既然筹资和资产流动性风险是大多数企业在经营中不可回避的方面，企业就必须准备在运营中接受一定的风险。企业的领导还必须能够确定全面的处理风险方式和风险的容许限度。如果企业想要使资产和筹资风险最小化，为了减少可能的损失和保持核心业务的运营，就应该确定可以通过正式的形式通知利益相关人，保证其控制能力是足够的强大，并且一直坚持这一观念。反之，如果为了想要得到额外的回报宁可把流动性风险最大化，那么其指令必须能够达到这个地步，利益相关人也必须知道企业运营中包含着更大的风险。

一、风险计划

流动性风险的指令必须根据企业全面计划，包括通过运营获取现金的计划和资产、负债和资产负债表外业务的计划，必须与企业的相关产品、投资和扩张的一般运营和策略相一致。流动性管理委员会，首席财务官和出纳人员应该编制筹资计划，安排企业的当前需要和周期性需求，计划应该有充分的余地，具有灵活多样性，能够承诺按需求提供现金。我们将在下面讨论许多筹资的控制方式可以帮助加强这一计划的基本组成部分。对于企业的资产组合来说同样也是这样：企业的全面风险计划中必须包括适当的数额流动和无负担资产的混合形式部分，同样也需要以正确的控制来加强。企业的计划中也应包括成长中的重要的资产负债表外项目，或有的现金流入和流出的平衡校正也是同样至关重要的。

在实践中，这一类型的计划的功能必须包括在董事会的风险指令范围之中：团队必须关注在正常的条件下、在周期变化的条件下、在有压力的市场条件下，企业在业务运营中分别需要多少流动性，流动性的来源在哪里（以及需要什么样的花费）。虽然所有行业的各个公司都必须拥有风险计划，但是这一计划对于那些金融部门的企业来说更是尤为紧迫，因为那里的机构必须确定如何在求得预防风险能力的成本和其他方面的平衡情况下，将其净利息收益（同时也包括贸易收入）最大化。根据当前和未来的市场周期，以及从利率和信用敏感活动中获得相关回报的情况来考虑潜在的商业机会，就是其中的一种方式。①

从纯粹的流动性观点来看，风险计划应该表示出在收益曲线转为正向或者负向时，即将到期的资产和筹资应该如何管理，还有外汇比率波动增加，信用违约情况增加，等等。当然，这一计划不应该把流动性风险视为孤立现象——其他方面的风险也必须同时加以考虑。我们曾经指出存在于市场、信用和流动性风险之间的密切关系；尽管每种因素都可以单独观察，但是整体的观察对我们更有帮助。因此，企业如果积极地参与大量的市场和信用风险的活动，就必须准备承担巨大的流动性风险，并且坚持全方位的管理。

二、财务和人力资源

管理必须也要考虑可以利用的财务资源来支持流动性风险的管理（同时也包括其他财务和营业风险）。企业如果没有充分的财务资源来承受很大数额的流动性风险，最好不要去冒这个险。资本，是应对意外损失的最后的缓冲，也是可以获得的第一项资源。企业如果拥有充足的资本［无论从经济方面（内部的）还是从管理部门方面（外部的）］，就更加有能力来承担财务和经营风险，包括那些和流动性相关的风险。无论如何，这些资源的分配必须是有秩序的：董事和经理必须将稀有的资本分配给能为股东带来最大回报的收益项目的冒险上，与此相一致的就是全面的经营指令。即便是资本雄厚的企业，如果把资源放到了不能充分提供回报的冒险上，浪费了资本，也是不明智的。因此，有秩序的管理过程要求资本分配应当是在经过风险调整的基础之上，定出适当的最低回报率和目标回报。给各种风险类型的风险调整收益率提供一个机会，可以管理和测量风险参与活动的实际价值，指导资源用在可以使价值最大化的地方。同样，人力资源和知识资本的应用也是如此；尝试风险的企业必须全都拥有，不然很快就会使资源遭到破坏。

建立流动性风险的指令最后确保管理成功需要：

---

① 这些常常需要对有关的关键金融指标进行预测，譬如经济增长、利率、极限结构运动、外汇比率、消费者信心以及通货膨胀。

流动性风险

- 分析不同程度流动性风险的成本和收益；

- 确认风险对企业运营和收益率的影响；

- 分配财务资源支持可能出现的损失，包括正常条件下和有压力条件下；

- 沟通利益相关的各方，包括投资者、管理部门、债权人和客户。

有了合适的流动性风险指令，企业的流动性管理委员会就可以积极地测量和控制流动性风险，并且将其融入公司的整体概念中去。

第三节　管理的义务和责任

流动性风险的管理包括符合公司经营性质的明确的时间范围，公司的财务条件和外部环境压力。一些职能必须每天进行，有一些可能是每周、每月或者是每季度进行。典型的日常工作程序包括：

- 管理当前现金的流入和流出，通过现金管理、转滚、银行信用额度撤销和其他的短期筹资来源取得平衡；

- 检查现金盈余和赤字情况，从关键的隔夜期间到一个月范围出现的情况，建立适当的短期反映策略；

- 监控现金流量的有关头寸，对已经建立的要加以限制；

- 检查流动性危机的"早期预警"指标，在需要的时候能够调用危机管理预案。

与之相对照，每周、每月和每季度的管理，中心是在：

- 分析从1个月到24个月区间内当时的现金需求；

- 发展新的筹资来源以应对预期的现金流量模式变化；

- 对投资或者资产组合进行结构改革以帮助完成流动性目标；

- 改变流动负债合成以适合未来需求，或者利用成本机会和市场机会；

- 运用压力测试情形来探查当前和未来投资组合的强弱；

- 提出调整流动性风险指令的建议，与企业对流动性风险的想法和经营策略相一致，使得一个给定持有的流动水平的回报能够达到最大化。

正如前面所提到的那样，流动性管理委员会必须作为正式代表，负起日常和周期工作的责任；毫无疑问，其中的个人、团队或者部门，都要对这一过程的某一方面的管理负责。

第四节 流动性风险的控制

为了在控制流动性风险的方式上与企业的指令相一致，流动性管理委员会必须建立和贯彻执行一整套政策和程序。流动性政策可以考虑为管理公司的流动性风险授权的实际表达形式，作为交易的风险转移策略。它也可以用来把部门间的活动和责任正式化，特别是当一家公司选择分散管理方式的时候显得尤其重要。与其形成对照的是流动性程序，提供的是流动性政策执行的细节。这是一套有效的程序，根据控制和其他安全措施的限制，可以抑制风险，消除意外和错误，建立有价值的审计跟踪方式。

在实践中，短期和中期的流动性管理的核心是建立和使用各种工具来控制资产、筹资和资产负债表外的风险。根据企业性质，它的运营范围、分散化的方式等方面情况的不同，控制可能采用统一的基础，或者以经营单位和地区为基础，或者以法人单位为基础。的确，法人单位的控制是必须的，因为有许多法规可能限制控股公司的活动，限制母公司和子公司的融资，限制股利和现金流向上逆流；对于边界之间的流动性关系，各成员公司必须非常清楚，不然企业也许就会发现自己违反了地方的法规，或者容易落入资金的陷阱。[①]

流动性管理委员会必须建立控制的平衡：足以抵补真正的风险来源，但是又不能多到成为矩阵而难以进行管理。在实践中，企业可能建立囊括一切的统一控制，然后按照经营单位，或者地区，或者法人团体来建立具体的次级限制。为了说明这一程序的结构，我们来分析流动性程序范围之中的五种一般类型的控制，这五种控制是：

- 资产流动性控制；
- 筹资流动性控制；
- 联合流动性控制；
- 资产负债表外流动性控制；
- 其他的安全措施。

---

① 举例来说，在美国，银行控股公司（BHC）不能接受存款或者不能使用联邦储备贴现窗口，因此，必须非常依赖于银行间的市场来得到流动性。另外，银行控股公司面对大量的约束条件，限制有关资金的上流和从主要银行单位分利，对筹资造成了更大的压力（举例来说，主要银行单位要求给予银行控股公司的信用必须要有抵押，主要银行单位不能偿还银行控股公司的债务，只要主要银行的资本比例保持良好，股利就只能向上移动）。同样的限制也存在于保险行业和其他管理部门和非管理部门。在对流动性进行适当的控制之前，必须完全明白所有的这些关系，以及法人单位和统一集中的重要性。

还应该补充全面危机管理和应急筹资计划，我们将在下一章详细讨论。

我们在本节中讨论的许多控制措施都是以限制为基础的。限制，这一内容可以有不同形式的称呼（例如价值或者百分比），有助于约束不同类型的风险情况，采取与企业的流动性风险指令一致的方式。的确，这些都是透明的方式，测量和圈定流动性风险，可以作为比较容易进行测量的工具（假设的数据和技术设施十分健全，足以捕捉到独特的风险要素）。

一、资产流动性的控制

公司可以采用许多控制措施来管理资产的流动性风险，包括在资产负债表上分别属于流动资产和固定资产的各种资产，或包括流动资产组合者的那些各种不同的成分，还有那些可以在任何时间抵押给债权人的限定了最大数额的资产。资本密集型行业中的企业流动性比较小，所持有的流动资产在数额上也比较少。大量的生产性资产必须分配到获取原料、加工处理之中，或者在原材料和制成品之中；其他必须经常持有的流动资产就是应收票据和存货，这些正如我们已经说过的那样，各自具有不同程度的市场性。因此在控制上主要是确保足够的高质量的流动性，以保持手头的资产平衡。金融和非金融服务公司面对情况却是完全相反：他们持有的主要资产具有相对比较高的流动形式，这就更加需要在连续的和动态的基础上管理流动资产组合。

1. 流动资产和固定资产的限制

大致看来，一家公司必须确保建立一个最低数额的流动资产作为固定资产的安全帽。设置流动资产和固定资产的限制可能需要两个步骤：对多次的经营和经济周期的历史经历进行回顾，然后规划出未来不同阶段可能出现的需求。历史可以提供重要的信息，反映在正常市场条件下的经营管理对流动性的需求，可以证明流动性对盈余或者赤字的影响。例如，一家钢铁公司也许从中发现其所持有的资产必须有10%是现金、投资和应收票据，20%是钢铁存货，70%是工厂和设备，这样就可以在正常的市场条件下保证运营的安全和获取利益。这也是一个相对的出发点，校准对流动资产和固定资产的限制。既然历史并不能够预测未来的事件，在前一章中讨论过的压力测试结果就可以用来在不同的增长或者紧缩的假设中考虑流动性的要求。这些结果也许可以揭示出，在历史上哪个时候流动资产和固定资产的混合是不充分的；因此就可以适当调整流动性风险和回报的平衡，要记得我们曾经在本书的第一部分讨论过这些。在经历了一些不同情况以后，其中某些有关环境诉讼或者进口关税的事件，如果这家钢铁公司确定在以后的12个月里要面对意外的现金需求，原有的筹资计划不能完全适应这一需求，就有可能改变一点流动资产和固定资产的混合比例——提高现金、可变现证券投资和应收票据的比例，从10%提高到15%，相应地减少5%存货，工厂和设备情况保持不变。

这种大致的资产混合形式也可以在其他行业的公司中施行。最终的目标，在所有的情况下，都是结合未来潜在的流动性来源来全面指导对资产组合的限制。另外，其中也包含着流动资产（包括现金和应收票据）的最低数额，存货（根据假设，其流动性大于工厂和设备，小于现金和应收票据）的最大数额，以及固定的工厂和设备的最大数额。

图9-2提供了固定资产和流动资产限制方式的一个例子。

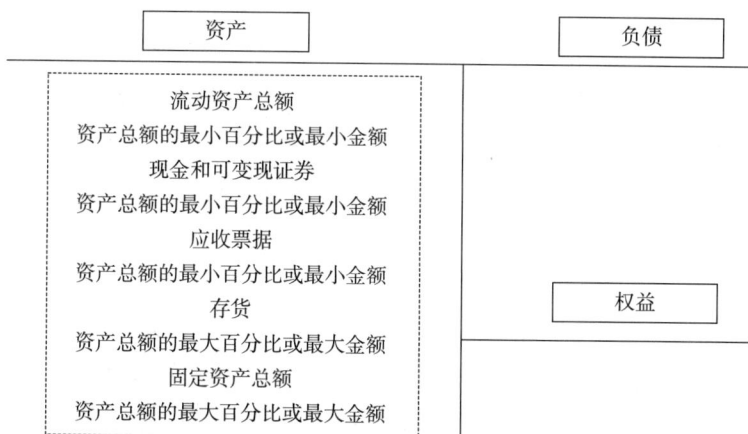

资产		负债
流动资产总额 资产总额的最小百分比或最小金额 现金和可变现证券 资产总额的最小百分比或最小金额 应收票据 资产总额的最小百分比或最小金额 存货 资产总额的最大百分比或最大金额 固定资产总额 资产总额的最大百分比或最大金额		
		权益

图9-2　固定资产和流动资产的限制

2. 流动资产的限制

流动资产组合，或者说流动性仓库，是企业资产的核心储备，必须恰当地构建和谨慎地管理。在这个仓库中，企业需要加以限制的地方是，最大的集中程度、期限、质量、复杂性和过期，这样可以帮助确保风险和回报框架下和企业的流动性风险指令之间的适当平衡，减少可能暴露出来的现金流量赤字。虽然流动资产组合对于所有的企业都是重要的，但是特别对于那些依赖于不稳定的、可以被很快赎回的短期批发性筹资来源的企业来说更为重要；更大的关注必须放在创建容易兑换成现金的流动性投资组合方面。

■ 集中：我们在第五章中曾经提到过过度集中可以导致清算问题：一个很大的头寸较之一个小的头寸来说要想以账面价值平仓会更加困难，所有情况概莫如此。因此，在资产负债表上所持有的任何流动资产的绝对数额一定要封顶。显然这一规则也有例外：举例来说，持有一大批刚上市的国库券或者基准金边债券，如果这批债券需要很快卖出或者抵押，是不会造成任何流动性引发的实质性损失的，因此，这些是可以通过限制程序的（即既可以通过特殊例外，也可以通过数量限制）。一般来说，无论如何，可以通过限制发行的最大数额、限制发行者的数量，或者限制全部流动性投资组合（以及所有资产负债表）中资产类型的特殊价值或百分比，采

流动性风险

取封顶的办法来避免过度集中。举例来说,一家企业也许建立了最大资产集中程度的限制,任何单独的高等级企业债券的发行为 1 亿美元,任何传统的抵押支撑证券为 2 亿美元,任何刚上市的国库券或者基准金边债券头寸为 10 亿美元。在建立适当的限制时,重要的是要考虑到单独的资产看起来是独立的和互不相关的,但是实际上也许会在有市场压力的时候变得相互有了关系。例如,高收益债券的头寸和新兴市场债券头寸,在正常的市场条件下各自的运动是独立的,但是也许在金融危机的时候会出现同样类型的反应;两个原先可以接受的头寸,也许现在变成了一个集中的、高风险的头寸,因此在设置限制的时候,必须考虑到这种事实情况。

■ 到期:资产的到期问题必须紧紧控制住。从企业需要获取现金的紧迫程度上来讲,短期到期的资产要大于长期到期的资产(虽然长期资产具有更大的再投资风险和较低的产出)。把长期资产转换成现金,也许会导致账面价值的很大贴现折扣,导致出现损失,因此,可以为长期的资产设立适当的短期权重。对于特定到期阶段的流动资产来说,一般的限制可以采取对价值和数额的百分比封顶的办法。举例来说,一家企业可能设定 30 天内到期的资产的最小限额为 10%,进而 60 天内的为 20%,180 天内的为 20%,超过 180 天到期的最大限额为 50%。当然,这一过程并不能独立进行:如果企业想要做到也使流动性风险最小化的匹配操作,那么资产的到期(或者以更加精确的持续期间)必须和负债的到期同时加以考虑。没有明确的时间范围的资产,由于可能给出资产到期的错误描述,显然使现金流量分析更为复杂,因此在制作到期的列表时,必须十分精心。

■ 信用质量:企业的流动投资组合所组成的资产的质量应该予以谨慎的考虑。既然流动资产必须很容易地转换为现金或者容易作为抵押品来做抵押,那么就应该谨慎地限定持有次投资等级工具的数额,因为其具有较高程度的价格波动性和较大的违约概率。因此,企业可能需要限制证券投资组合和次投资等级级别类型的应收票据(甚至是单独的次投资等级债券)的价值和百分比。例如,可能需要设置BBB—/Baa3 的发行者或客户的信用债务的流动资产组合的最大限额为 10%,那些BB+/Ba1 等级的为 5%,其他任何低于这一等级的为 1%。虽然风险和回报表面看来又一次平衡了(也就是说,持有了更大百分比的更低收益和更高质量的资产,肯定可以提供更加稳定的清算价值,对应着较高收益和较低质量的工具,也许具有不可靠的清算价值),但是较为保守的方式还是要求对于较低信用质量的资产给予严格的限制。

■ 复杂性:我们知道资产的市场性对于流动性管理是非常重要的。那些简单透明,可以很容易确定价值的资产有着较为广大的购买者,那些过分复杂或者不透明的资产则不是这样。因此,在价值和百分比方面对流动的投资组合中持有的复杂资产加以限制,可以防止在也许很难卖出或者抵押的合约上的过度投资。举例来说,一家企业可能把它认为是复杂的资产的持有数额限制为 1 亿美元,譬如结构性债券或者外汇抵押按揭债务证券。

■ 时效：每一家为了营业、投资和其他流动性目的而持有流动资产投资组合的企业必须确保投资组合能够定期周转。如果证券、投资、存货或者应收票据不能够有规律地卖出、更新、补充或者替代，那么很有可能就是资产已经变得不流动了。这样也许是因为错误的定价，市场条件发生了变化，过度的复杂性，或者是规章制度的原因，对账面价值产生了疑问。举例来说，如果企业发现应收票据在历史上一直是 30 天周转一次，但是现在时间范围慢慢延长到了 60 天，那么它的投资组合的流动已经变慢（也许因为信用的来源、价格和市场问题）。资产负债表中流动部分的证券存货也可能出现同样的问题。因此重要的是企业需要限制和监控资产组合的价值和百分比，看看有多少已经超过了特定的时间范围。举例来说，企业可能选择设置超过 90 天时效的流动资产限制在 2%，超过 180 天的限制在 5%。这样做就可以确保管理持有期间延长的具体情况。

在有些情况下，有必要对流动性仓库加以细分，反映出各个投资组合具体的特殊流动性风险和回报的特征。这样可以保持各个层次的流动性，同时将责任集中在有关企业价值的最大化方面。举例来说，企业也许建立了一个流动性仓库，下面有三个次级的投资组合：投资组合 1，用于紧急的现金需求，专门由现金和准现金工具组成，有少量的或者没有收益；投资组合 2，是一个自由决定的投资组合，用来应对投资组合 1（或者其他便宜的筹资）不能抵补的有规律的支付，往往是非常流动的资产，收益比较低；还有投资组合 3，一个稳定投资组合，仅仅用作意外的支付，由一些流动性较低、收益较高的证券组成。所有这些都需要加以限制，就像前面刚刚提到的那样。

图 9-3 总结了流动资产组合的限制架构。

3. 抵押品和抵押的限制

既然为了得到现金常常会抵押资产而不是直接变卖资产，企业就应该避免在不知不觉中把所有资产都用来做抵押去支持其他筹资工具这样一种情况。可以建立一个限制结构，按照资产账目，封住可以用作抵押支持筹资的资产的最大数额。任何违反这些限制的现象都可以看作是一个警示信号，说明财务的弹性正在迅速减弱，正在出现更加广泛的有关未担保筹资渠道方面的问题。举例来说，为了确保能够通过未来的资产抵押得到充分的流动性缓冲，公司可能限制应收票据的抵押比例为所有应收票据投资组合的 40%，存货的抵押为 50%，工厂和设备的抵押为 70%。如果企业发现正在抵押更多的资产来进行筹资，有一些或者是所有的，已经接近抵押或抵押品的限制，就应该把调查其中的原因作为一项紧急的工作来做。

图 9-4 总结了有关抵押品和抵押的限制架构。

流动性风险

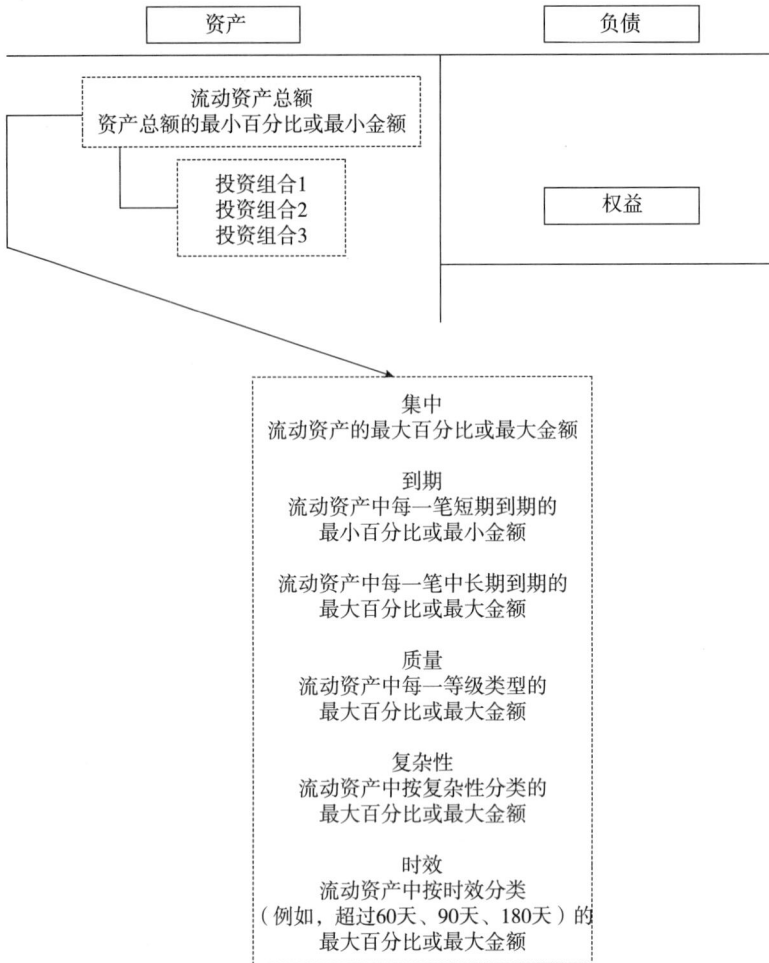

图 9-3　流动资产组合的限制

二、筹资流动性的控制

　　企业必须严格控制筹资状态，以便尽量减少筹资流动性损失的可能性。特别是对于非常依赖不稳定的短期融资的企业来说更是这样。需要建立限制来确保适当的筹资多样化和得到承诺。和资产一样，筹资状态在很大程度上取决于公司的性质和所在的行业：一些企业更多地依赖短期筹资，而另外一些则是中期和长期的筹资。理想的情况是，公司应该努力达到选择余地的最大化和取得最低的筹资成本的最佳综合负债。正如我们已经指出的那样，在有市场压力的时候这一点显得特别重要。例如，如果中期的定期贷款市场关闭了，那么在历史上一直依赖中期融资来匹配资金的企业就必须能够很快地从短期市场上寻找到其他的替代来源。虽然进行风险管理的工作也许会有些麻烦（举例来说，必须以中期资产来对冲短期负债），但是重

资产	负债

流动资产总额
作为抵押品抵押的流动资产总额的
最大百分比或最大金额

现金和可变现证券
作为抵押品抵押的现金和证券总额的
最大百分比或最大金额

| | 权益 |

应收票据
作为抵押品抵押的应收票据总额的
最大百分比或最大金额

存货
作为抵押品抵押的存货总额的
最大百分比或最大金额

固定资产总额
作为抵押品抵押的固定资产总额的
最大百分比或最大金额

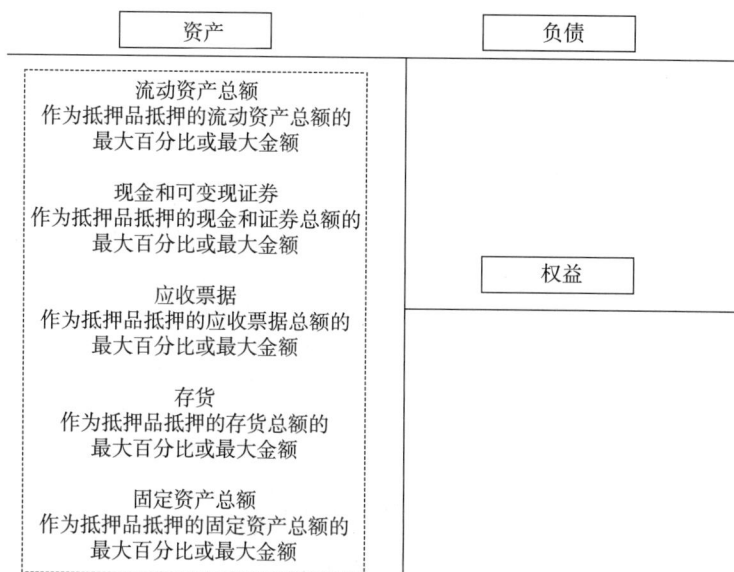

图 9-4　抵押品和抵押的限制

要的一点就是公司能够保存一些类型的融资渠道。因此，事先建立一套工具是管理过程的重要方面，可以在实施中采用一种架构来让任何特殊的融资部门限制使用。

1. 各种筹资的限制

为了创建一个平衡的筹资计划，消除不合适的集中程度和对单一来源的过度信赖，企业应该建立对筹资的限制，包括对市场、产品、到期和贷款方或投资者等。自然，对于造成筹资集中原因的解释可能有所不同，因机构、行业和国家系统而异，也许会受到企业管理方法或者管理部门授权的影响。[①]

■ 市场：限制的步骤可以从一个宏观的层次开始，通过建立从任何广阔的市场上提出的最大数额开始，譬如商业票据、中期票据、存款、贷款或者长期离岸债券市场。限制的标准可以采取价值，也可以采取百分比。例如，企业可能将任何单独市场上的来源的上限定为 2.5 亿美元，或者美国市场的负债不大于 40%，欧洲市场不大于 30%，等等。相应地，地理的或者国家的市场限制也可以这样使用，这对于从市场上的来源获取筹资是很有帮助的，因为市场上有管理部门进行控制、征税，或者对非国内的借款人有提取储备金的要求。

■ 产品：筹资组合的价值或者百分比可以通过产品类型来加以限制——是对前面提到的市场限制进一步的具体化细分。举例来说，银行也许把商业票据和欧洲商业票据的融资的上限设定在全部筹资的 10%，短期银行间存款为 20%，次级的公司

---

① 这里只给出一个例子，美国通货检察局（OCC）认为筹资集中会出现在一个单独的决策或者单独的市场因素可以导致大量的资金撤离的时候。通货检察局同时也指出美国的银行对于过度信赖银行间筹资市场的问题必须非常谨慎，即便是活动的参与范围涉及了大量的银行机构。

流动性风险

债券为 30%，等等。紧跟着前面的逻辑，这一步骤确保了企业不会变得过分依赖某一种单独产品的来源进行筹资，减少了可能因为特定的产品筹资暂停一段时间而带来财务损失的弱点。

■ 到期：负债合同的到期必须加以约束，这样企业才不至于面对过度的偿还或者转滚负担。正如前面提到过的那样，对筹资到期（持续期间）的限制不能孤立地考虑，和相应的资产的到期分割开来；企业若想把资产负债表中的重要部分和筹资相匹配，必须把这两个方面结合起来考虑。无论如何，如果有可能的话，重要的是把到期期限适当地分散为一个相当宽阔的到期范围，适当地混合短期、中期和长期的筹资。举例来说，企业可能设置隔夜基础上的筹资的最大限额为 10%，一个星期的为 10% 以上，从一个星期到一个月的最小限额为 30%，从一个月到两个月的为 30%，两个月以上的为 20%。

还要必须认真考虑负债到期的行为和负债到期的合同。这一个比较复杂的工作，一般来说可能只有依靠直接的经验，看看投资者和贷款方如何进行转滚、延期以及通知偿还和卖出选择权。在这里尚没有精确的方法来决定，举例来说，基本的短期投资者会不会继续转滚其商业票据、欧洲商业票据或者隔夜回购协议，持有短期卖出权负债保险的人会不会行使他们的选择权。如果心存疑问，最好还是采取保守的姿态。企业应该经常将筹资架构限制在有选择余地的程度，让投资者或者债权人有权在短期通知后撤回他们的资本。另外，有选择权的资金的到期必须适当地错开安排；虽然可退回的特点增加了筹资的流动性风险，但是其中流动性风险的严重程度是要取决于是否所有的退回执行都可能在一个给定的时间范围内（举例来说，执行的 7 天内）或者是否他们可以延长时间（比如说，延长 7 天、30 天、60 天、90天）。交错安排可以减少对突然撤出资金的担心。[①]

■ 贷款方和投资者：各种筹资计划都必须考虑贷款方和投资者所提供的融资的数量和质量。公司还是必须限制来自任何单独的贷款方或者投资者的数额，未来的某一天可能机构不愿意或者不能够提供资金，公司要把这种依赖程度尽量最小化。举例来说，企业可能将单独的商业票据和欧洲商业票据的投资者在所有筹资中的最高比例限制在 5%，单独的商业银行为 10%，等等。

在考虑最大的价值或者百分比的限制时，重要的是要考虑在市场有压力的时候，企业和贷款方以及投资者双方之间的关系：如果企业依靠的是少数几个机构来提供流动性，而这些机构是处于同样的外生因素环境中，也许就不会满足企业的流动性要求，所提供的资金也许不能满足需求。

除了从贷款方和投资者方面来限制风险，谨慎起见还要限制广泛信用等级的参

---

① 在有些情况下，机构可以创建不确定到期产品，便于更好的控制。举例来说，负债可能包含提前执行的处罚条款，这样可以有效地劝阻原始合同到期之前的申请。

与，随着信用质量的降低，价值和数额也要减少；这样有助于保护企业，不会过度依靠边缘投资等级或者次投资等级的机构，而这些机构在他们自身也遇到了财务困难的时候，也许无法提供资本。

值得指出的是，虽然贷款方的多样化限制是很重要的，但是企业也要把打交道的机构数量限制在"便于管理"的数额之内。在企业遭遇财务困难，必须重新构建融资关系的时候，这一点显得尤为重要。举例来说，企业要避免和几十家银行组成的各种联合会的成员重新进行谈判；最好还是可以和相对数量比较少的对手进行谈判，达成新的条款的协议会快得多。因此贷款方多元化是一个平衡问题；有个折中的解决方案可以达到要求，就是组合许多银行采用一个集成信用协议（协议中"一致同意"条款应当尽量减少）。

图9-5总结了各种筹资限制。

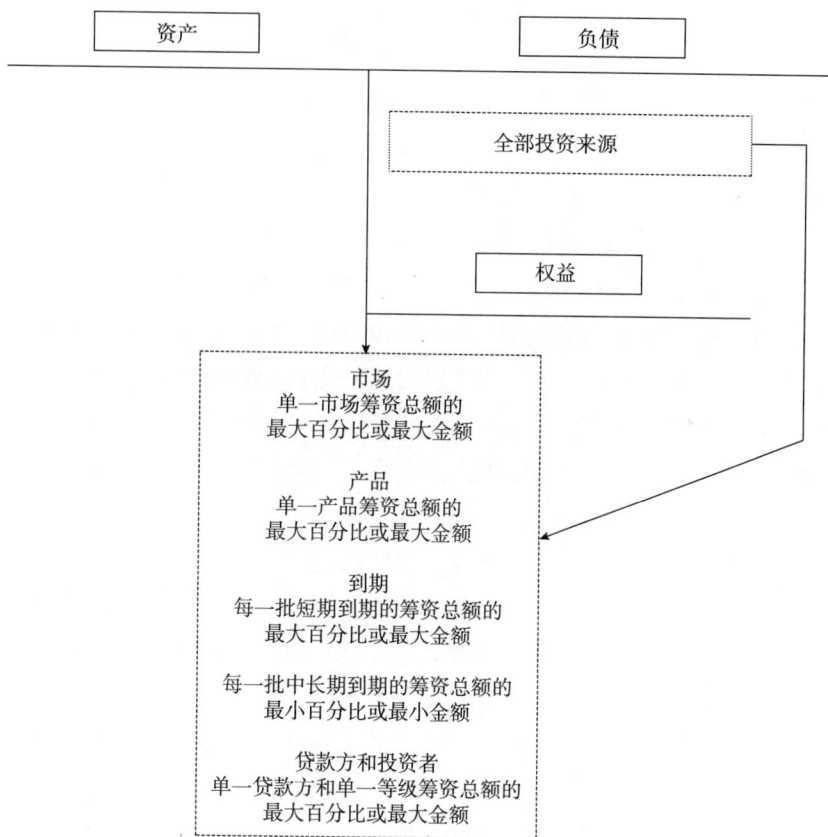

图9-5　各种筹资限制

2. 承诺工具的限制

约束或有筹资承诺这种类型从借贷市场上撤出，这种限制代表着另一种形式的控制。主要是为了企业能够依靠银行信用额度，以便确信这一工具可以在需要的时

流动性风险

候能够得到利用；这就明确意味着在所有的市场环境中限制或者尽量减少那些不能利用的可能性。注意，把资产负债表内筹资和资产负债表外或有融资结合起来考虑，可以使这一类型的控制更加精确，因为它是依赖于是否有的工具已经部分地或者全部地撤走了。我们将在本节中继续讨论这一问题。

■ 通知工具：回顾一下我们对流动性的理论和实际来源的讨论，保守的观点是假设通知工具将在出现内部的或者外部的困难时最先赎回，意味着丧失了一个筹资的来源。因此，最大价值和百分比的限制应该应用于任何被认为是通知的工具，企业没有给贷款方支付任何承诺费用，也就不能用正规的信用协议来制约。在实践中，企业应该严格限制从通知工具中筹资获得的数额，准备在混乱的时候其可用性全部打折扣。

■ 承诺工具：这些工具，企业为此需要支付备用和使用费用，可以受到信用协议的制约，所以远比通知工具更加健全和可靠。因此，企业的较大数额的各种借贷计划应该以这些工具为基础。但是，对于这些承诺仍然需要加以分析，因为有一些限制可能还是需要的。举例来说，一些承诺是必须履行的正面契约和负面契约。借款企业也许需要保持某个最小的资金比例，或者同意不参与某些活动，为了保持在这工具之下借款的权利。其中一些契约是谨慎的，意在保护双方。无论如何，当契约非常有约束性或者非常保守时，企业应该限制调拨的最大数额。如果看来契约很有可能被违反，因为这时企业面临财务压力——正好这时也许需要流动性渠道——贷款方也许要撤回工具，增加了压力。当金融契约的约束性比较小，而即便在困难的时候看来也不会被违反的时候，企业就可以对这一工具的可靠性抱有更大的信任，在需要的时候随时可以得到拨款——因此在筹资计划中可以增加分配的比例。

同样的方式也可以考虑应用于重大不利变动（MAC）条款；如果一个工具包含着"市场之外"等可以由贷款方自由解释的内容，那么就必须严格加以限制。反之，如果重大不利变动定义得非常精确，限制的起点是真正本质上的不利条件（也就是说，是一个"防逃脱的重大不利变动"），才可以考虑分配更多的比例。

需要重点强调的是，金融契约和重大不利变动可以很快放大一些小的问题，因此，在考虑合同的语言和可能对流动性渠道的影响时必须十分谨慎。[①] 注意同样的契约和等级测试是周期性的，包括公开的债务出售，意味着应该采用同样的指导方针（也就是说，如果和公司订立的契约或者等级被违反，比如，证券的发行，也许就会被迫赎回债券，或者就要着手或者加快支付到偿债基金）。

图 9-6 总结了承诺工具的限制。

---

① 即使是在重大不利变动并没有公开触发的时候，银行还是有可能给借款公司施压，采取某些行动或者进行某些改动，这些都可以给其财务状况带来压力。

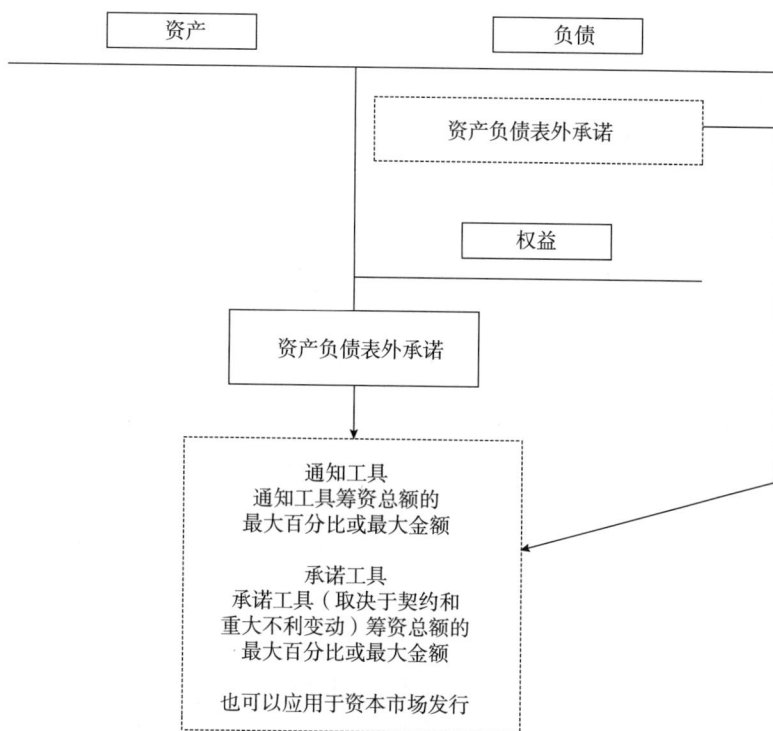

图9-6 承诺工具的限制

三、联合流动性的控制

虽然单独对资产和筹资进行风险控制是基础性的，但是同样重要的是企业需要控制由于两者结合出现的风险。在实践中，达到这一目的可以设置一些限制，涉及现金流量缺口、全面的资产负债表目标和混合比例。

1. 现金流量缺口的限制

在前面一章中我们已经讨论过，现金流量缺口的出现是由于资产和负债的不匹配（同时也由那些资产负债表外业务产生）。采取在离散时间范围内搭配企业现金流入和流出，或者通过更加复杂的测量，譬如，基于持续期间或者概率的统计分析，企业可以确定它将面对的是净融资需求额盈余还是赤字。建立缺口限制可以减少企业难以充分应对出现净融资需求额赤字的机会。从实践的观点来看，企业可以选择一个方式来计算净融资需求额的缺口，然后为每一个离散的时间或者持续期间的阶段设置一个最大限度，把这些限制累计起来就可以用于一个给定的时间或者持续期间。最常见的持续期间的范围大概是从隔夜到一个月的期间——以后企业也许就有足够的能力来再造其现金流量状态的基础，单独依靠对月或者季度的限制。

流动性风险

举例来说，一家公司拥有合理的渠道来筹资，通过其备用工具和流动性仓库。它可能感觉很好，因为可以很快得到 2 亿美元，所以，在资产负债表和资产负债表外项目上设置它的净融资需求额缺口为任意一天 5000 万美元和累计一个星期为 1.5 亿美元。同样，一家金融机构使用基于持续期间的利率敏感性资产和利率敏感性债务来计算比率的缺口，计划利率风险和业务起始策略以阶段来设置单独缺口的最大净开口限制，譬如，下个月每天 5000 万美元。利用这些缺口测量技术结合前面提到过的其他资产和筹资机制，企业可以控制其资产、负债和资产负债表外或有负债的现金流入和流出的联合作用。

自然，其他现金流量缺口的限制也可以考虑，譬如，最大隔夜筹资限制（尽量减少需要通过正规渠道紧急寻找资金）和外汇缺口限制（尽量减少由于不能适当地进行资金离岸运营而需要承担的重大外币兑换风险）。① 企业应该谨慎地评估其运营的性质，来决定是否还需要其他类型的限制。

需要再次强调的是，用现金流量的限制来约束风险，可能是合理的，尽管还不完美；我们已经提到过，在未来某一时间出现意外的现金流量是造成流动性问题的关键原因之一。无论如何，通过建立允许一定的数额的意外变化的缺口限制和一些缓冲，企业就可以在很大范围上处理可能出现的各种结果。

2. 资产负债表目标的限制

联合的资产和筹资风险也可以通过对资产负债表目标的限制来进行控制，从数额和增长速度上对资产负债表加以限制，确保企业在遇到商业机会时有适当的能力获得必要的资金。没有这些控制，通过组织增长或者收购企业扩张太快，也许就会发现没有能够相应地考虑到筹资需要，应用于扩张目的杠杆没有和资产筹资的流动性状态相互校准。举例来说，公司拥有 1 亿美元的固定资产和 1 亿美元的流动资产，筹资中有 1.5 亿美元的长期债务和 0.5 亿美元的权益，可能有一个机会来收购竞争对手，或者进行一项大的投资项目需要增加 1 亿美元的固定资产。企业可能简单地发行 1 亿美元的商业票据来满足扩大的资金需求，大大增加了杠杆程度，出现很大的筹资不匹配，流动性很差的资产组合；所有这些都可以增加流动性压力。通过对资产总额、债务总额和负债总额采取广泛的控制，企业可以限制没有经过筹资和流动性方案的事先评估的盲目扩张的数额。

3. 混合比例限制

企业也可以考虑使用混合比例来控制流动性风险的各个方面。这些混合的限制内容包括资产负债表、资产负债表外、现金流量和损益表账目，结合了对库存和流

---

① 令人感兴趣的是，至少有一个银行管理部门已经提出建立一个星期和一个月的现金流量缺口限制，在此基础上建立多星期的动态"压力因素"，可以应用于实际的和或有的流入和流出，比较大的压力因素是应用于存在通货不匹配的情况。这一方式可以看作是一个混合矩阵，多货币现金流量缺口的限制已经应用于重新校准压力测试的作用。

动的测量。举例来说，企业如果希望保证能够充分抵补即将到期的短期债务，可以设置一个限制，比例根据：现金、无负担证券的折扣价值，没有使用的未担保部分、承诺限额，除以 12 个月内到期的未担保债务。这一比例在任何时候都必须保持高于一个最低水平；如果达不到，抵补短期负债的能力就受到削弱，就应该提示管理层采取校正行动。

另外，企业可能希望建立一个最小防御区间，能够在没有任何新的筹资来源的情况下维持一个月，那么就可以建立这样的限制：以这个月所有来源和无负担证券的折扣价值的现金流入，除以这个月所有的现金流出。同样，这一比例也必须保持高于一个特定的水平，如果出现疲软，管理层必须准备采取校正行动。同样类型的混合比例，包括那些专门针对特殊行业的，都可以用来限制风险情况。

四、资产负债表外的控制

既然资产负债表外的项目可以影响现金流入和流出，有时还是十分显著的，就必须对其进行适当的约束。在实践中，可以通过对远期承诺和或有负债的限制来达到这一目的。正如我们已经提到的那样，对资产负债表外或有负债可以通过调拨产生现金来筹资（譬如通知或者承诺的银行信用额度），在前面筹资那一节已经进行过描述。

对于从衍生产品、贷款参与、循环信用协议、信用证、租赁、追索工具以及提供和吸收现金的抵押品中产生出来的现金流量，必须予以明确的控制。虽然现金流量也许确定，也许不确定（举例来说，真正的意外事件在未来的一段时间里不一定会发生），但是对于未来时期，保守的做法是要限制任何可能需要筹资的净现金流出。这些限制是要控制资产负债表外业务的数额和增长速度，以确保或有负债不会超过企业相应的筹资能力。事实上，这一点也与前面谈过的对资产负债表目标的限制是相一致的，只是专门针对具有不确定的时间和价值的合同的总数，因为这些合同可能会造成现金流出或者要求筹资。

这种需求对于净现金流入来说就是不必要的，除非是为了另外的未来债务的筹资（也就是说，如果或有的现金流入没有出现，但还是必须为未来的债务筹资，企业就不得不去寻找其他的融资来源）。既然这一方式包括了建立对或有现金的流入和流出的限制，因此可以被看作是一个压力情况下的限制框架，要假设出现最坏的情况。另外，为了限制未来不同时间区间的或有风险的全部数量，该架构也应该控制集中程度和信用质量，如同我们前面讨论的一样。这些可能也需要说明价值或者百分比的限制条件。

图 9-7 总结了远期承诺和或有负债的限制架构。

```
┌─────────────────────────┐
│       远期承诺            │
│     和或有负债            │
│ 每一个未来时段的最大金额   │
└─────────────────────────┘
            │
            ▼
┌─────────────────────────┐
│        集中              │
│   远期承诺和或有负债的     │
│  最大百分比或者最大金额    │
│                         │
│       信用质量           │
│      每一个等级的         │
│   远期承诺和或有负债的     │
│  最大百分比或者最大金额    │
└─────────────────────────┘
```

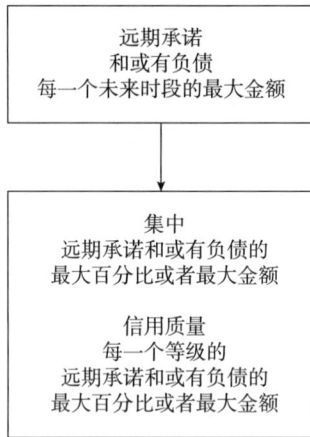

图 9-7　各种筹资限制

我们介绍了一个限制矩阵，可以用来控制流动性风险的不同方面，其方式也是与董事会指导下的流动性风险指令相一致的。正如我们已经指出的那样，这些限制必须和公司的要求和能力相联系，将流动性引发的损失限定在一个给定的程度。在实践中，无论如何，应该考虑限制而不仅仅是限额。在正常的处理事务的过程中，公司会找机会寻求发展业务，这样也许就会增加风险和违反先前制定的限制。对于政策和程序严格解读也许就会认为这是不能接受的。实际上意外本身可以，而且应该和利用有价值的冒险结合起来，包括那些符合企业的商业焦点，能够得到充分的回报补偿任何所担风险的意外。流动性管理委员会对限制步骤应该给予充分的弹性来处理临时意外；当然，应急程序必须充分理解和坚持应用。另外，意外应该具有临时的性质，而且很少发生。在一个确定的期间内，限定在一定数量之内的意外是可以被允许的；半永久性的超额就是一个风险管理有缺陷的信号，也许最终就会导致严重的问题。事实上，意外可以作为重要的"早期预警"指标：如果公司已经建立了谨慎和现实的限制措施，允许在正常的条件下用它来处理经营中的流动性风险，而后来却越来越频繁地出轨，这也许就已经出现了微妙的、尽管还是在发展之中的流动性问题。流动性管理委员会应该分析其性质、原因和趋势，以确定是否需要采取保护性措施。

一个相关的建议是，限制必须有效地约束企业的风险，无论其资金来源有多少。如果限制太宽大，就无法适当地约束企业的风险；而如果限制太小，而且一次又一次地出轨（前车后辙），就会引起注意和激发讨论。

五、其他的安全措施

除了前面提到过的限制矩阵形式以外，企业还可以使用其他工具来管理流动性风险。其中最有用处的就是准备金、标记和模型验证、处罚和外部关系管理。

1. 准备金

企业经常建立事先准备金是为了抵补可能的财务和经营风险意外。这是相当谨慎的行为，因为没有哪家企业能够完全肯定已经弄清楚了所有的财务、运营、法律和管理部门等各种影响经营的因素。重新安排一部分当前的收益来作为准备金，可以让企业为意外的现金流量建立缓冲。按照大多数管理规定增加准备金必须严格遵循会计准则的规定，对资金重新安排或者解除对特殊的损失或者现金流出的支持。根据这些强制性规定，管理机构试图尽量减少财务的"柔和化"或者对收益的操纵现象。有一些管理权限遵循的是更加自由的方式，允许通过低估资产来建立隐蔽的准备金；这些都是不能在资产负债表上加以确认的，所以其存在和使用可能都是不确定的。因此准备金可以被看作是预备损失的融资，用来抵补意外的现金流量、预期的未来负债或者由于资产变卖带来的短缺。除了必须保证特殊的筹资以备不测之外，准备金还可以为实际的需要和撤资的要求提前进行筹资。无论如何，准备金必须只是作为所有筹资或者现金产生的需求的一个相对小的部分；会计准则一般来说不允许公司为或有事件进行过度的储备。

2. 标记和模型验证

确保资产负债表和资产负债表外项目反映正确的经济价值是流动性控制步骤的另外一个重要方面。如果对价值的判断是不精确的，那么很难根据资产或者或有负债产生的现金数额创建一个限制框架。举例来说，企业估计自己的证券投资组合的价值为1亿美元，而实际的价值是0.9亿美元，或者估计无负担的工厂价值为10亿美元，而实际的价值是8亿美元，这样就已经对自己的流动性渠道做出了一个错误的描述。因此，通过流动性管理委员会的工作来进行的内部账目和外部审计的管理必须加强对所有资产和或有负债的适当评价，彻底审视任何瑕疵。这一行动对于缺乏透明度的市场的任何合同（譬如某些衍生产品、结构性债券和证券化）来说更是非常重要。在实际运用这些评价步骤之前，所有应用于价值复合风险或者投资组合的模型都必须独立地进行观察和校准；这样可以帮助将出现错误的可能性降至最低。

我们再次强调一下在前一章中提出的一个告诫：在使用模型来测量、定价和管理流动性风险的时候，必须谨慎地进行。虽然好的模型是一个有帮助的工具，但是也不能从看起来有缺点的步骤中得出虚假的安慰，在面对压力的时候出现不稳定和变化。也必须注意有关管理部门对模型的批准。虽然银行管理部门经常检查和批准市场和信用风险的模型——而且，进一步，其中包含的流动性风险——但是不能把这种批准看作是万事大吉的标志。有缺陷的模型——再加上缺乏经验，正向反馈的交易周期，以及系统风险——都可以加剧流动性压力。

3. 处罚

使用激励和处罚，可以塑造行为方式。激励在企业界里已经完全建立起来：经

流动性风险

营和管理如果超过了营业收入的目标和实现了目标，就可以通过较高补偿和补充的利益获得回报。处罚不需要那么普遍，但是在帮助企业实现特殊设定的目标时，可能非常有用，譬如，在保存充分的流动性上。通过建立设计良好和目标明确的处罚方式，实行起来可以激发管理者来帮助企业保护流动性。

举例来说，我们已经指出过，银行在资产负债表上为转售而持有的过期证券的数额必须最小化。证券的投资组合如果不能以账面价值或者接近账面价值的价格在60天或者90天内卖出，显然失去了正确的价值；不能转售出去的必须降价到清算的水平去卖出，否则就会遭到过期处罚。银行发现一种本应该流动的证券的投资组合保存在账本上超过了90天，就可以因这一头寸向有责任的管理团队征收费用，费用等于未清账款的一定比例；该费用也降低了该经营单位的营业收入，那些有管理责任的单位的年终报酬也会降低。一旦卖出了，那些已经积蓄起来的过期费用可以再返还给该单位。通过这一措施，管理者会积极寻找适当的清算水平来处理该资产（或者建立机制譬如证券化机制来卖出该资产）。

同样的处罚也可以应用于企业贸易方面那些经常延长而又不积极收账的应收票据方面，或者是承担了过多的"紧急"筹资结果造成发出人和筹资部门之间不协调的资产负债表外金融合同。自然，如果要使处罚真的有效，财务控制人员必须用心执行这些步骤，负起跟踪资产的责任，管理层必须严格执行纪律。

4. 外部关系管理

虽然我们刚刚在前面提到的管理控制是专门用于企业处理内部的运营的方式，但是外部关系也是控制的另外一个重要的方面。既然微观的筹资需要和宏观的筹资环境都在不断地变化，企业就必须明确评估自己的筹资计划并且做出相应的调整。应该发展新的融资关系以便创造未来的流动性。也许更重要的是，应该和当前的贷款方和投资者保持建设性的关系。一家企业必须和关键的利益相关者保持稳固的沟通关系，包括债务投资者、贷款方、股权投资者和管理部门。通过确保这些关系相互收益，企业可以增强获得筹资来源的能力，在有需要的时候能够以有利的条件获得资金，取得管理界的信任。特别是贷款方和债务投资者，必须让他们感到企业能够控制一般的财务风险（以及特殊的流动性风险）。企业如果忽视了这些利益相关人，也许最终会知道，在遇到困难的时候，它的筹资渠道减少了许多。在形势好的时候，努力使这些关系更加密切，是达到"实质性的"风险控制的一种稳健的方式。

图9-8总结了我们在前面已经讨论过的企业全方位的流动性风险控制。

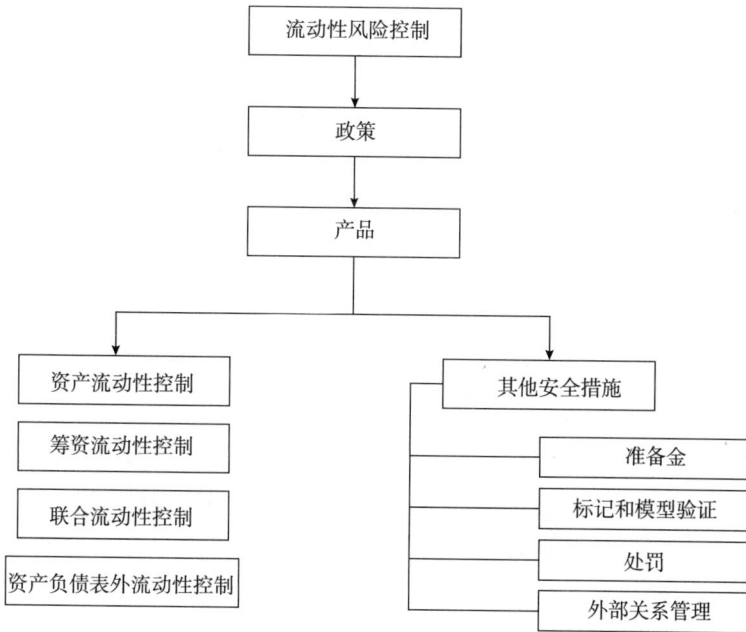

图 9-8　流动性风险的控制

第五节　流动性风险的监控

前文提到的通过控制框架进行的积极的流动性管理只是在具有适当监控能力的情况下才有可能做到。的确，如果没有对结果进行监控和报告的机制，试图管理流动性风险几乎是不可能的。监控的过程，需要依靠适当的技术能力，应该着重于资产和筹资投资组合、资产负债表外承诺和或有负债、远期资产负债表、压力场景和常规指标；同时，信息和数据应该和已经建立的限制标准加以比较。

一、资产和筹资投资组合

监控资产组合的流动性风险，需要以下方面的详细信息：

■ 资产的到期状态，尤其是那些期限在 1~30 天的即将到期情况（价值数额方面）；

■ 比较大的或者比较集中的头寸（资产的价值和百分比）；

■ 到期的头寸（价值和百分比）；

■ "问题"资产（譬如应收票据的呆账、坏账，其他的非运营资产）（价值和百分比）；

■ 无负担的资产（价值和百分比）；

■ 抵押的资产（价值和百分比）。

监控筹资组合主要需要的是：

■ 负债的到期状态，尤其是那些期限在一个月期间的即将到期情况（价值）；

■ 承诺、未撤回的信用工具（筹资的价值和百分比）；

■ 比较大的或者比较集中的筹资头寸（按照市场、产品、贷款方、地区）（价值和百分比）；

■ 可以导致工具的取消的触发事件的情况（譬如杠杆、营运资金、净有形资产契约）；

■ 应付账款的情况；

■ 短期筹资工具的分布（譬如商业票据、欧洲商业票据和存款）。

这两大类投资组合也可以采用联合的方式来检查和监控。资产和筹资组合的联合检查（举例来说，通过缺口或者净融资需求额）可以揭示出存在其中的不匹配情况（既有现金流入和流出的关系，也有到期和持续期间的不同）。其他投资组合的测量（譬如风险值和流动性调整风险值），也应该结合起来检查。企业的资产和筹资状况应该按照地区、经营单位、法人单位统一进行监控；这样可以提供信息反映出地区和实体是否有充分的现金流量，或者是否有人关心有关冻结的资金或者向上向下流动的资金。报告出来的价值应该相应地和限制标准进行比较，这一标准是由流动性管理委员会事先建立好的。

二、资产负债表外承诺和或有负债

资产负债表外项目必须谨慎地加以监控，特别是那些可能需要未来筹资的负债；既然合同没有出现在资产负债表上，在价值和时间上无法预测，也难以加以解释，那么就存在着未来的流动性需求被忽视这样的风险，导致我们在本书的第一部分中提到的某种意外的现金流量。监控应该做到足够细致，揭示出以下方面的现金流入和现金流出：

■ 期权的执行和其他衍生产品合同的结算；

■ 循环信用的调拨；

■ 租赁支付和取消；

■ 担保信用证和备用信用证的接收或者支付；

■ 或有收款项或者支付（包括追索的参与）。

三、远期资产负债表

虽然监控远期资产负债表在实际上也许有可能，也许不可能，但是它还是可以揭示未来的现金流入和流出的重要信息。构建远期资产负债表是根据假定的事件，也许会出现，也许不会出现，这就意味着可能需要采取不同程度的保守态度。举例来说，报表中可能会出现这种情况，描述现金流量和资产负债表项目时根据的是100%、75%、50%和25%概率的执行、调拨或者触发或有事件。另外，企业可能会选出在未来某一时刻必然会产生影响（也就是说，概率为100%）的独立合同，然后按照估计受市场影响而出现的可能性来对所有持有的合同加上权重。无论怎样，受到概率范围影响的情况可以提供对影响企业流动性的可能性的认识，必须进行监控。

四、压力场景

对压力场景的监控是测量过程在实践上的最终结果，可以帮助企业早早准备应对灾难性事件。定期（也就是说，按月或者按季度）预先建立压力场景，譬如将在下一章描述的那些情况，可以更好地揭示企业的流动性状态发展是更加健全，还是更加脆弱，因为也许发生了本不可能发生的事件。通过经流动性管理委员会和管理层允许的标准报表明确这一信息，在需要的时候采取防御行动。和远期资产负债表的报表一样，压力场景的报表也是根据一套不一定出现的假设。尽管是不确定的，在有压力情况下企业的流动性状态的性质必须是监控过程的一个部分。

值得提出的是，为监控目的构建的远期资产负债表和为压力场景的目的构建的远期资产负债表是不同的。前者是一个对在正常的市场条件下，以适当的合同形式交易的概率加权的现金流量分析（譬如一个当前信用工具的调拨，某些资产销售的完成，买入期权或者卖出期权的执行）。后者是对非常极端的市场情况下的现金流量影响的分析。这两种工具是互为补充的，但是传达出来的信息又是独特的。特别是，压力场景的结果代表着基于低概率的"灾难"事件（譬如1998年市场混乱的再现，在一个重要的本地市场上设置货币兑换的控制，冻结一个国家的资本，拆毁一家没有充分保险覆盖的工厂，评级机构严厉地信用降级，或者规则改变不允许一家法人单位把现金上溯到母公司）。因此必须小心谨慎地使用和解释这些结果。

五、常规指标

我们在前面已经讨论过的许多项目虽然构成了流动性监控步骤的核心，某些其

流动性风险

他财务的和具体的市场指标也可以揭示重要的流动性信息。正规步骤监控这些指标可以成为好的企业实践，也许甚至能够提供额外的反应时间，对于试图度过流动性危境来说是非常重要的。

■ 风险增长：企业在运营中如果愿意冒险（无论是财务风险还是经营风险），在出现某些事件的时候，也许就会出现非流动性增加的情况。举例来说，在出现了波动性或者违约事件的时候，承担了更多的市场风险或者信用风险的银行或者公司也许就会遭遇更大的损失，这些损失也许会造成额外的现金流量压力。

■ 资产质量下降：特别对于金融机构来说，资产质量下降的标记（可以通过过期贷款、不计息贷款和其他不良资产来进行测量）也许表示需要更多的信用准备金。缺乏来自贷款安排的收益现金流量，还有任何准备金的增加，都可以挤压可以利用的流动性。还有类似的情况，只是程度上稍差一些，就是企业的应收票据。

■ 资产快速增长：虽然大多数企业为了支持产品的增加，都在寻求稳定地扩大资产，但是资产突然过快增长，特别是必须通过短期负债来筹集资金的时候，就会造成流动性压力。

■ 营业收入和收益的侵蚀：企业要是持续地减少收益，达不到原计划要求，或者直接遭受了损失，就不能产生所需的现金流量和资金来维持运营。这样就会增加对筹资计划的要求，减少了满足未来需求的可利用的资金数量。

■ 金融交往关系：企业和它的债权人、供货商和投资者所保持的金融交往关系必须始终处于监控之下以及时发现变化的信号。任何交往关系方面的恶化都是潜在问题的信号，必须作为优先处理的事情。这些可能包括银行信用和贸易或供应商关系的变化（譬如新的证券和抵押需求、工具或交易的规模变小、到期期限缩短、费用或者利率提高），减少了代理银行的关系，短期负债的投资者的收缩，等等。

■ 短期资金提款增加：在任何情况下，企业传统的短期筹资来源被赎回，由于直接取消、提前赎回或者缺少转滚等情况，都必须作为非常严重的事情来对待。虽然这些提款可能是机构的特殊原因或者全行业的原因，而最终的影响基本上是同样的：增加了短期筹资的压力。

■ 市场消息和传言：在信息可以自由快速传递的时代，企业必须监控市场上流传的消息和传言。任何对于公司的财务状况起负面作用的信息都必须毫不犹豫地加以处理（我们对此将在下一章中讨论）；做不到这一点就有可能导致快速发展的问题，譬如，筹资撤离或者缺乏转滚。

■ 金融市场的测量：对于各方面都十分公开的企业，其变化情况可以在市场上得到测量和监控。其中包括一些敏感指标，譬如，信用等级警戒状态、信用价差和股票价格。如果企业的金融市场测量的指标显示出负的方向（举例来说，股票价格下跌或者信用价差扩大），其中的原因必须尽快地查清，并且应该考虑采取防御措施。如果金融市场测量的指标持续呈现弱化，不管其能否准确地反映出企业的经营状况，都可以带来负面的压力，引起市场传言。这些，正如我们已经指出的那样，可以导致流动性的减退。

六、监控目标

对资产、筹资、联合的现金流量、资产负债表外承诺和或有负债、远期资产负债表和压力测试实行监控，应该能够提供实时的快照，反映当前流动性状况的图形。这些快照必须补充趋势信息。管理层可以因此确定企业的流动性是随着时间增加还是逐渐减少。信息也必须和限制以及流动性风险指令专门联系起来，以确保企业的观念得到贯彻，资源得到适当的安排。这是"反馈回路"的一项基本内容，告诉董事和经理指令的效用。

任何报告的最终目的都应该是要把相关和可操作的信息传递给董事、经理和财务高管、风险管理和经营管理专家，这些人对于产生或者减轻流动性风险有着直接或间接的责任。信息应该反映法人单位、经营单位各个地区的观点，使个别来源的数据能够适应多样性的用户需要。流动性管理委员会应该起到领导作用，设计信息机制，确保所产生出来的信息能够作为有意义的对话和行动的基础。报告的频率密度和信息的间隔时间可能会因机构和功能的不同而不同；一般来说，无论如何，每个季度，流动性管理委员会应该能够让董事们知道企业的流动性状态、变化和趋势。高层的经理们至少应该每个月得到一次报告，以及更加频繁的市场环境情况证明。风险、财务和经营部门的经理必须每天查看报告，以确保持续的研究，确定可以形成现金流量的动态变化图像。

同样的信息也必须提供给管理部门和其他关键的利益相关人〔譬如股东（通过年度和中期财务报告）、发放贷款的银行和评级机构〕。[①] 关于各种状态和承诺可用的信用工具，流动性仓库的建设，以及关键比率的测量情况（以及有关最低要求的执行情况）的信息，可以供利益相关人使用，按照一定的时间周期提供。的确，愿意发布更多信息的企业可以和利益相关人建立更加紧密的关系。图9-9总结了企业

---

① 有些时候，规章或者会计惯例要求企业遵守特殊的流动性相关的信息披露规定。举例来说，管理界的美国证券交易委员会，在《财务状况和结果的管理讨论和分析》说明中，曾经指出：在确定需要或者进行适当的信息披露时，公司应该分别评估他们的能力以应对即将出现的短期和长期的现金需求，公司要证明拥有充分的资源需要提供额外的更多细节或者信息细微差别的材料……对公司现金需求的讨论和分析一个出发点是合同债务的信息披露表格，应该补充了解公司现金需求的材料的额外信息。公司应该用材料表明，有关评估不确定事件，譬如损失或有费用，对现金需求和流动性的数额和时间方面的影响的困难之处。任何这样的讨论都应该针对特定的环境和情报资料。

（美国证券交易委员会，2003）

在会计方面，国际会计准则理事会，对于有关金融工具的信息披露情况，曾经指出："一家实体应该披露（a）到期情况，分析说明持有合同到期的财务责任；以及（b）摘要说明，如何管理蕴含在（a）之中的流动性风险。"其他会计系统也有自身的要求。

流动性风险

运营应该考虑的流动性监控的范围。

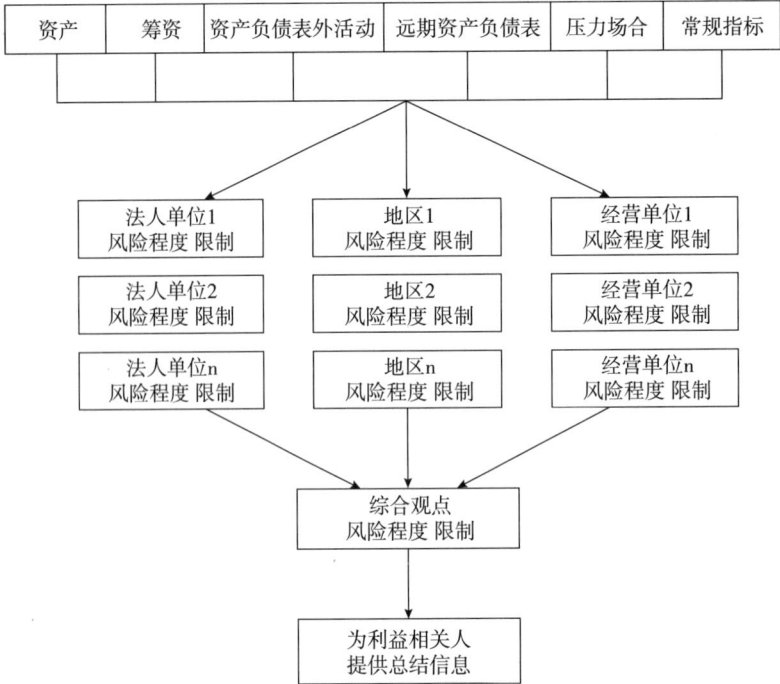

资产	筹资	资产负债表外活动	远期资产负债表	压力场合	常规指标

法人单位1 风险程度 限制	地区1 风险程度 限制	经营单位1 风险程度 限制
法人单位2 风险程度 限制	地区2 风险程度 限制	经营单位2 风险程度 限制
法人单位n 风险程度 限制	地区n 风险程度 限制	经营单位n 风险程度 限制

综合观点
风险程度 限制

为利益相关人
提供总结信息

图9-9 流动性监控的范围

七、技术能力

流动性风险的监控和报告只可能应用于大型的组织，配以合适的技术设施。有的流动性风险可以出现在各种企业、产品、法律以及地理分区，必须要以健全的数据管理和技术环境来控制。这就需要一个统一的机制来进行数据的收集和聚合，同时需要有能力使用这些信息来测量风险和设计压力场景。需要特殊的模型来报告分类账平衡、失期、合同结算、现金流入和流出、贷款、配售以及其他筹资活动。

技术能力必须能够及时地产生有质量的信息。经理使用信息来进行管理企业，必须完全信任给出的结果，必须能够很快得到数据。特别是在危机情况下——企业的领导层不可能去发现关键的信息在报告的过程中丢失，或者数据的聚合是延时的。投资建立有效报告的技术应该认为是有利于使用企业的资源，因为它可能会帮助消除未来更加严重的问题；特别是在进行危机管理的时候，我们将对此在下一章中进行讨论。

第十章 流动性危机管理

公司在正常市场环境下，在经营中能够通过管理授权、政策和限制措施，来控制经营过程中面临的流动性危险。如果这种机制结构合理，并能够坚持不懈地执行，流动性风险对财务的影响就可以保持在管理范围之内。但是，在有些情况下，公司会受到内生的和外生的因素的打击，可能会出现更大的财务问题，甚至有可能出现财务困境。在这种特殊情况下，公司必须立即执行流动性危机管理计划。成功的计划可以使公司度过流动性危机关口，以最低的成本使公司经营步入正轨；不成功的计划——或者根本就没有什么管理计划——将会导致更复杂的状况，其中包括流动性旋涡运动和破产。在本章中我们将分析流动性危机管理的范围和重点：事先市场进入、防御措施、沟通、触发事件、应急计划和测试计划。

第一节 范围和重点

虽然流动性危机管理是因公司而异的，但是典型的危机管理计划拥有同样的目的：保证充足的现金，限制信誉损失和经济损失，以便经营能够尽快地步入正轨。流动性危机管理计划正是规定了一家公司的目标，其中包括财务困境阶段的流动性来源、管理和流动性资产的保持和筹资。在大多数情况下，这些目标可以分解成三个方面来完成：

■ 事先市场进入；

■ 防御措施；

■ 沟通。

我们将在下面对此进行仔细的分析，需要分别对于应急计划和计划测试进行一般的分析。但是，在此之前对范围和重点进行整体的分析是很重要的。

危机管理计划应该用于困难时期对公司提供保护。重要的一点是公司要创造和保持足够的现金持续经营。区分行动的优先次序和修正经营行为将有助于实现此目标。相应地，一项适当的危机管理计划必须在任何混乱局面出现之前制定出来。事件发生，对于特殊原因造成的危机，简单的应对是不可能取得成功的。虽然一项危机处理计划通常是自上而下制定出来的，是公司综合流动性需要的反映，但是在有

流动性风险

些情况下，需要针对单一的经营单位分别制定计划，以便处理具体的需求。我们已经说明过某一单位的流动性状况对其他单位将产生巨大的影响，所以协调是至关重要的。

管理人员应该确立危机管理过程的优先顺序——无论是在制定阶段还是在切实的执行阶段。董事和管理人员必须在计划制定中起到领导作用，同时接受高级财务人员的建议。一经运作必须全力以赴，因为公司的存亡将取决于他们能否果断地处理事务。正如我们以后将会提到的那样，流动性危机管理计划应该在使用之前进行彻底的测试。实际上，这种"着装预演"应该经常进行以保证所有的过程按意图运作，所有与市场进入、防御措施和沟通有关的变量都将保持相关关系。测试应该是全面的，其中包括对支持性信用工具进行转滚，卖出一部分流动性仓库的东西，进入回购协议市场，从中期票据计划中发行一部分长期债券，等等。

有效的危机管理主要依赖于清晰的"命令和控制"。在通常的经营条件下，很多管理人员可能成为流动性危机管理过程的参与者，每个人都可以贡献经验和专家意见，并具有一定的权威性。特别是对那些选择分散危机管理过程的公司来讲更是如此。在危机管理过程中，这种代表权威的方式应该转为由一个很小的团队来指挥，这可以保证对过程进行严密的控制以及按照需要对人力和财务资源做出指导。事实上，公司将从流动性危机管理小组（LCMT）的集中权威中获益匪浅，小组成员包括：

- 首席执行官或者首席运营官；
- 首席财务官；
- 出纳；
- 风险管理的领导；
- 运营和结算的领导；
- 流动性管理委员会（流动性管理委员会，专门负责管理公司的流动性状态，在前一章中已经说明）。

这一小组应该很快集合起来，并协调所有必要的行动。实际上，流动性危机管理小组必须做好准备，启动前面提到过的一个对时间敏感性计划，来安排具体需要执行的任务：哪些必须在 24 小时或 48 小时内完成，哪些是在一周或两周内必须到位的，等等。作为命令控制链条的一部分，临时集中的政策，也应该制定出来，对此下面还要讨论到。

计划的关键组成部分集中在筹资备选方案内。为了实现充足现金这一流动性危机管理小组的首要目标，必须通过财务小组了解公司短期和中期的现金流，以及在危机期间如何提供这些现金流。实际上，我们在第八章中说明过，现金流量应该进行压力测试，以便分析在危机时期它们如何变化；这在筹资计划的一部分是选择性的或可撤销性的负债的时候，显得尤为重要（虽然涉及关于信用提供者、投资者、存款人或债权人等许多方面行为的假设，但是"最糟情况"在行为上的变化经常是在分析时作为有价值的出发点）。压力测试也应该包括对资产抵押或处置价值的评价，在困难时期也应该可以得到这些价值。

有关预期现金流的信息在手，就可以制定并启动一个区分行动优先次序的计划。虽然这样的一个计划是因公司而异的，并因时间而变化（因为公司的经营、市场进入和现金流也在变化），在这方面可以举例如下：

■ 调整负债（例如撤销银行信用额度，发行中期票据，减少商业票据，调整到期）；

■ 控制自由的或者非必要的现金流出；

■ 对流动性仓库或其他账户内的资产进行抵押；

■ 通过对冲减少其他财务风险；

■ 出售流动性仓库中的可变现资产；

■ 减少其他资产（例如，减少新业务扩张、收缩资产负债表）；

■ 明确资产负债表外业务（例如，证券化和期权的执行）；

■ 出售持有到期资产、固定资产和经营单位。

我们将在下面详细分析这些问题。

第二节 事先市场进入

遭遇到严重流动性压力的公司必须准备好采取一切措施以帮助企业生存下去。这意味着企业必须能够将流动资产出售或抵押，增加短期负债或长期负债，减少长期资产，推迟自由现金流出。所有这些行为都要求企业能够以适当的途径进入市场。

从负债的角度看，公司能够通过确保其筹资计划已经做到了多样化、安全和深入，来建立适当的事先市场进入。公司创建的任何计划，无论是在正常的条件下还是在危机时刻都应该明确能够使用。正如前一章所述，公司必须创建一个筹资选择权的组合，该组合涉及多种产品、市场和提供者；这种分散有助于保证公司不会过于依赖单一的筹资来源，公司能够选择额外的产品和资金渠道。在任意一个时间点上，筹资计划还必须安全；进入财务困难时期的一个公司无法承受突然发现已经承诺了的筹资工具事实上遭到了撤销或撤出。最后，筹资计划必须拥有足够的深度，使公司在各种各样的压力条件下都能够得到所需的资源。创建一个多样化的安全的筹资计划只是困难时期公司所需的一部分，并不能避免更严重的问题；计划必须足够大，能够包括压力场景的所有可能的现金流出。

从资产的方面来讲，公司可以通过建立一个与公司其他经营业务隔绝开来的流动性仓库来创建事先市场进入，这就减少了公司在困难时期无法得到充足现金的可能性。实际上，一项构造合理的流动性仓库减少了公司对短期投资者、存款人和债权人他们行为的依赖性——这样一来就恢复了公司自身一定的控制力。当然，流动性仓库会消耗部分资源，在短期内无法对企业的价值最大化做出贡献。然而，流动性仓库可以被视为珍贵的流动性选择权，在真正的财务混乱出现的时候可以使用。正如我们前面分析的那样，组合必须包括高质量的可出售的工具，它们保持着自己的市场价值（特别是在"逃往质量"的阶段），同时这些工具应该在不同的债务人和市场之间进行适当的分散。流动性仓库不应该成为无用资产的"垃圾堆积场"，也不应该在有其他用途的时候遭到"突袭"（例如，将可销售市场证券变卖用以投资固定资产）。通过遵循上述简单的原则，公司就能够保证在需要的时候，通过资产处置或抵押该资产时能够按照真正的抵押价值产生现金。

第三节 防御性措施

一、再集中化

当一家公司进入了危机管理模式，流动性危机管理小组采取的措施是防御性的，这意味着权力的再集中是值得推荐的。所有那些分别负责经营、产品和其他特定部门（包括创造和吸收流动性的财务领域）的代表都应该暂时取消权威性，以便核心小组能够适当地协调公司的行动。这样做并不意味着这些管理经营部门不能够参与危机管理程序。实际上，他们必须这样做，因为他们很可能会十分熟悉那些影响公司流动性的重要信息。但是，他们的职责必须暂时被限定于沟通或指导，而并非行动或决策的制定。由于对管理程序负责的流动性危机管理小组必须以一切必要的方式调用经营和部门管理人员，以期公司走出困境，所以，他们必须保有决策制定的权威。

二、筹资管理

在大多数情况下，流动性危机管理小组应该转向确立筹资计划的优先次序，这很合乎逻辑，因为负债组合经常是作为筹集现金的第一道防线（不是核心经营现金流）。危机状况下的筹资管理集中于区分调拨的优先次序、筹资期限延期和控制自由现金流。

1. 筹资调拨的优先次序

处于危机模式中的公司必须尽一切可能积累足够的现金缓冲，以便维持经营。相应地，公司应该做好准备尽快地采用信用和筹资工具的调拨。这一过程始于区分筹资机会的优先次序：一家公司必须确定采用哪种工具，何时采用以及筹资额多少，以便能够保证所需的资金。这将我们带回了第三章中介绍过的那点，有关于理论上和现实中的联合流动性来源的区别。虽然那些理论上的流动性来源的完全补充在正常的市场状况下，对公司来讲可能是可以取得和接触到的，但是，公司在遭受危机袭击时只有实际的流动性来源才能使用。从负债的角度讲，在压力巨大的市场环境下，公司的或有负债计划使可能出现的理论上的筹资来源大打折扣或是完全无用；确定筹资优先次序时应该排除那些并非确定无疑可以使用的流动性来源。

在大多数危机状况下，公司不可能同时征用所有事前安排好的筹资工具，这意味着公司必须区分出采用的先后顺序。确定优先顺序可能要由下列因素来决定：公司与债权人和投资人关系；公司采用特定种类的筹资方式（例如，浮动利率还是固定利率，优先级还是附属级别，国内还是离岸，本国货币还是外国货币）的愿望；公司取得跨公司或团体筹资的可能性；公司对于特定到期日的需求（如下所述）。还可能有关的因素有：各种筹资机会的价格，市场上或工具所能够提供的总筹资额大小，资金到位的速度。实际上，一家公司必须对利用筹资机会的提前通知期特别敏感，原因是某些筹资工具和产品都包含着很多天延迟期：至关重要的时间将会因此失去。除了具体的要求之外，对流动性危机管理小组来讲非常重要的一点就是绘制一张清晰的筹资路线图。方框 10-1 提供了有关这种路线图的简单说明（实践中的路线图可能是十分复杂和具体的，要包括数额、利率、保留下来可供选择的货币种类、投资者的偏好、市场水平和收益曲线的形状等）。一旦确定了优先次序，财务部门应该自动地开展筹资活动，以便节约时间。

2. 负债展期

当一家公司进入危机模式时，它必须尝试着重塑自己的筹资状态。这一般来讲意味着要将短期信用和对市场敏感的负债转换成长期融资。从实践的角度来讲，这将涉及采用 6~12 个月的银行转滚，发行 2~3 年期的中期票据或欧洲中期票据，同时允许 17 天期、14 天期或 30 天期的商业票据和应付账款滚动。在一个正常的正收益曲线的环境中，这将使融资成本立即升高，并导致企业价值的下降。然而，这些都是重要的防御措施，将缓解短期融资的压力，而短期融资压力经常是严重的流动性问题的原因所在。当然，处于危机模式中的公司不是总有可能转换融资；中期融资（通过贷款或资本市场获得）可能相对稀缺，除非稳定的事先安排的筹资能够到位。但是，公司应该尝试所有的可能性。

方框 10-1　筹资路线图小结

公司 ABC：应急筹资优先权

银行 XYZ 工具

- 1 亿美元，3 年期，固定利率；
- 1 亿美元，5 年期，固定利率。

银行 ABC 工具

- 1 亿美元，5 年期，浮动利率，掉期到固定利率。

中期票据计划

- 2 亿美元，2 年期，固定利率。

欧洲中期票据计划

- 3 亿欧元，3 年期，固定利率，50%持有欧元，50%掉期到美元。

银行 TUV 工具

- 3 亿美元，7 年期，固定利率。

私人配售

- 100 亿元人民币，3 年期，私人配售，浮动利率。

---

3. 延缓现金流

在把保留现金作为公司高于一切的目标时，非必要现金流出必须得到遏制。不会给企业价值或信誉造成损失，随意的现金支出可以很安全地被截断、推迟或者拒绝，应该首先进行缩减。在危机发生前的计划阶段，流动性危机管理小组应该获取有关公司近期和中期的现金流所肩负的义务信息，将现金流分为随意的和非随意两种。典型的非随意现金流赋予公司极少的机动灵活性：在大多数情况下，它们都是与计划投资、资本支出、原材料和资源获取以及债务、租赁服务等有关的合同约束性的现金流，不能够延迟。相反，随意现金流允许公司管理与现存财务状况有关的现金。如果公司能够缩减一项事前计划好的投资或资本支出，或者如果公司可以很快地关闭一个获取负现金流的经营单位，公司一定会考虑这样做的。在危机模式下可以保留的现金强化了危机时期企业整体的财务状况。

有种说法就是，任何减少企业价值和伤害企业信誉的行为公司都不应该做。举例来说，即使合同允许公司撤销与他人合作的长期计划，也必须适当地考虑这样做是否最佳：撤销计划可能会影响合作关系，危害到未来的经营机会。同样地，停止支付普通股或非积累性优先股的股息也将会导致公司的股价下降，并且在未来的一段时间内股价将持续疲软。因此，执行官（包括负责股利政策的董事会）在做出任何决定之前必须进行彻底的利弊分析。

三、资产管理

处于危机模式中的公司也必须为资产进行筹资，以维持可行的经营业务。有种说法是，危机管理计划必须集中精力争取机会减少需要筹资的资本数。也就是，缩减资产负债表。快要到期的流动性资产应该进行周转，可以以账面价值出售或者用于抵押获得新的筹资，这样一来就不大可能出现问题，减少了流动资产，流动资产只有很小的生产能力，它可能代表了一种不必要的筹资负担。公司应该在事先的基础上，区分出在危机阶段为了缓解相关财务压力可以出售的资产。对于新业务来讲也是一样。如果一开始作为其经营的一部分而产生了很多的应收账款和存货，现在公司可能希望能够减少或者暂停经营，同时也减少或停止增加资产，以便可以暂时减少筹资要求。一旦危机过去，公司的财务状况转好时，可以在投资组合中购买流动性较差的资产或非流动性资产（包括那些收益不那么具有吸引力的资产），公司的经营水平还可以恢复。当然，缩减盈利资产，即便只是暂时性的，也必须谨慎为之，原因正是这些投资、应收账款、存货、工厂和设备创造了一个公司的企业价值。如果处理不当，当公司度过流动性危机后，恢复价值将是困难和昂贵的。注意，应当同样考虑的还有资产负债表外合同：这些合同有潜在的可能会影响现金流，也应该进行缩减。

四、风险对冲

在本书的第一部分我们说过资产负债表内和表外的信用、市场和流动性风险之间存在密切的关系。严重暴露在市场和信用风险下的一家公司直接地或间接地都会发生大额的流动性风险，通常来讲是会这样的。相应地，任何危机管理计划最重要的防御措施之一都是集中压制信用风险和市场风险对企业经营的影响或者说将其降到最低点。通过这种策略，公司将减少在新的风险或增量风险出现时，其自身流动性状况将进一步承受压力的可能性。当我们考虑到系统性混乱时更是如此，此时将产生大量信用违约和破产以及"逃亡质量"现象。因此，在使用危机管理计划和确定何种风险可以通过缓解现金压力的对冲交易和衍生工具对冲时，公司的危机管理计划必须集中分析市场风险和信用风险的本质。

第四节 沟通

无效信息将会产生极大的破坏作用，切实地恶化负面局面，这意味着外部和内部的沟通是至关重要的。从外部的角度讲，利益相关人对公司、财务状况和未来的前景拥有投资利益，他们需要对未来发展事项做出评估。在对违约的恐惧不断增加的情况下，信用敏感型的关系尤其如此。相应地，或有负债计划必须包括积极的和有效的外部沟通机制。管理层必须采取措施确保所有的债权和股权投资者、债权人、监管人、信用评级机构和财经媒体定期地得到信息流。利益相关人如果能够直接从公司获得公司财务状况和计划信息，就不大可能创造出，也不大可能牺牲于流言和对问题耸人听闻的解释——我们在前面提到过，这些传言将会进一步加大流动性压力甚至激起流动性旋涡。管理方面的质询必须予以特别重视。

内部沟通同样也很重要。推动公司经营的员工和管理人员不想通过流言蜚语来了解潜在的问题；他们以员工的身份投资到公司（而且常常就是实际的股东），因而在危机阶段应该得知事态相关信息。同时管理层也必须得到沟通。业务单位和地方办公室的管理人员也应该经常拥有关于公司状况的有价值的和独特的信息，这些信息可能会影响管理人员控制局势的能力；日常的通知和消息库这种机制也必须建立起来，以确保信息能够及时地传送到流动性危机管理小组那里。

第五节　调用和终止计划

危机管理计划应该通过一个程序来调用，这一程序应该以客观的触发点和执行官及管理人员主观的输入值为基础。公司必须确认那些反映流动性环境变化的测量标准，具体的证据是这些测量标准的补充，来自于市场和管理层对事实（例如，转滚方面的困难，利差的夸大，债权人不愿意更新长期筹资工具，更加依赖经纪人寻找好的筹资机会）的解释。执行官和负责编纂统计的财务控制人员应该提前对测量标准达成共识，这些测量标准应该成为定期的监管过程的一部分，我们在上一章具体分析了这一过程。当客观测量标准被触发或者到达了预先定义的开端，流动性风险管理小组必须尽快从市场上得到有关于流动性混乱和压力的补充性的定性信息。对于权威人群来讲，主观和客观输入值的综合应该足以确定是否调用风险管理计划。很重要的一点就是，这一程序应该达到相当程度的自动化，并且反应灵敏，同时需要人工判断和经验，不然就成为了机械性的行为，容易受到曲解和错误地使用。

终结一项危机管理程序应该是一个界定清晰的事项。流动性危机管理小组应该事先建立和使用象征公司正常经营的测量标准，如果达到标准，公司就可以安全地将职责交给单位和地方，重建经营，补充流动性仓库，改变融资期限，等等。这一程序也包含客观标准，例如，配合主观的输入值和对市场资源、投资人和债权人的分析，回到了危机前制定的流动性风险测量标准。实践中，这需要一个或两个季度的时间。债权人和投资人的信心——像信用利差的变动、易于转滚和得到新的融资——在几天或几周内不大可能出现，在公司经历了元气大伤的事件以后更是如此。一旦终止了计划，流动性危机管理小组和内部外部的审计人员应该详细地检查风险计划，以便确定是否存在任何的漏洞或是否还有需要改进的地方。应该对计划做出调整，以便今后的重新设定。

第六节　灾难恢复

在机构严重依赖技术管理业务的时代，保证适当的灾难恢复计划到位是很重要的。这类计划通常集中于确立偏远地区业务选址，及计算机、网络、数据冗余和通信的支持。为了不对商机、特许权价值、财务义务或信誉造成损害，公司必须能够马上恢复经营，恢复受到灾难影响而中断了的正常经营。实际上，灾难恢复的要求对整个企业界更是十分重要，越来越多的公司似乎开始致力于仔细的考虑、设计和完成灾害恢复计划。典型的这类计划有广泛的基础和意图覆盖公司经营尽可能广的范围，公司制定的流动性或有负债计划必须成为行为最主要的部分。获得现金的途径是至关重要的，在危机阶段这可能更加重要，在通常或特殊的混乱状况中获取现金是不能犹疑的。如果公司能够安排好流动性计划，使公司在尝试应对灾难性事件造成的经营中断的同时拥有简单、有效和安全的筹资渠道，那么就减少了可能引发财务困境的风险。当灾难的范围十分广泛，影响了所有的部门、国家或者系统的时候，情况就更是这样。

第七节　测试计划

确定一项危机管理计划能否依照预期运作的时机不是处于具体公司危机或部门内危机之中的时候，而是在需要使用计划之前。相应地，公司的应变计划在正常的市场状态下必须经过测试以确保所有功能都能如期实现。测试应该是综合性的，包括了上述计划所有的部分，这包括市场进入、筹资、对冲和其他防御性措施，也包括内部和外部沟通。为了确定负责人能否有效地管理自己的那部分应变计划，有效地与他人沟通，以及有效地指挥资源，也应该做好类似的事情。这类的"着装预演"可以指明脆弱的地方和展现出应改进的地方——在实际的危机发生以前。

计划测试的一部分应该集中于真实生活演练，例如，采用银行工具、发行新的

流动性风险

商业票据、卖出部分的投资组合等。实际上，真正采用银行工具作为主要的支持是一个明智的主题。有些公司不情愿这样做，即使是在"考验的模式"下，因为他们不愿发出错误的信号或者曲解地使用筹资工具。但是，既然最后防线是应变计划的主要组成部分，就应该定期测试。调拨备用或紧急循环贷款并不是一件耻辱的事——公司必须能够在不发出负面信号的情况下测试它们的筹资工具。类似的测试应该通过发行短期债券和中期债券来进行，小额出售流动性仓库中的资产来测试资产的价格，等等。

虽然标准的流动性政策和规程很可能应用在正常的公司经营过程中，但是更应该明确的是危机计划的提前准备，这是谨慎的风险管理的重要组成部分。如果一家公司已经拥有健全的应变计划，就可以更加容易地度过任何危机。

图 10-1 总结了上述讨论过的程序的各个方面。

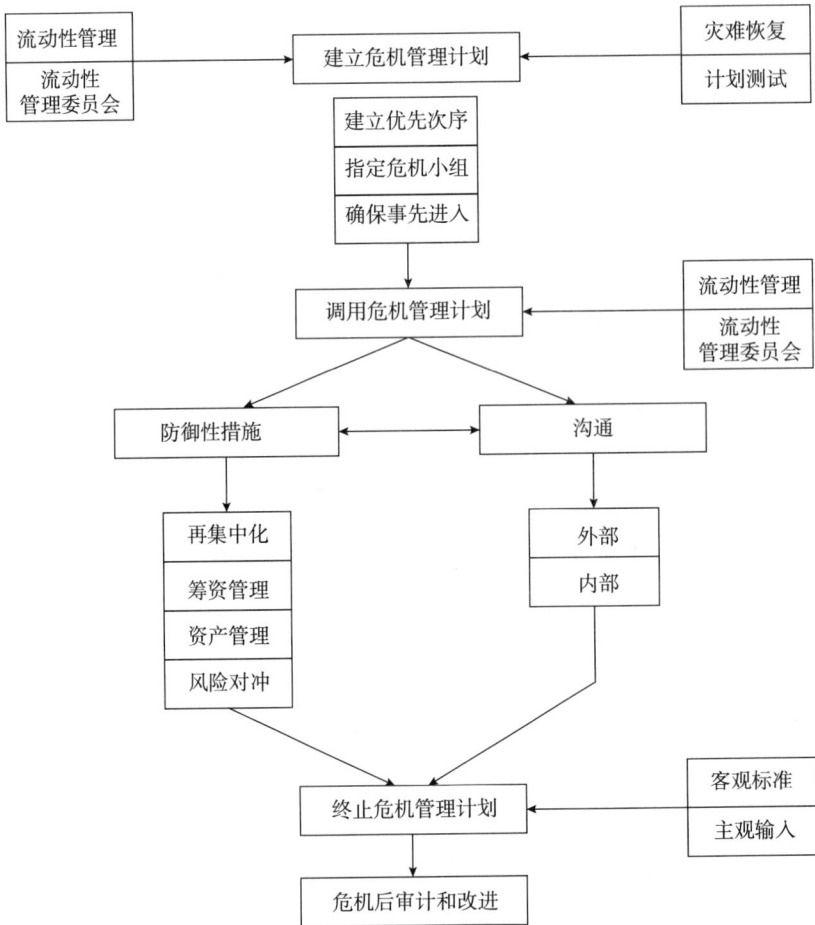

图 10-1 流动性危机管理计划

第十一章　总结：积极的流动性风险管理

在我们对流动性风险的分析进行回顾和下结论的时候，我们将考虑积极的流动性风险管理在未来适当的一段时间内的前景。很明显，在过去的 20 多年中，公司（和管理部门）对于风险和风险管理越来越熟悉。不稳定的市场，混乱、系统性压力和遭受损失的结果，这些对于增强风险意识起到了重要的作用，一般来说这些都是有益处的。没有迹象表明在未来的日子里，经济和金融运营环境会变得更加温和，严格的风险管理还将保持重要的地位。

为了解决经营上的不确定性，很多机构现在都强调确立正规的风险管理程序的作用，包括那些集中处理流动性风险的部门。实际上，面对每一次微观层面上的或宏观层面上的危机，公司都表现得越来越愿意考虑变革，这些变革使他们能够更加有效地管理自己的流动性风险。举例来说，其中有一些公司已经有意识地努力降低自己对融资市场、债权人和投资人中的小团体的依赖程度；其他的一些公司创立了允许自己在财务紧张的时候减少资产额的政策，还有一些创立了充实的流动性仓库，其中适当地融入了高质量的和畅销的资产。这些程序一定要进一步地扩展，直到所有的公司都拥有了某种流动性风险管理机制——理想状态，这种机制要与财务风险管理的其他方面相联系。在我们对本书的内容做出总结的时候，再来考虑一下公司最佳实践的基本性质，同时还有监管当局帮助创建良好的流动性系统的职责。

第一节　微观层面职责：最佳实践经验

在本书的讨论中我们可以得知，对于流动性风险的有效管理没有唯一的"正确的解决方法"。对一家公司或企业有效的程序对于其他公司所起的作用也许就很有限，那些最适宜于正常市场状况下的程序也许就不适于危机时刻，等等。但是，流动性风险管理的概念是放之四海而皆准的，有可能在此基础上建立起对最佳实践经验在微观层面上的总结，可以适于不同的公司和市场条件。这一总结就是我们在前面章节中已经提出的观点的结晶。

一、创建良好的管理架构

■ 保持股东信心是流动性管理的主要组成部分。在任何时候，公司都必须保持稳定并控制自己的流动性头寸，并应该与利益相关人交流这些信息。

■ 对公司承担流动性风险的能力和愿望做出限定和进行沟通，对此董事会必须起到领导作用。董事会必须对创建适当的流动性风险管理程序所必需的机制的建立进行核准（包括流动性委员会、政策、步骤和技术基础）。

■ 董事会应该通过一份流动性风险书面命令来界定公司的流动性理念，保证其与公司的策略、经营重点、风险偏好和资源保持协调。

■ 流动性风险指令必须传达给所有的利益相关人，包括投资人、债权人、监管人、员工和信用评级机构，以后发生的变革（经董事和经理指导同意后）也应该被传达。

■ 董事和经理必须明确确定权利的分散程度和有关于流动性风险管理的代表责任的性质。

■ 流动性方面的实践必须适当地融入公司所有的财务活动之中，与市场风险、信用风险和流动性风险相联系，意味着它们必须被联系在一起考虑和管理，如果公司试图有效经营和将企业价值最大化的话，更应如此。

■ 流动性风险和回报之间的平衡是永远存在，公司必须考虑收入的最大化和流动性的保持之间的最佳平衡。

■ 一项全面的流动性风险管理计划关系到合理地使用资产、负债和资产负债表外交易去获取流动性，在需要的时候，它应该成为所有程序的中心部分。

■ 流动性风险管理程序必须以对当前和未来的经营情况及在各种经营和增长状态下所需的现金流的实际估计为基础。

■ 与银行和投资者的融资关系必须定期进行回顾，以便确定这些关系是否牢靠和分散化了，并且是否足以满足公司不断变化的需要。

■ 流动性风险管理程序应该分解为一些独立的控制能力，这些能力可以对测量、监管和管理的各个方面进行定期的分析和审计。董事和经理每年至少要对程序进行一次检查，以确保程序与公司要求的指令、结构和增长计划保持一致，并与市场环境和监管环境保持相关。

二、适当的测量和报告机制

■ 公司应该发展和使用适应自身健全的流动性风险测量标准。虽然资产负债表测量标准能够提供有用的即时股票测量，但是还要补充一些动态的测量，那就是要考虑缺口、期限、利用可能性、处置折扣和失去市场等现金流的测量。

■ 在对待定价和流动性参数方面，测量必须是保守的，特别是在有压力的阶段。保守地评估资产折扣和筹资可能性（包括数量和速度）在管理通常的流动性风险方面是一个十分安全的方式。虽然保守的方法会使整个企业回报下降，但是它能够帮助将出现财务困境的机会降到最低点。

■ 独立的专家必须经常评估资产、负债和资产负债表外合约，为稳妥起见，模型评估必须定期测试。

■ 资产、负债和资产负债表外活动必须定期进行压力测试，以揭示出薄弱环节。

■ 持续的状态和趋势的监测是很重要的，紧接着也必须进行定性的和具体的测量（例如，续借状况、利差扩大和更改贷款协议中的贷款条件）。

■ 与关键的日现金流、周现金流和月现金流相关的具体信息必须交于经营和管理的人员。汇总的信息必须定期交于董事和经理。

■ 公司的基层结构应该能够给管理人员定期提供流动性风险的详细信息。

三、使用战术控制

■ 与流动性暴露有关的所有方面都应该设立限制，限制应该与公司的流动性风险指令直接相关。

■ 资产、筹资和资产负债表外投资组合的过度集中能够强化流动性的问题；在投资、债务人、贷款人、到期期限、信用评级、市场和产品方面的多样化经营是谨慎风险管理的一个重要组成部分。

■ 必须建立和保持一个流动性仓库以便帮助承担意外的支出。通过储备金建立另外的保护机制是值得推荐的。

■ 公司必须与其关键的债权人和投资者之间保持建设性的关系，同时还应该不断地开发新的筹资来源。

■ 应该控制资产负债表外活动：原因是它们能够以一种不确定的和有时隐秘的方式来扩大未来的或有负债和负债，必须受到明确的限制。

■ 公司应该定期测试自己销售复杂的、难以保持价值的和交易量很小的资产的能力，以此作为校验模型准确度、资产估价和折扣的手段。

四、创建危机管理程序

■ 一项集中化的危机管理计划应该定期地接受测试和更新，它必须拥有管理上的优先权。知道什么时候调用计划是至关重要的，因为任何不必要的拖延都是要付出代价的。

■ 该计划应该以良好限定的资产、负债和对冲优先次序为基础，并具有适当的沟通步骤。

■ 客观的测量应该是调用计划的首要方法，但是，主观的评价和判断也应该是程序的一部分。

■ 应该定期分析那些能够起到"早期预警信号"作用的指标。

■ 有承诺的支持银行额度应该定期地进行测试，不管负面信息是否会传扬到市场上去。

■ 建议性支持银行额度在危机管理状态中应该全部打折。

五、实行实时检查

■ 公司内部和外部的审计人员应该对公司的流动性风险程序进行彻底的诊断，以确保该程序能够满足必要治理标准和监管标准。审计人员应该和产生和控制流动性风险的职位保持适当的独立和分离。

■ 流动性问题出现并最终被解决时，公司必须检查问题的原因、反应和解决之道，以便确定是否需要对整个程序进行修正提高。

■ 对政策和程序应该进行分析，以确定它们的有效性和与流动性风险的指令的一致性。

■ 有关违反和惩罚的程序应该进行评价，实际应用适当的训诫性行动应该加以肯定。

■ 估值模型（例如，风险值、流动性调整风险值、衍生和信用风险定价和压力测试方法）一定要独立地评价和定下基准。

■ 用于流动性测量和监测的数据的完整性应该得到校验。

第二节　宏观层面职责

虽然本书中我们考虑的大部分问题都是直接与机构层面的流动性管理有关的，但是我们知道宏观体系也起到了很大的作用。任何促进体系内流动性的制度和规则都有助于个别机构应对它们自己的流动性问题。在全球资产和融资市场间的联系变得越来越错综复杂和相互依赖的情况下，这些问题就显得越来越重要，有效的借贷、交易、筹资、投资、对冲和投机越来越需要系统的稳定。不幸的是，在取得某种程度的市场份额和营利目的的驱动下，系统中的所有部门可能会错误定价和忽视自身的风险，这会加剧系统的不稳定性。正如我们所看到的那样，流通于系统中的现金流将会受到特别的伤害，个体公司和所有部门都有发生严重财务损失的潜在可能性。相应地，思考那些能够帮助促进和扩展稳定性的机制就是产业管理者、代表企业和行业自律组织的职责所在。虽然一些国家权威组织在这一领域已经起到了积极的作用，但是，其他组织并没有这样做，或者还需要改进它们的程序和技术。

管理部门在培育保护和鼓励流动性的环境方面的作用是很重要的。虽然这与作为所有产业的流动性提供者的金融部门最为相关，但是不应该仅仅限制在金融机构的范围内；相关的产业代表和贸易集团也都应该为其他部门提供最好的帮助。在金融服务产业内部，一定数量的国家银行监管机构、保险委员会、证券监管机构和超国家的国际组织对于保护流动性的问题都颁布了与时俱进的准则和建议。在第一章中我们简略地引用了这其中的一部分，并进一步说明了它们的建议涵盖的范围通常相当广泛，主要还是具有建设性，但也不是尽善尽美。由于金融监管机构在管理信用风险和流动性风险中已经足够直接和准确了，因此他们试图在处理流动性风险的方式上更加间接一些，在有些情况下，只是间接的委托——如果不是全部的话。[①]另外，我们还得说明在有些情况下，监管机构实际上会使流动性问题更加恶化（例如，使用标准的风险模型，资本管制的建立）。幸运的是，这些只是个别情况而不是常态。虽然存在特定的主动监管，但是监管机构能够通过实行定期检查、促进竞争、避免分裂、成本最小化、协调会计处理、强化适当的资本分配和提供经过筛选的最后贷款人等方式，来培养一个更加健康有活力的环境。下面，我们来逐一进行分析。

一、实行定期检查

管理部门和产业系统应该定期在其权限之下检查机构经营的流动性操作。检查的主题在本书前几章应该集中提了很多，包括测量、监控和管理，还包括围绕这些方式的管理和独立控制的性质，用于管理法律实体要求的机制，以及任何应急计划和危机管理计划的特殊之处。实际上，权威机构应该坚持创建和使用应急计划，因为这有助于将出现系统性混乱的可能性降到最低点。虽然多数外部监管检查的焦点都是关注金融机构部门，但是贸易集团和自律组织也应该在最佳实务准则标准的基础上检查非金融机构的行为。我们已经提到过，一些大型的非金融机构缺少适当的流动性风险的管理方法或者缺少监管机构的详细审查，就遇到了巨大的困难。通过

---

① 设想一下，例如，英国的证券公司并不直接受制于英格兰银行对其他国内银行机构制定的流动性规则，甚至尽管他们可能会有很大的流动性风险。唯一采用的"直接"约束就是对"非贸易"和"不流动"的资产收取资本费用，这也许不能算是充分的、健全的控制。

流动性风险

正式的评价程序，未来的问题将会被降到最低点。

二、促进竞争

很明显，市商、经纪人和交易所都有提供金融资产流动性这一中心任务。他们必须被允许以一种竞争性和有效性的方式进行经营，监管者应该鼓励所有谨慎的反管制措施，因为这将促进竞争。我们已经指出，随着更多的参与者被吸引到市场上来，买卖差价变得很近，交易量在增加，另外的参与者加入了市场，等等，进入一种自我永动的循环状态。监管者应该鼓励那些为了帮助建立起双向流动的支持多样化的措施。举例来说，允许特定团体参与到原来受限制和禁止的领域，这就可以造成对立观点和增进交易兴趣。但是，促进竞争并不意味着允许风险被错误定价。需要强调的很重要的一点就是，无论是对个别机构来讲还是对大部分市场来讲，为了获得市场份额和得到流动性而削减收益率并不是一个可行的可持续性过程，企业和监管人都应该对此抱有警惕。

三、避免分裂

监管人必须避免那些将会导致市场分割的行为。这代表着一种平衡性的运动，因为促进目的在于保证较强竞争性而进行其他选择通常来讲是正确的。但是实践研究证明，过多的拆分将会导致交易量的降低和流动性联营的分割，这一经验适用于不同的资产类别和融资资源，也适用于资产负债表外合约。在可以采用替代的方法的任何情况下，都必须注意要保证这些方法是有增值作用的，是完善性的而不是破坏性的。举例来说，地方政府债券（以及它们生成的政府收益率曲线）起着双重的作用：提供"无风险"的安全港投资工具（对于拥有投资评级机制的工业化经济肯定如此）——为私人部门债券发行和银行贷款提供价格参考；为回购和反向回购活动提供证券；"还为上市的和场外金融衍生工具提供参考及交付成果"。上述功能中的每一种都促进了其他种类资产和筹资的流动性。相应地，对政府债券活动来讲至关重要的就是要保证尽量的健康。这意味着债券发行不能够在发行人、佣金和到期期限之间分布的太广泛。这一方法肯定将会造成市场分割，使相关的资产和负债机制处在一种不确定状态之中。实际上，国内发行最好是集中于少数基准性发行（权威机构在有需要时"重新开始"发行而非发行新的分支，造成更大程度的市场碎化）。

四、成本最小化

无论是从理论上还是从实际上来讲，减少交易、投资或融资市场的参与者的成本负担都将导致市场活动的增加——进而导致流动性的增加。很多经验都证明了各种活动水平（不仅是成交额，还有借款额、投资活动等）上的降低成本（例如，交易成本、印花税和所得税）都具有肯定性的作用。如果监管者有能力消除不必要的成本的话他们应该这样做。

五、协调会计处理

公司可能会因为会计准则而被周期性地排除在市场或交易（例如，一项投资交易、筹资交易或者新证券发行交易，或者一项衍生品交易）之外。虽然特殊的会计处理经常有很好的理由，但是有些准则的确是过去惯例的遗迹，已经不适用于当今的产业和市场的现状了。无论如何，只要可能，会计准则应该做到与21世纪的企业界实际相协调或者说做到同步。去除人为的会计方面而非经济方面的准则，几乎肯定会在具体的市场部分创造出更多的交易活动。

六、强化适当的资本分配

全球的金融监管部门所做的工作通常都是很可信的，确保了金融机构能够为核心市场和信用风险保持充分的资本。现在已经确立了很好的资本充足方面的纪律，开始从为金融机构群体服务，推而广之到所有依赖于该群体的其他产业和服务部门，这很不错。但是，这一过程并没有完成。正式的资本分配必须为了支持其他风险而出现，最特别的就是流动性风险和经营风险。过去几年中财务混乱的教训证明了有些类型的金融机构不能够提供足够的资本以支持它们的非信贷风险和市场风险。有关程序规则的正规化应该被视为首要的问题。

七、提供经过筛选的最后贷款人

我们将注意力继续放在金融部门上，我们提到过一种防御性的观点，保证某些金融机构，赋予其确定无疑可以得到最后贷款人帮助的权利。通过确保最重要的流动性管道拥有"最后的支撑"来获得系统的稳定性，这一点是非常重要的。

对提供最后贷款人主要的批评都是认为这是一种道德危险：我们知道通过中央银行或货币当局支持的金融机构将会在试图追求利润最大化（包括为了推进利润膨胀，保有不充分的流动性）的时候不顾一切。同样地，存款人将自己的资金存入一个绝对有政府担保的金融机构，对该银行及其行为可能会放松警惕性。这是正确的论证，意味着最后贷款人只应该选择性地分配给那些大到不会倒闭的金融机构和那些并非有意不计后果经营的金融机构。源自稳定环境的收益必将超过那些潜在的道

流动性风险

德成本以及在问题出现时实际的调节成本。

当事后监管介入有必要时，应该采取公开市场操作和注入流动性到金融系统以及直接贷款给有问题的金融机构的形式。[①] 当直接进入不可能的时候或者不方便的时候（由于涉及了"范围外"的金融机构），监管权威机构应该采取一切可以通向私人部门支持或救援行动的措施。特别是对于那些缺乏正常支撑的证券公司，对于特定的私人投资基金来讲也很有用（在流动性危机处理小组的案例中）。

与上述主题有关的关键点并不是将监管部门强塞入积极促进流动性的程序中，而是让他们考虑结构性的变革和进一步促进金融市场和物质市场自由化的反监管措施。最终将会使所有公司获得流动性来源。

图 11-1 总结了我们关于建立有效促进流动性风险管理的微观实践和宏观实践的考虑。

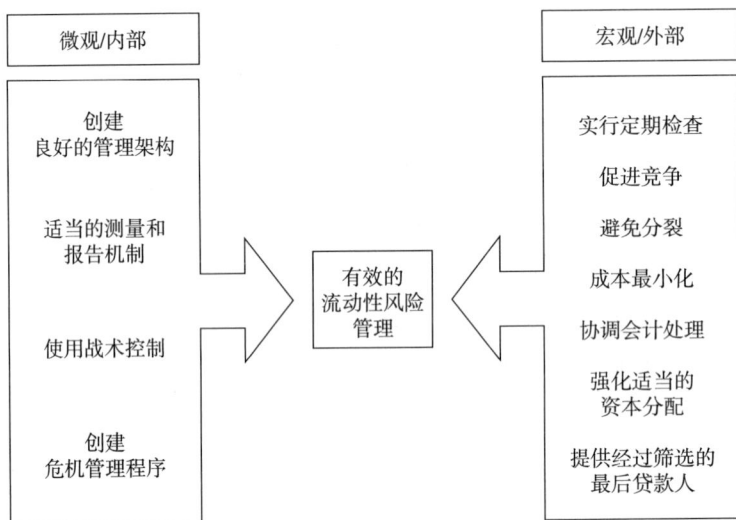

图 11-1　有效的流动性风险管理

最后，我们愿意再次重申，在一个金融不确定的时代，公司必须通过内部最佳实践经验与外部的支持相结合，坚持不懈地管理它们的流动性。最终的目标应该做到最小化，或者避免出现现金资源的中断。公司必须最终追求在最严峻的财务压力下保持经营特权，毫发不伤，持续繁荣。谨慎而又积极，流动性风险管理就可以实现这个目标。

---

① 这一过程也能够以辅助的和间接的形式来提供支持，譬如临时放松系统中其他机构在抵押、储备和偿付能力方面的需求，以及消除任何系统方面的流动性投资，为了避免通货膨胀的压力和货币的疲软，一般来说，应该尽量避免采取过多的、"极端"的政府行为，像削减利率、资本控制，或者存款冻结，因为这些都会向整个市场发出潜在的破坏信号，实际影响到流动性。

参考文献

[1] American Academy of Actuaries (AAA) (2000) "Report of the American Academy of Actuaries Life Liquidity Working Group", Washington, DC: AAA.

[2] Bangia, A., Diebold, F., Schuermann, T. and Stroughair, J. (1999) "Modeling liquidity risk with implications for trading market risk management", Working Paper, University of Pennsylvania.

[3] Banks, E. (2004a) *Corporate Gouernmance*, Basingstoke, UK: Palgrave Macmillan.

[4] Banks, E. (2004b) *The Credit Risk of Complex Derivatives* (3rd edn), Basingstoke, UK: Palgrave Macmillan.

[5] Banks, E. and Dunn, R. (2003) *Practical Risk Managements*, London: John Wiley.

[6] Barrett, A. (2003) "Cash: Burn, baby, burn", *Business Week*.

[7] Basel Committee on Banking Supervision (BIS) (1992) *A Framework for Measuring and Managing Liquidity*, Basel: BIS.

[8] BIS (1999) *Market Liquidity: Research Findings and Selected Policy: Implications*, Basel: BIS.

[9] BIS (2000) *Sound Practices for Managing Liquidity in Banking Organizations*, Basel : BIS.

[10] Berkowitz, J. (2000) "Incorporating liquidity risk into VAR models", Working Paper, University of California at Irvine.

[11] Bernstein, P. (1987) "Liquidity, stock markts, and market-makers", *Financial Management*, Summer.

[12] Brockman, P. and Chung, D. (2001) "Managerial timing and corporate liquidity: Evidence from actual share repurchases", *Journal of Financial Economics*, Vol. 61, No. 3.

[13] Brown, K., Fiedler, R. and Moloney, J. (2001) "Liquidity in a dry climate", E-Risk Portal, New York: E-Risk.

[14] Buraschi, A. (2002) "Liquidity risk and specialness", *Journal of Financial Economics*, Vol. 64, No. 2.

[15] Canadian Institute of Actuaries (CIA) (1996) "Liquidity risk measurement",

Subcommittee on Liquidity Risk Measurement, Ottawa, Canada.

[16] Caprio, G. and Klingebiel, D. (1999) "Episodes of systemic and borderline financial crises", World Bank Monograph, Washington, DC: World Bank.

[17] Chari, V. and Jagannathan, R. (1988) "Banking panics, information, and rational expectations equilibrium", *Journal of Finance*, Vol. 43.

[18] Coyle, B. (2000) *Cash Flow Forecasting and Liquidity*, Chicago: Glenbrook.

[19] Covltz, D. and Downing, C. (2002) "Insolvency or liquidity squeeze?" Federal Reserve Bank Bulletin, Washington, DC: Federal Reserve Bank (FRB).

[20] Davis, E. (1999) "A reappraisal of market liquidity risk in the light of the Russia/LTCM Global Securities Market crisis", Presentation at Basle Banking Supervisors Conference.

[21] Decker, P. (2000) "The changing character of liquidity and liquidity risk management", Chicago: Federal Reserve Bank of Chicago.

[22] Diamond, D. and Dybvig, P. (1983) "Bank runs, deposit insurance, and liquidity", *Jounal of Political Economy*, Vol. 91.

[23] Diamond, D. and Rajan, R. (1999) "Liquidity risk, liquidity creation and financial fragility: A theory of banking", Working Paper, National Bureau of Economic Research.

[24] Erzegovesi, L. (2002) "VaR and liquidity risk", Working Paper, University of Trento, Italy.

[25] Federal Deposit Insurance Corporation (FDIC) (1998) *DOS Manual of Examination Policies: Liquidity and Funds Management*, Washington, DC: FDIC.

[26] Fernandez, F. (1999) "Liquidity risk: New approaches to measurement and monitoring", Working Paper, Securities Industry Association.

[27] Financial Services Authority (FSA) (2003) *Liquidity Risk in the Integrated Prudential Sourcebook: A Quantitative Framezvork*, London: FSA.

[28] Gatev, E. and Straham, P. (2001) "Banks' advantage in hedging liquidity risk: Theory and evidence from the commercial paper market", Working Paper, University of Pennsylvania.

[29] Gorton, G. (1988) "Banking panics' and business cycles", *Oxford Economic Papers*, Vol. 40.

[30] Gorton, G. and Huang, K. (2002) "Liquidity, efficiency, and bank bailouts", Working Paper, University of Pennsylvania.

[31] HM Treasury (1999) *UK Economic Glossary*, London: HM Treasury.

[32] International Association of Insurance Supervisors (IAIS) (2000) "Solvency

Subcommittee issues paper", Basel: IAIS.

［33］ International Organization of Securities Commissioners (IOSCO) (2002) *Sound Practices for the Management of Liquidity Risk at Securities Firms*, Geneva: IOSCO.

［34］ Jameson, R. (2001) "Who's afraid of liquidity risk?" E-Risk Portal, New-York: E-Risk.

［35］ Jarrow, R. and Subramanian, A. (1997) "Mopping up liquidity", *Risk*, Dec. 10.

［36］ Jorion, P. (1996) *Value at Risk*, Burr Ridge, IL: Irwin.

［37］ Kyle, A. (1995) "Continuous auctions and insider trading", *Econometrtca*, Vol. 53, No. 6.

［38］ Locke, P. and Sarkar, A. (1996) "Volatility and liquidity in futures markets", Federal Reserve Bank of New York Paper, New York: FRB.

［39］ Lott, F. and Marcucci, J. (2003) "Corporate liquidity demand in the US", Working Paper, Bank of Italy and University of California San Diego.

［40］ Muranaga, J. and Ohsawa, M. (1999) "Measurement of liquidity risk in the context of market risk calculation", *Bank of Japan Bulletin*, Tokyo: Bank of Japan.

［41］ Office of the Comptroller of the Currency (OCC) (2001) *Liquidity: Comptroller's Handbook*, Washington, DC: OCC.

［42］ Office of the Superintendent of Financial Institutions Canada (OSFI) (1995) *Liquidity Guideline*, Ottawa, Canada: OSFI.

［43］ Schlingemann, F., Stulz, R. and Waking, R. (2001) "Divestitures and the liquidity of the market for corporate assets", Working Paper, National Bureau of Economic Research.

［44］ Securities and Exchange Commission (SEC) (2003) "Management discussion and analysis of financial condition and results: Interpretative guidance", Washington, DC: SEC.

［45］ Sender, H. and Singer, J. (2003) "A betting man and his fund's hard fall", *Wall Street Journal*, April 9.

［46］ Sprinzen, S. and Petit, M (2002) "Framework for analyzing corporate liquidity under stress", *Standard and, Poor's Credit Week*, New York: Standard and Poor's.

［47］ Taleb, N. (1996) *Dynamic Hedging*, New York: John Wiley.